21 世纪经济管理新形态教材 · 管理科学与工程系列

服务运营管理

谷 炜 闫相斌 马风才 ◎ 主 编

U0368548

清华大学出版社
北京

内 容 简 介

本书响应数字化时代对服务运营管理的新要求，系统介绍了服务运营管理的理论和方法。全书共7章，分别为服务运营管理概论，服务运营战略、竞争力与生产率，服务设计，服务运营能力管理，服务选址规划与设施布置，服务质量管理，服务库存管理，这7章内容相互联系，构成"服务运营视图"。

本书不仅涵盖了服务运营管理的经典内容，如服务设计、新产品开发、服务能力规划、服务选址与设施布置、服务质量管理和库存管理，而且分析了服务业与制造业的异同，并结合新兴数字技术探讨了当今服务运营管理的热点问题，如数字经济对服务运营管理的重构、数字化时代的选址、数据驱动的质量与库存管理、人工智能在精准医疗和科技金融等领域的应用。

本书可作为高等院校管理类专业本科生、研究生和MBA的教材，也可作为企业管理人员的学习和培训用书。

图书在版编目（CIP）数据

服务运营管理 / 谷炜，闫相斌，马风才主编.
北京 ： 清华大学出版社，2024.10. -- (21世纪经济管理新形态教材).
ISBN 978-7-302-67454-2

Ⅰ. F719.1

中国国家版本馆 CIP 数据核字第 2024DU0106 号

责任编辑：付潭蛟
封面设计：汉风唐韵
责任校对：宋玉莲
责任印制：沈　露
出版发行：清华大学出版社
　　　　　网　　　址：https://www.tup.com.cn，https://www.wqxuetang.com
　　　　　地　　　址：北京清华大学学研大厦 A 座　　　　　邮　　编：100084
　　　　　社　总　机：010-83470000　　　　　邮　　购：010-62786544
　　　　　投稿与读者服务：010-62776969，c-service@tup.tsinghua.edu.cn
　　　　　质　量　反　馈：010-62772015，zhiliang@tup.tsinghua.edu.cn
　　　　　课　件　下　载：https://www.tup.com.cn，010-83470332
印　装　者：北京同文印刷有限责任公司
经　　　销：全国新华书店
开　　　本：185mm×260mm　　　　印　张：12.25　　　　字　　数：285千字
版　　　次：2024 年 11 月第 1 版　　　　印　　次：2024 年 11 月第 1 次印刷
定　　　价：49.00 元

产品编号：107579-01

前　言

　　现代化服务业是中国现代化产业体系的重要组成部分。在科学技术的支撑下，服务业的蓬勃发展为拉动经济增长、推动产业转型、改善社会民生发挥了重要作用。在中国式现代化的发展征程中，服务业还将不断面临新需求、新技术、新业态等因素的复杂影响，对服务运营管理提出了新的问题与挑战。

　　本书的特点在于聚焦服务运营管理中的主要问题，尤其是新技术驱动下涌现的新型服务业，将经典理论、现实应用与前沿观点深度融合。本书通过7个章节搭建了服务运营管理的完整理论知识框架，各章内容包含大量典型案例，为理论与方法提供具体的应用场景。特别之处在于，章前案例均采用国内外服务业的优秀实践作为引入，激发读者的学习兴趣，引出章节核心内容；章后案例通过结合服务业当前面临的前沿性问题、现代科学技术的突破性应用、高水平期刊中的创新性探索，拓展读者的知识视野，提升读者的创新思维。本书主要用于满足经济管理领域本科生、MBA、MPA、工程硕士等专业学位研究生，以及学术学位研究生的教学和研究需要，对制造业、服务业和政府服务的相关人士也有一定的帮助，可作为相应的培训教材。

　　本书共7章，由北京科技大学经济管理学院谷炜教授、闫相斌教授、马风才副教授主编。第1章为服务运营管理概论，由谷炜、闫相斌、马风才、何威俊与傅诗轩共同编写；第2章为服务运营战略、竞争力与生产率，由谷炜、何威俊编写；第3章为服务设计，由闫相斌、傅诗轩编写；第4章为服务运营能力管理，由骆靖编写；第5章为服务选址规划与设施布置，由谷炜、刘亚金编写；第6章为服务质量管理，由马风才与王琛编写；第7章为服务库存管理，由艾文清编写。另外，本书将最新研究成果整合至拓展阅读部分。最后给出习题的参考答案。

　　在本书编写过程中，参考了大量国内外有关运营管理的著作，限于篇幅，书后仅列出了其中主要的参考文献，在此，谨向国内外有关作者表示深深的谢意。同时，还要感谢广大读者对本书的厚爱！另外，本书得到北京科技大学教材建设经费资助和北京科技大学教务处的全程支持，特表示感谢！鉴于编者水平有限，书中肯定有不妥之处，恳请专家、同行，以及读者批评指正。

谷　炜　闫相斌　马风才

2024 年 4 月

目 录

第 1 章

服务运营管理概论

【学习目标】

1. 掌握运营管理的主要内容
2. 了解运营管理的发展历程
3. 理解服务运营管理的特点和主要内容
4. 了解数字经济时代下服务运营管理的趋势

　　服务运营管理是对服务业企业所提供的服务进行开发、设计的管理,并对服务运营过程及其运营系统进行设计、计划、组织和控制,其核心是确保以效率、质量和客户满意度为导向提供服务。此过程涉及资源优化、流程设计、质量控制等方面。服务运营管理的关键在于协调各个环节,以提供卓越的服务体验。它适用于各种服务行业,包括零售、金融、医疗和技术支持等。服务运营管理的有效实施可以增强企业的竞争力、提高运营效率、建立良好的品牌声誉、搭建长期客户关系。

　　服务运营管理在其演变过程中经历了生产制造、传统服务和新兴服务三个发展阶段。首先,生产制造阶段强调产品的量产和标准化,主要关注生产过程和产品交付。这一时期服务运营管理主要集中在制造过程的效率和产品质量上。其次,随着社会的发展,服务业逐渐兴起,服务运营管理着眼于提高服务质量、客户满意度和整体运营效率。最后,在数字化和科技创新的推动下,服务运营管理焕发新生。这一阶段强调创新、个性化和数字化服务,涵盖了云计算、大数据、人工智能等新技术的应用。服务运营管理变得更加灵活,更加关注客户体验和个性化需求,通过技术手段提升服务效能。服务运营管理的演进展现了对不断变化的市场和消费者需求的不断适应。

　　从生产制造到传统服务,再到新兴服务,服务运营管理始终在不同阶段寻求创新和提升,以更好地满足现代社会的服务需求。

1.1　运　营　管　理

1.1.1　运营系统

　　人类社会经过漫长的发展,生产活动也发生了巨大的改变。在前工业社会,人类的生产主要以农业生产为主，比如，人类通过辛勤的劳动，收获了小麦、玉米等粮食。进入工业社会后，人类社会的生产活动逐渐从以农业生产向以工业生产为主转变，工业生产活动占据了人类生产活动的主要部分，比如，工业企业通过投入劳动力、技术和设备生产钢铁、汽车等工业产品。

无论是农业还是工业生产活动，都是利用一定的生产要素，如劳动力、资本、技术、设备和管理等去生产产品。这一过程可以进一步抽象为"投入—转化—产出"。所谓投入，是指为了获得产品或服务而必须投入的要素，如劳动力、信息、技术等。而转化则是将投入要素转化为产出的具体过程，包括物理、化学和生物过程等。例如，汽车生产商利用钢材生产汽车，转换活动包括设计、加工制造和装配，而投入要素则包括人力、设备、厂房、资金等，最终的产品是汽车。在管理学中，将投入要素转化为产出的系统称为生产系统。

随着社会的进步，人们对服务的需求逐渐增加，比如，餐饮服务、快递服务、物业服务、公共卫生服务等，服务业得到了快速发展，并且未来服务业在国民经济中的占比会进一步提高，服务业将成为促进国民经济发展的重要行业之一。显然服务业的生产系统的产出不再是可见的产品，而是服务，如医院在提供医疗服务的过程中，通过挂号、问诊、治疗等转化活动和医生、药品、医疗设备等转化媒介，最终为病人提供医疗服务。将投入要素通过一系列转化活动，最终得到产品或服务的系统称为运营系统，如图1-1所示。

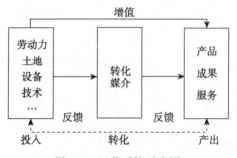

图 1-1　运营系统示意图

一般地，运营系统通过"投入—转化—产出"实现增值。在实现增值的过程中，管理者一般希望利用更少的投入获得更多的产品或更好的服务，即实现效率的最大化。但实现这一目标并不容易，很多因素会对运营系统产生影响，从而影响运营系统的效率。例如，在汽车生产过程中，如果采用的设备较为落后、钢材质量不达标，那么产出将会受到极大的影响，从而影响系统的效率。又如在航空公司提供客运服务的过程中，若购票系统设计不好，导致一些特殊旅客购票困难，或因飞机运行调度的问题导致飞机晚点，就会大大降低服务的质量。因此，对运营系统进行科学的管理在现代社会是必不可少的，对提升运营系统的运营效率和质量具有重要的意义。

1.1.2　运营管理及其目标

运营管理就是对运营过程或运营系统的计划、组织、领导和控制，对与生产产品和提供服务密切相关的各项管理工作的总称。运营管理已逐渐成为现代企业管理中的核心职能。从狭义上看，运营管理是指对某些部门为外部顾客提供产品和服务的流程活动的管理。从广义上看，运营管理是对将投入要素转化为产品和服务的各个流程的管理，是企业所有管理职能的基础。

运营管理的对象包括运营过程和运营系统两个方面。运营过程是指将投入要素经过系统的转化得到产品和服务的过程。以汽车生产为例，需要进行管理的运营过程包括客户偏好调查、产品设计、产量的预测，营销策略的设计等。而运营系统则是在运营过程中引入反馈机制，致力于实现增值的完整系统。

运营管理有明确的目标。从宏观层面来说，运营管理的目标包括两个方面：一是效率，二是效果。效率反映了在一定技术水平下将投入要素转化为产出的能力。一般地，产出与投入的比值越大，效率越高，换言之，效率就是正确地做事情。一般情况下，效率是衡量一个组织运营状况的重要指标之一。效果则是做正确的事。追求高效率和好效果是管理者的目标。但是在现实情况中，高效率并不意味着好效果，效果好也不一定意味着效率高。例如，对一个汽车生产者来说，其生产汽车效率很高，在当前技术条件下，在相同的时间内，其产量明显高于其他企业，但是由于缺乏对市场需求和客户偏好的详细调研，其生产的汽车并不受客户青睐，销售效果并不好。这就意味着该企业的运营效率很高，但是效果并不好。

从微观层面看，运营管理的目标包括质量、时间、成本和柔性等。质量反映了该运营系统的产品或服务满足消费者需要的能力，时间反映了运营系统将投入转化为产出所需要的时长，成本反映了运营系统将投入转化为产出需要付出的经济代价，而柔性反映了该系统的弹性和敏捷性，如对市场变化的响应能力和速度等。这四个方面是反映组织核心竞争力的重要内容。运营管理就是通过对运营系统和运营过程进行科学的管理，提高运营系统的柔性，在最优的时间里，得到高质量、低成本的产品和服务。

1.1.3　运营管理的主要内容

经过长期的发展，运营管理已成为管理学最活跃的方向之一，其学科体系、研究内容也日趋完善。运营管理的主要内容可以大致分为运营战略规划、运营系统的规划与设计、运营系统的运行与控制以及运营系统的更新与完善。

运营战略是企业总体战略的重要组成部分，是对运营系统的规划与设计、运行控制和更新与完善的引领，是企业根据当前所处的外部环境和内部条件而作出的长期的运营规划。企业通过制定合理的运营战略提升自身的竞争力。运营战略具有承上启下的作用，是企业经营战略的具体化和细化。一方面，运营战略是落实企业总体战略的重要抓手，服务于总体战略目标的实现。与此同时，运营战略对企业的运营规划具有重要的指导意义，通过制定合适的方法使得运营战略目标顺利实现。运营战略具有竞争性、广泛性和相关性三个特点。竞争性表现在企业的运营战略与企业的运营成本、运营质量和运营效率密切相关，这直接关系到企业和产品的竞争力。广泛性表现在运营管理不仅是对生产产品的管理，还包括对服务的管理。因此运营管理与社会生活中的方方面面相关。自然地，运营战略管理就具有了较强的广泛性。其相关性表明，企业的运营战略与其营销战略、财务战略等应该相得益彰，三者之间具有较强的相关性，共同服务于企业的总体战略。

运营系统的规划与设计大致包括产品与服务设计、流程设计、工作设计、组织选址和设施布置等。这里的产品是指有形的实体产品，如手机、飞机、汽车等。近年来，随着社会的进步，实体产品的设计呈现出个性化与多样化、复合化与多能化、智能化与简便化、微型化与集成化、简易化与环保化的趋势。而服务设计呈现出系统化、标准化、专业化和工程化的趋势。正是由于产品和服务呈现出的多样性和复杂性，产品与服务设计显得更加关键，是企业运营管理的重要内容。流程是企业生产产品和提供服务的重要基础，指企业管理者为获得预期的结果而对企业资源进行一定方式的组合，并使各个具体活动按照顺序依次执行的过程，一般包括生产流程和服务流程、业务流程和工作流程等。通过对产品和服务的流程展开设计和优化，有助于提升企业的运营效率、降低运营成本、缩短生产周期、提高产品的质量和服务水平。工作设计是指为了有效地达到组织的目标而对组织的员工的工作内容、工作关系、工作方法和工作时间的设计。科学的工作设计能够结合员工的个人特征分配合理的工作，并运用科学的方法完成工作，提高员工的创造性和主观能动性。选址是通过科学的管理为企业的生产系统和服务系统确定地理位置和自然空间的活动。企业的选址具有长期性、关键性和战略性的特征，对企业的经营成果具有重要意义。而设施布置则是在企业已经选定的地理位置和自然空间的基础上，对各个生产作业单元及辅助设施进行合理布置和安排，以提高企业经济效益的过程。科学合理的设施布置对企业有效运营具有重要意义。

运营系统的运行与控制包括质量控制、进度控制和费用控制三个方面。产品和服务的进度控制是对产品生产和提供服务的进度规划。质量是企业的生命线，质量控制的任务就是采用科学的质量管理方法和工具，识别、分析、解决质量问题，提升产品和服务的质量。合理的进度规划要求运营过程中涉及的人力、物料和设备在需要的时候准备到位，保证产品和服务依据市场需求适量地投入市场。费用控制是指在为客户提供产品和服务的同时，企业获得尽可能多的利润，费用控制的目标是尽可能地降低企业生产产品和提供服务的成本，费用控制也是提高企业竞争力的重要内容。

1.1.4 运营管理的发展历程

随着人类生产活动的演变，运营管理也经历了工业革命阶段、科学管理阶段、管理科学阶段和数字化运营管理阶段。在不同的阶段呈现出不同的特征。

（1）工业革命阶段。工业革命之前，人类主要从事农业生产活动，产品制造多通过手工完成，这种手工作坊式的产品生产方法极大地限制了产品生产的速度。1775年，詹姆斯·瓦特发明了蒸汽机，为机械动力的产生提供了条件，极大地推动了制造业的发展。1776年英国经济学家亚当·斯密在《国民财富的原因和性质的研究》中系统分析了国民财富增长的原因、国民财富的性质和分配等一系列重要问题，首次提出了劳动分工的概念，指出劳动分工是国民财富增长的重要原因，劳动分工通过重复同一劳动，有助于提高劳动的熟练度和劳动效率，减少了交换工作的时间。这为制造业的大规模生产提供了理论依据。在此基础上，1801 年，伊莱·惠特尼提出了标准化的生产方式，通过生产标准化的零配件，实现了零配件的互换，为产品的快速批量生产提供了条件。在这一阶段，运营管理并未形成系统的理论，缺乏对生产实践的系统指导。

（2）科学管理阶段。20 世纪初，为提高产品大规模生产过程中的效率，以美国人弗雷德里克·温斯洛·泰勒为代表的管理者认为，需要为各个工作岗位匹配合适的工作人员，并提出了一套标准化的工作方式和流程。基于大量的实验，泰勒提出了科学管理理论。该理论主要包括工作定额原理、标准化、能力与工作相适应、差别计件工资制、计划职能与执行职能分离、实行例外原则等。工作定额原理通过研究合格并且熟练的技术工人的工作，确定了"合理的日工作量"，即劳动定额，有效地提高了工人工作效率。标准化是指通过收集、记录和分析传统的工作经验，将其提炼成规律、守则，甚至是公式，并在企业施行，对工人工作中使用的工具、采用的工作方式等形成统一标准，即工具标准化、操作标准化、劳动动作标准化，以此科学衡量工人的业绩。科学管理理论得到了弗兰克·吉尔布雷斯夫妇、亨利·劳伦斯·甘特的支持，弗兰克·吉尔布雷斯夫妇提出了经济动作十项原则，发明了差别计件工资制，对同一工作通过设置不同的工资来激励员工努力工作。甘特发明了甘特图，提出了奖励工资制。

在这一时期，科学管理理论对提高产品生产效率发挥了重要作用。但是科学管理理论的局限性在于其仅仅讨论了劳动作业的管理，随着生产系统的复杂程度逐渐提高，亟须一套更为系统、全面、科学的管理理论。

（3）管理科学阶段。20 世纪以来，管理科学得到了快速的发展，运筹学理论、系统科学理论、权变理论、全面质量管理理论、精益管理理论、业务流程再造等理论方法相继被提出，极大地推动了运营管理的发展。运筹学将定量研究引入运营管理中。1915 年，哈里斯提出了第一个数学模型，即库存管理的数学模型，在推动库存管理理论发展的同时，为企业库存管理提供了理论方法。20 世纪 30 年代，贝尔实验室的工作人员提出了统计过程控制的质量管理模型，将统计过程控制应用于产业和服务的质量提升中。20 世纪 40 年代，美国生物学家贝塔朗菲提出了系统科学理论，该理论认为任何系统都是一个有机的整体，系统的各个要素不是孤立存在的，尽管各个要素具有特定的作用，但是系统的整体功能是各个要素在孤立的条件下所不具备的新质。系统科学理论包括信息论、控制论、系统论、协同论及超循环论等。此后，弗雷德·卢桑斯等提出了权变理论，权变理论强调管理方法应该随着管理环境的不同而发生变化，强调具体问题具体分析，管理方法是环境的函数。同一时期，全面质量管理理论应运而生，强调质量管理应该是全过程、全方位和全员的质量管理，人人应该参与质量管理，这一理念在日本的实践获得极大的成功，帮助日本的汽车、电子、家电企业的产品质量显著高于同类产品，为日本企业赢得了重要的竞争优势。与此同时，精益管理理论、核心竞争能力理论、业务流程再造理论和学习型组织理论也得到了快速的发展，各个理论共同推动了运营管理理论的完善和发展，为提升运营效率、降低运营成本、提高企业核心竞争力奠定了理论基础，发挥了重要的作用。

无论是在生产产品还是提供服务，人力都是重要的管理对象。为了研究人的行为，乔治·霍桑在西方电气公司所属的霍桑工厂开展了著名的"霍桑"实验，整个实验历时几年，分为四个阶段。实验结果表明人的生产效率不仅受到物理方面的因素的影响，还会受到社会环境和心理因素的影响。人是一个"社会人"，金钱并非激励员工积极性的唯一途径，社会心理因素对员工激励具有重要作用。企业中除了正式组织外，还会形成非正式的组织，左右人的行为，对生产力的提高具有重要影响，"霍桑"实验为行为科学的发展奠定了重要基础。

（4）数字化运营管理阶段。随着信息技术和数字技术的发展，基于数字技术和数据驱动的运营管理被广泛应用于对组织的运营决策中，以提高组织的运营效率、创新能力、核心竞争力和客户的体验。数字化运营管理的具有以下四个方面的特征：一是数据驱动的智能决策。通过实时、大规模和精细化的数据为组织运营决策提供依据。二是流程自动化。通过研发智能软件实现业务流程的自动化，提高了组织的运营效率。比如在企业的智能客服平台中，通过自然语言处理技术识别客户问题，并提供答案，有效地提供了服务的效率。三是实时监控和反馈。通过数字技术可以实现实时监控运营状态，并提供有效的反馈。四是个性化服务。通过大数据技术，针对客户的需求，提供个性化的服务，提高服务运营效果。

1.2 服务与服务运营管理

1.2.1 服务业

社会的物质财富是通过将自然资源转化为有价值的形式来实现的。在现代先进的社会中，存在着许多机构，它们从自然界中提取原材料，并经过加工和转化使其增值，最终将其制作为成品。然而，除了这些生产机构外，还有一些专门为产品的制造和分配提供便利条件的机构，以及依靠提供各种无形资产来增添生活价值的机构。这些机构所提供的产出被称为服务。服务是通过某种手段或方式满足顾客对无形资产和利益或心理的需求，使其获得满足感的过程。

不同于有形的物品，服务是一种无形的行动、行为或表现。举例来说，百货公司和食品杂货店销售各种商品。数据库服务则以一种更便捷的方式整合信息，方便管理者使用。而夜晚去餐厅或电影院则是为了在繁忙的工作中放松身心。

服务业是提供各种服务的经济部门或企业的集合，它是一种为社会或顾客提供服务的行业。服务业在经济结构中的比重日趋上升，对于经济发展和人口就业有着重要意义。

按照劳动力密集程度和与顾客的交互及定制程度，服务业可分为四类，包括服务工厂、服务作坊、大众化服务和专业服务，如图 1-2 所示。其中，服务工厂提供标准化服务，具有较高的资本投资，更像是一家流水生产线。服务作坊则允许有较多的服务定制，但它们是在高资本环境下经营的。大众化服务是指顾客在劳动力密集的环境中得到无差别的服务，而那些寻求专业性服务的顾客则会得到经过特殊训练的专家为其提供的个性化服务。

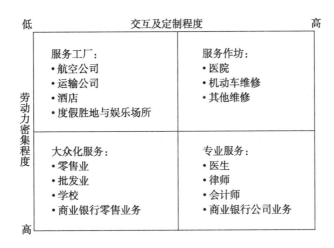

图 1-2　不同劳动力密集程度和与顾客的交互及定制程度下的服务业分类

1.2.2　服务的特点

服务特性与投入的资源及其运用方式紧密相连。在服务运营的过程中，资源是由服务管理者精心安排和管理得以充分利用的，涵盖了便利商品、员工的劳动力以及资本等各类要素。为了实现服务的功能，服务系统需要与作为服务过程参与者的顾客进行交互。然而，由于顾客通常拥有自主决策权，对服务系统有着独特的需求，因此如何将服务能力与需求进行匹配成了一项挑战。

当我们深入探讨某些特定服务，例如，银行服务时，我们发现其重点往往在于信息的处理，而非人员的流动。在此类服务中，信息技术成为关键的驱动因素。例如，通过电子资金转移等信息技术服务，顾客无须亲自到银行存入支票，大大简化了业务流程。因而，在讨论服务运营的显著特征时，我们需要特别关注一些特定的情境和条件。一般而言，服务具有 5 个特点。

（1）顾客的参与。服务通常需要顾客的直接参与才能完成。虽然汽车是在炎热喧器的工厂里制造的，但对于最终购买者来说，他们第一次接触到汽车是在舒适的经销商展示厅里。当顾客来到服务现场时，他们关注的是服务设施的实际环境。因而，从顾客的角度进行设计，可以提升服务质量。

在提供服务时，一个重要的考虑因素是认识到顾客可以在服务过程中扮演的积极角色。快餐店最能说明顾客参与的价值。顾客不仅可以直接从有限的菜单上点餐，还可以自行清理用餐后的桌子。这样，服务提供者需要监督的员工数量减少了，更重要的是，可以根据需求的变化来调整服务能力。

（2）同步性。一般地，接受服务与提供服务是同时进行的。这是服务与产品的最大不同之处。产品可以单独生产、单独销售；却很少能单独提供服务，然后在另外的时间出售。这一特点决定了接受服务与提供服务的同时性，如教学、就诊、美容美发等。在某种情况下，如果没有使用这些服务，经营者就会错失一次机会，因为服务无法储存，如果不利用，它们将会永远消失。

与服务业相比，制造业产品的生产和使用可以发生在不同的阶段，产品可以先生产，存储一段时间，然后再销售，以调整市场需求。此外，在制造业中，工厂和顾客完全分离，生产系统可以作为封闭系统存在。而在服务业中，服务的提供和消费是同步进行、不可分割且相互渗透的。只有同时进行"生产"和"销售"才能起作用。

（3）无形性。服务是无形的。通常地，产品可以触摸，服务却无法触摸，如气氛、态度等只可感受。因此，服务创新是没有专利保护的。为了获得新服务理念的好处，公司必须迅速扩张，抢占任何竞争者的先机。

服务的无形本质也给服务提供带来了一个问题。在购买产品时，顾客可以在购买前看到、感觉到并测试其性能。然而，对于服务来说，顾客必须依赖于服务公司的信誉。在许多服务领域，政府都进行了干预，以保证服务表现可接受。通过使用注册、许可和监管，政府可以向顾客保证，一些服务提供商的培训和测试性能符合一定的标准。因此，人们会发现公共建设计划必须获得注册专业工程师的批准，医生必须获得行医执照，电力公司是受监管的公用事业公司。然而，在"保护顾客"的努力中，政府可能会抑制创新，提高准入门槛，并总体上减少竞争。

（4）多变性。大多数服务是人与人之间的互动，可能涉及顾客的身体、心理或财产。无论哪种情形，顾客和服务提供者都需要互动。服务的结果取决于互动的结果和顾客对服务的感知。当人们互动时，结果往往呈现高度的变化性，并且难以预测。例如，美容院、定制服装设计公司、猎头公司所提供的服务随着顾客个体的变化而变化。

一方面，这意味着即使是同一个人用同样的方式对几个顾客提供一种服务，不同顾客的感知也可能有所差异，即体验到不同的服务。另一方面，同一个人提供同样的服务也可能难以做到每次表现都传递出完全相同的服务水平。服务提供者的身体和心理状态都对服务传递有重要影响，而这些状态不可能每天都一样。

服务提供者表现的多变性与顾客感知的多变性对服务管理者提出了重大挑战。这一挑战的一个重要结果是，尝试把服务标准化是具有挑战性的。因为每个客户的需求和欲望在服务提供之前和服务过程中都是变化的，所以实施标准化是困难的。在许多服务中，服务的设计是由服务的实际提供者决定的，如顾问、房地产中介、医生等。个体服务提供者必须把服务和客户的需要与欲望相匹配。服务结果的多样性使得质量保证和控制变得更加困难。

（5）所有权不可转让。从市场营销的角度来看，服务与商品不同，不涉及所有权的转移。如果顾客在购买服务时没有获得所有权，那么他们购买的是什么？一种观点认为，顾客可以在一段时间内获得资源的使用权或租赁资源，比如在酒店房间过夜或乘坐飞机上的一个座位。服务行业通过分配资源的使用权，在顾客之间共享资源。无论是使用人力（如牙医）、技术（如蜂窝网络）还是现实资产（如主题公园），顾客不购买资产，而是在特定的时间内使用资源。注意，在每个例子中，顾客通常与其他顾客共享服务提供者的资产。表 1-1 列出了服务的非所有权分类，并给出了示例。

表 1-1　服务的非所有权分类

服务类型	顾客价值	示例	管理挑战
租赁货物	取得临时专用权	车辆、工具、家具、设备	选址及维修
场地及空间租用	获得更大空间中某一部分的独家使用权	宾馆房间、飞机座位、存储单元	房屋管理和实现规模经济
劳务和专业知识	雇用其他人来做一份工作	汽车维修、手术、管理咨询	专业知识是一种可再生资源，但时间是易逝的
体育设施使用	获准进入设施一段时间	主题公园、露营地、健身馆	排队和人群控制
网络使用情况	参与	电力设施、手机、互联网	可用性和定价决策

1.2.3　服务包

服务由服务系统提供，该系统包括设施、人员、技术和流程等因素。服务包是指在特定环境中提供信息的一组产品与服务。它涵盖了用于提供服务的硬件、辅助产品、信息、显性服务和隐性服务等元素，其核心在于向顾客提供服务体验。

硬件包括提供服务所必需的场所、设施和设备。例如，机场的候机室、客机、商品部、手推车和行李转盘等。在医疗行业中，医疗设备和诊断工具也是提供医疗服务的关键硬件。辅助产品指的是附带的实物产品，如宣传材料和快餐等。在航空服务中，机票是辅助产品，因为它提供了乘坐飞机的权限。信息是指从顾客或服务提供者处获取的数据，以支持高效和个性化的服务，例如电子病历和打车时的 GPS 定位等。显性服务是指可以通过感官获得的服务的核心或本质特征，例如航班准时、快速有效的办理登机手续和明确的引导等。隐性服务则是指与服务相关的次要或非本质特征，例如亲切的问候、得体的服装和彬彬有礼的服务人员等。

在服务包中，各个组成部分都应当相互匹配，共同实现服务的整体目标。服务包的设计和开发需要充分考虑顾客的需求和期望，以确保所提供的产品和服务能够满足顾客的要求。同时，服务包的开发和实施也需要考虑市场竞争、技术进步等因素的影响，以便不断优化和完善服务包，提升其在市场中的竞争力。

1.2.4　服务运营管理及其特殊性

经济的发展分为前工业社会、工业社会和后工业社会三个阶段。在前工业社会，人们主要从事农业和采掘业，以家庭为基本单位进行生产。在工业社会，人们主要从事制造业，以工厂为单位进行生产。这两个阶段对产品的形成过程所进行的管理，称为生产管理。在后工业社会，服务业成为社会比重最大的产业。而对服务过程的管理则称为服务运营管理。

服务运营管理是将人力、物料、设备、资金、信息、技术等生产要素的投入转化为无形服务产出的过程。服务运营管理通过高效组织资源，提供优质服务以满足客户需求，它关注服务的精心设计、流畅传递以及持续改进，旨在不断提升服务品质和客户体验，实现资源投入产出的最大化。

由于服务行业的特殊性，服务运营管理与生产制造行业的运营管理相比有诸多不同。服务运营管理有 3 个方面的特殊性。

（1）服务运营需重视事前预防和过程监控。在制造业企业，产品和生产系统可分别设计；而在服务业，服务和服务提供系统必须同时设计。服务提供与消费的同时进行确实给质量控制带来了一些挑战。由于服务在提供的同时就被消费，一旦出现质量问题，服务提供者很难像制造业那样召回服务。这种特性使得质量控制更加依赖于预防措施和过程中的严密监控。例如，为了确保服务质量，服务提供者需要采取一系列措施来加强质量控制。服务提供者需要在明确顾客需求和期望的前提下，建立完善的质量标准和规范。这些标准和规范应该基于顾客需求和行业最佳实践，以确保服务满足市场和顾客的期望。建立有效的顾客反馈机制也是服务质量控制的重要环节。通过收集顾客的反馈意见和建议，服务提供者可以及时了解服务质量情况，有针对性地进行改进。同时，积极回应顾客的投诉和问题，有助于增强顾客的信任度和忠诚度。

（2）服务运营管理需要以人为中心组织运营。制造业以产品为中心组织运营，而服务业以人（即服务的消费者）为中心组织运营。在服务过程中，即使是预先规范好的服务程序，仍然会由于服务人员的随机性和顾客的随机性而产生不同的结果。因此，服务运营活动的组织主要是以人为中心来考虑的。一方面，服务运营管理的重点是满足顾客的需求和期望。在服务业中，顾客是服务提供的核心，服务提供者需要关注顾客的需求、行为和期望，以满足顾客的要求和提升顾客的满意度。这意味着服务提供者需要具备市场洞察能力和顾客关系管理能力，以便了解顾客的需求和期望，并提供符合顾客期望的服务产品。另一方面，服务运营管理需要应对服务人员的随机性和顾客的随机性。由于服务人员和顾客的随机性，即使是预先规范好的服务程序，也会产生不同的结果。同时，服务提供者需要建立完善的培训和管理制度，确保服务人员具备必要的技能和素质，并保持良好的工作态度和服务意识。

（3）服务运营管理需要灵活的服务设计和资源配置策略。服务需求具有较大的不确定性，难以预测和计划。顾客对服务的需求通常表现出高度重复的行为，在高峰和低谷之间有相当大的差异。此外，娱乐和交通服务可能会受到季节性变化的影响，导致需求激增，比如学生回家的机票通常在春节和暑假前几个月就被预订了。由于顾客需求的变化幅度较大，无法通过建立库存来调节这些波动，充分利用服务能力成为管理者面临的挑战之一。服务提供者需要具备快速响应市场变化和满足顾客需求的能力，以及灵活调整服务策略和资源配置的策略。

许多服务需要在提供服务的过程中满足客户的要求，服务的生产系统只能以开放系统的形式存在。服务质量无法事先控制，服务储备计划必须保持足够的波动性和灵活性，以应对客户到达的不确定性。同时，在服务业中，生产和消费的过程也减少了许多质量控制干预的机会。虽然产品可以在交付前进行检查，服务却必须依赖其他措施来确保提供的服务质量。这就要求服务业在经营管理过程中必须采取灵活的措施来满足需求。

综上所述，服务行业的运营管理以其独特的特点区别于制造业的运营管理。服务运营管理需要关注员工在服务过程中的作用、顾客的参与以及如何应对需求的地点相关特性等方面。通过对这些特点的理解和应用，服务业企业可以优化运营效率和服务质量，从而在竞争激烈的市场中取得成功。

1.3　服务运营管理的主要内容

1.3.1　服务运营系统的规划与设计

服务运营系统的规划与设计是确保服务提供商在市场竞争中取得优势地位的关键环节。这一过程涉及多个方面，包括服务设计、服务运营能力管理、服务选址规划和设施布置等，它们共同构成了一个有机整体。

（1）服务设计是服务运营系统设计中的核心工作之一。它涉及根据特定细分市场的需求，确定为顾客提供何种服务。服务设计的战略性决策直接影响着服务提供商在市场中的竞争地位。制定与服务设计有关的战略是确保服务内容与市场需求相匹配的关键。业务流程管理则进一步解决了如何高效提供所设计的服务。

（2）服务运营能力管理是服务系统设计中另一项重要工作。它涉及对服务系统运营能力规模的规划，将回答服务系统运营能力的规模有多大这一关键问题这一决策至关重要，因为过剩的运营能力可能导致无法承担过高的固定费用，而运营能力不足则会无法满足不断增长的消费者需求。因此，在规划阶段就需要综合考虑市场需求、资源投入和运营效率，以达到平衡和最优的状态。

（3）服务选址规划与设施布置对服务运营管理也至关重要。这涉及确定服务提供商的位置以及如何布置服务场所和基本设施。选址规划是关键的决策，直接影响着企业在特定地理位置的市场渗透和客户服务范围。设施布置则涉及如何优化场所和设备的配置，以最大限度地提高服务效率。

与此同时，以上这些内容都是服务运营管理的组成部分。服务设计、能力规划、选址规划和设施布置都相互关联，形成了一个紧密衔接的运营体系。例如，服务设计需要与能力规划协调，以确保顺利提供服务。选址规划与设施布置则需要与服务设计和能力规划相匹配，以提高服务竞争力。

总体而言，服务运营系统的规划与设计是一项复杂而综合的任务，需要全面考虑市场需求、企业资源、运营效率和地理因素。在这个过程中，各个要素相互协调，共同构建出一个既符合市场需求又具有竞争力的服务运营体系。在不断变化的商业环境中，灵活性和战略性的规划与设计将帮助企业更好地适应市场的变化，实现可持续和高效的服务运营管理。服务运营系统规划与设计要解决的基本问题见表 1-2。

表 1-2 服务运营系统规划与设计要解决的基本问题

内容	要解决的基本问题
服务设计	• 顾客真正需要什么？服务设计有哪些特殊性？ • 什么情况下需要对服务流程进行设计与优化？ • 如何进行服务流程设计？ • 如何结合实际应用质量功能展开服务设计？ • 采用什么样的技术提供所设计的服务？
服务运营能力规划	• 如何定义服务运营能力？ • 服务运营能力的重要性体现在哪里？服务运营能力规划有哪些策略？ • 规划服务运营能力时要考虑哪些因素？ • 规划服务运营能力的步骤是什么？ • 如何应用决策论和排队论进行服务运营能力规划？
选址规划与设施布置	• 服务选址规划和设施布置的重要性体现在哪里？ • 影响服务选址和设施布置决策的因素有哪些？ • 服务选址规划和设施布置的步骤是什么？ • 如何应用实用的方法或技术进行服务选址规划和设施布置？

1.3.2 服务运营系统的运行与控制

服务运营系统的运行与控制所关注的基本问题可概括为"质量和库存"。这两方面在服务业中都扮演着至关重要的角色，直接关系到企业的生存与发展。首先，质量是服务提供企业的生命线。有效的质量管理是确保服务质量的关键。任务包括采用先进实用的质量管控方法与工具，识别、分析和解决服务的质量问题。随着时间的推移，服务质量管理的概念和思想不断演化，各种质量管理方法和工具的开发应用推动了服务过程的控制和质量改进。特别值得关注的是，六西格玛管理在服务质量管理中的应用，以及现代信息技术对服务质量管理的新发展，均为提升服务质量带来了新的机遇。

服务库存管理则与成本相关，直接影响着服务价格，旨在既满足顾客需求，又为服务提供商带来合理利润。服务库存管理是一种谋求库存最优化的经营管理技术，其目的是在满足服务需求的情况下获得最大的收益。服务库存管理从需求端和供给端两个方面展开。在需求端，服务需求管理涉及需求预测的分类和方法，这是确保服务库存供给与市场需求相匹配的关键环节。而在供给端，库存管理的决策优化成为服务供给管理的核心内容，旨在通过库存的调整决策来平衡资源利用和成本控制。

人工智能的迅速发展对服务运营管理带来了革命性的影响，成为提升管理决策和服务水平的关键工具。在服务运营中，人工智能通过自动化数据分析和智能化决策支持创造了巨大的价值。为了有效利用人工智能提升服务运营水平，企业必须深入思考如何通过算法的设计和运营来提高员工和顾客的接受度，以及处理可能涉及的道德和法律问题。全面考虑这些因素，企业才能最大化发挥人工智能技术的优势，提升服务运营的效率和质量。因此，在数据驱动的时代，服务运营管理需要以全新的思维方式，积极应对人工智能带来的挑战和机遇。总体而言，服务运营的运行与控制要解决的基本问题见表 1-3。服务运营的规划与设计和运行与控制共同构成了服务运营管理的"运营视图"，如图 1-3 所示。

表 1-3 服务运营的运行与控制要解决的基本问题

内容	要解决的基本问题
服务质量管理	• 服务质量管理的重要性何在？ • 如何通过理解质量管理大师的思想来践行服务质量管理新的理念？ • 如何应用服务质量管理方法和工具发现、分析和解决质量问题？ • 如何通过服务质量管理体系的建立和有效运行来提高质量管理水平？ • 如何通过 6σ 管理理念来改进或再造服务流程？
服务库存管理	• 服务库存管理的基本概念是什么？ • 建立有效库存管理系统的重要性是什么？ • 经济批量模型的重要性和具体方法是什么？ • 如何应用单库存管理模型进行服务库存管理？
人工智能驱动下的服务运营管理	• 人工智能的基本概念和起源是什么？ • 人工智能在服务运营中的具体应用有什么？ • 服务运营管理中人工智能的感知是什么？ • 人工智能现阶段发展的障碍和偏见是什么？

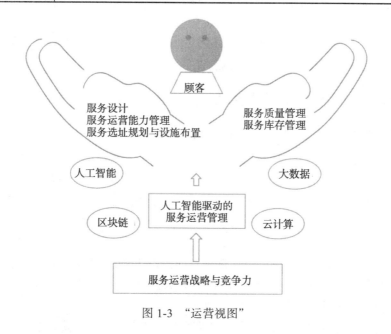

图 1-3 "运营视图"

1.4 服务运营管理的新发展

1.4.1 新兴服务业

　　服务经济正在经历一场巨大的变革，其中数字经济推动下的新兴服务业已成为主导力量，显著提升了服务业生产率。这一变革主要体现在服务经济的结构发生了巨大的变化。当前，由数字经济推动的新兴服务业和现代服务业已经占据了非常重要的地位，服务业生产率也取得了显著提升。新兴服务业的范围非常广泛，按照定义，可以分为三大类：第一类是为新市场需求提供服务的行业，即新兴服务行业，例如，环境服务、节能服务、海洋服务、邮轮旅游、信息通信服务、文化创意、人力资源服务等。第二类是在传统服务业的基础上，借助新资源、新技术或新方法发展起来的新兴服务业，例如，电子银行的电子认证、卫星科技服务、检测认证服务等。第三类是由新的服务模式塑造而成的产业或业态，包括共享经济、地理服务信息、远程教育、远程医疗、网络购物、折扣店等。

与传统服务业相比，新兴服务业具有"四高一低"5个基本特征。

（1）高人力资本含量。大部分新兴服务业从业者都经过优质的教育或培训，具备丰富的知识和高水平的技术技能。

（2）高技术含量。许多新兴服务业源于高新技术的推动或高技术制造业的演变，其技术水平较高，基本属于知识密集型服务业。

（3）高风险性。广泛应用信息技术、不断创新的服务模式或商业模式极大提高了新兴服务业的生产效率，降低了运营和服务成本，但高收益往往伴随着高风险。

（4）高增值性。新兴服务业主要通过技术和制度创新引发新需求，成为资本的主要投资对象，同时也是消费者追捧的消费需求。该领域涵盖了商务、数字娱乐产业、新媒体资讯、电子竞技、粉丝经济等。

（5）低消耗。新兴服务业主要以"知识和创意"为主要投入，对物质和资源的需求相对较少，是典型的低消耗、少污染的行业。

1.4.2　新技术驱动的服务运营管理

1. 新技术为服务运营管理带来的机遇

新技术推动企业生产方式的变革。在数字经济时代，市场由需求引导技术发展，通过将企业流程信息和知识进行系统封装，实现集成化管理和系统优化升级，以提高资源利用率。数据赋能有效促进单个企业生产模式的协调与转变，利用信息化技术从多维度挖掘消费者需求，改进产品及服务，在推动智能化和生产方式变革的同时促进整体经济系统结构的优化。

新技术推动企业内部管理的变革。随着智能设备性能的扩展和多维度数据的生成，重新定义了用户价值、竞争模式和竞争边界。大量数据为企业业务流程的优化和标准化提供了条件，但也增加了维持竞争优势的难度和成本。人工智能、区块链、云计算、大数据等新技术正在逐步应用于企业运营，为实现柔性制造和提升运营风险管控能力提供技术支持。然而，这也意味着企业内部组织管理结构必须作出适应性调整。在新技术规则下，企业内部组织结构趋于扁平化、网络化，数字化改造使得企业生产管理趋于柔性化。

新技术推动商业模式的变革。在数字经济背景下，企业能够更高效地捕捉客户需求，通过互联网、数据挖掘等技术实现数据赋能，如通过多渠道采集用户需求实现精准营销、产品更新换代，对生产流程进行精细化管理，达到制造资源配置优化的效果。企业借助数字化新技术实现对供应链管理、生产设计、销售推广等关键环节的柔性化改造，推动商业模式创新，逐渐形成网络化产业集群。

2. 新技术下服务运营管理面临的挑战

创新流程加速对企业运营管理与服务创新提出新的挑战。企业需要通过不断创新来挖掘价值链中各环节的利益空间，但产品生命周期的缩短带来了资金和人才短缺等挑战。创新的加速必然带来技术发展和行业时尚的变化。对中小企业和劳动密集型企业来说，引进先进的智能生产线、满足定制化需求的投入成本较高，回报周期长，部分企业对转型的意愿不高。此外，缺乏足够的核心技术和创新管理人才，当前熟悉信息化与生产制造的综合型人才较少，普通高校的培养方案与企业用工需求不匹配，创新能力相对较弱。

信息技术日新月异，外部环境日趋复杂，对企业运营管理与服务创新带来新的压力。在新技术时代，市场信息可以帮助企业进行风险管控、把握发展机遇。开发专业性信息化平台的成本较高，制造行业需求差异大，共享信息平台的数据具有多点、多角度、多维度联结的特点，可靠性难以保障，这给企业战略制定增添了不确定性。在海量信息中剔除无用、虚假信息的干扰，对企业进行数据筛选、处理、分析的能力提出了更高要求，需要企业决策管理人员具有较强的信息甄别能力，并树立信息安全意识。

环境要求趋严，对企业运营管理与服务创新带来新的挑战。2020 年 9 月，中国宣布"二氧化碳排放力争于 2030 年前达到峰值，努力争取 2060 年前实现碳中和"。当前我国正处于生态文明建设与经济转型升级的关键时期。企业的数字化运营管理极大地推动了信息传递和压力传导速度，必然影响企业绿色运营和绿色服务管理领域的相关决策和实践。如何应用互联网、信息化、数字化等新技术，在节能减排的同时降本增效，成为企业提高竞争力、实现绿色运营和高质量发展的关键。

3. 新技术驱动下服务运营管理的重点与展望

传统的运营管理理论已经难以适应数字经济所引发的经济变革新需求。与此同时，世界政治经济格局的纷繁动荡也对企业运营管理产生了革命性的影响。随着数字经济的蓬勃发展，智慧供应链、智慧物流、新零售、共享经济平台和智慧环保等新模式、新业态和新产业正在深刻变革中催生。由此可见，未来企业运营与服务管理研究将更加注重将智能化、信息化、数据化、自动化融入企业运营管理。科学系统地构建企业运营与服务管理创新研究的新框架，有助于促进我国经济战略转型和高质量发展。

（1）智慧供应链。近年来，随着大数据、物联网、人工智能和区块链等数字新技术的兴起，供应链面临着新的机遇和挑战。企业供应链管理的业务范围不断扩大，同时面临着外部环境不确定性和风险的增加，决策需求变得更加多样化和及时化。传统的供应链与服务运营管理理论已经难以适应市场深度变革的需求。在这一背景下，各大企业纷纷探索智慧供应链与服务运营模式的创新，并在全国范围内推出了贯彻《国务院办公厅关于积极推进供应链创新与应用的指导意见》的系列政策。然而，学术界在智慧供应链与服务运营创新方面尚未建立完善的理论与方法体系，导致一些新的行业难题在实际应用中显现。产品服务预测和促销分析实践中，缺乏特定的理论基础，例如，协同仓库调度系统、仓库布局系统以及库位分配系统的静态优化与机器人作业的智慧供应链管理模式不兼容等。用户需求的复杂性与变化性、差异性和定制化等特点也与单一低精准度的库存模式不相匹配。因此，亟须提出全链贯通、数字驱动、场景赋能的智慧供应链与服务运营创新理论框架，运用数据融合、数据挖掘、机器学习、在线优化、人工智能等技术，建立智慧供应链整体解决方案，实现以需求为驱动、以客户为中心、全链数据高度拉通、资源柔性配置的实时决策支持，从而降低运营成本。研究重点包括数据驱动的消费者购买行为精准预测、多机器人协同作业的智能仓库调度算法优化、智能仓库设计的仓库布局与库位分配研究、基于商品销量预测的库存前置模式等。这些研究努力将有助于塑造未来智慧供应链和服务运营创新的算法库，提升企业供应链的核心竞争力。

（2）智慧物流。智慧物流在数字经济时代崛起，成为提升企业运营与服务创新管理的关键要素，有助于提高运作效率、降低运营成本以及提升客户服务满意度。随着物联网、大数据、区块链和人工智能等创新技术的发展，智慧物流正向智能化、数据化和透明化方向迅速发展。尽管当前对智慧物流的研究仍处于初级阶段，但极少考虑到物联网和大数据等技术对现有物流业务的影响。未来研究的焦点应集中于数字经济时代智慧物流的新特征，包括用户核心化、决策智能化和分布式共享。从智慧物流的"储、运、融、生"四个方面出发，通过基于大数据和物联网的智能仓储管理、大数据驱动的配送管理、基于大数据和物联网的物流金融研究以及基于区块链技术的物流生态研究，建立智能仓储系统最优分类策略的新理论。设计高效的多机器人协同调度算法，建立以用户为核心的配送服务的需求定价、销路、配送中心选址以及动态优化配送路径。同时，揭示物流企业之间的复杂协同机理，建立物流企业之间金融模式选择的理论架构，分析以物流企业为核心的物流生态系统构建体系，制定适用于数字经济时代的智慧物流管理理论与方法，逐步提升企业供应链的核心竞争力。

（3）新零售。新零售借助数据驱动成功实现了从"推式"供应链向"拉式"或推拉结合的供应链演变，不再以产品为中心，而是根据消费需求引导生产。这种转变使得消费者数字化参与成为供应链的起点，购物环境、交付、品类和物流等服务成为零售商产出和消费者体验的新重心。库存与物流的协同实现了敏捷化，生产、销售和物流等环节经历了无限压缩、融合或重构。因此，新零售的全渠道运营与服务模式设计成为新时代实体零售业运营管理创新的核心方向。着眼于提升消费者全渠道体验，结合大数据、人工智能和行为实验，研究全渠道要素与消费者行为之间的关系，深入了解心理和生理机制。全面系统地分析影响消费者渠道选择的因素，为不同产品类型的消费者设计精准的渠道选择策略，并建立面向消费者学习的全渠道协同机制。同时，制定考虑不同渠道交互的全渠道库存管理模型和新零售的最优定价模型。研究技术驱动的全渠道服务模式的评价与选择，通过关联规则挖掘方法实现运营模式与服务模式的智能匹配，借助大数据技术绘制运营模式与服务模式的精准画像。

（4）共享经济平台。在我国共享经济初级发展过程中，平台运营和供需资质存在不均衡，尽管取得了快速增长，却面临创新与传统行业冲突、出行安全、财产损失和数据隐私等风险。因此，迫切需要进行共享平台控制和准入制度的因素分析、治理机制和激励结构设计，以及对创新、平台进化中控制和准入制度的动态分析。在此基础上，建立适用于不同场景的共享经济供需匹配机制，旨在提升匹配效率，构建双重竞争下的共享经济平台竞争模型和定价决策体系，优化多服务情境下的全局匹配和定价策略。此外，需要基于现代技术的平台服务运作创新模式，解决精准服务中的数据隐私问题，规避共享经济平台参与主体的道德风险，并建立全面的风险管理方法和预警机制，促进我国共享经济健康发展。

（5）智慧环保。我国正在积极推进生态文明建设，环境治理和保护需求迫切，但环境服务型企业普遍存在运营滞后、服务能力弱、创新不足等问题，市场潜力未得到充分释放。在全面扩大需求和政策利好的背景下，关键工作应集中在以下几个方面：首先，注重数据驱动的环境监测设备选址智能设计和优化，以及环境服务大数据的动态分析。同时，研究大数据驱动的环境服务型企业服务集成融合理论与方法、基于批流处理的环境服务大数据智能分析算法，以及环境风险的实时预警和大数据决策方法等关键核心技术。其次，进行自主研发方面的模式创新和环境效果评估工作。通过攻克环境服务大数据向智慧环境服务的大数据动态分析与集成决策平台的技术难题，推动环境服务模式的创新。最后，利用新一代信息技术，如大数据等，挖掘环境服务模式创新的关键要素和共性规律，评估不同类型环境服务模式创新的效果，并提出智慧环保模式创新的路径。这些努力将有助于推动我国环境服务型企业更好地适应新形势，实现可持续发展。

1.5　本章小结

本章首先讲解了运营概念，对运营系统及其运营管理的重要意义进行了概述。其次，本章界定了服务以及服务业在经济发展中的重要性，并介绍了服务运营管理的特征和主要内容。最后，本章概述了新兴服务业的特征和新技术驱动的服务运营管理发展趋势。

习题

1. 什么是运营管理？运营管理的对象是什么？
2. 运营管理的发展经历哪几个阶段？每个阶段有哪些代表性成果？
3. 服务具有哪些特点？
4. 什么是服务？
5. 什么是服务包？
6. 什么是服务运营管理？
7. 与传统服务业相比，新兴服务业具有哪些基本特征？
8. 服务运营管理在新技术驱动下有哪些潜在发展方向？

案例

亚马逊的客户服务运营

亚马逊公司成立于 1995 年，最初是一家互联网图书零售商。在开业不到一年的时间里，亚马逊的年化收入达到了 1.7 亿美元。自成立以来，该公司发展迅速，现已成为财富500 强企业，2004 财年的销售额约为 70 亿美元。在不到十年的时间里，亚马逊已从一家拥有"地球上最大的选择"的网上书店发展成为一个提供多种类别的新、旧和翻新商品的互联网零售商，包括音乐、食品、服装、厨具和消费电子产品。提供如此广泛的产品反映了亚马逊希望成为"客户可以找到和发现他们可能想在网上购买的任何东西"的地方。美国客户满意度指数（ACSI）表明其已经取得成功。具体地，在 2001 年、2002 年和 2003

年，它在所有服务行业中都获得了 ACSI 的最高分数。

亚马逊公司的成功在一定程度上要归功于亚马逊客户服务业务（CSO）的实力。正如最近的一份年度报告所述，"我们相信，我们与客户建立和维持长期关系的能力，以及鼓励重复访问和购买的能力，取决于客户服务业务的强度"。CSO 通过内部和外部管理的联络中心以及公司网站上的功能向客户提供服务。这些功能允许客户执行各种活动，包括跟踪订单和发货、查看预计交货日期和取消未发货的物品。无法使用网站功能解决问题的客户可以呼叫或发送电子邮件给 24 小时在联络中心提供服务的客户服务代表（CSR）。为了应对不断增长的销售额及其固有的季节性（传统零售的多样性以及互联网的使用，通常在夏季下降），亚马逊必须适当地调整其联络中心（处理网络）的容量。它必须决定内部管理中心的招聘和培训，以及分配给外部服务提供商（协源）的语音呼叫和电子邮件的数量。为此，亚马逊公司与得克萨斯农工大学的 Keblis 教授开发了一种可降低客户联系平均成本的数学规划方法。新的运营管理方法使得客户服务人员可以在不到一小时的时间内对单个场景进行调查（包括调整输入、执行模型和分析输出），而以前这个过程需要一整天的时间。综上所述，亚马逊公司通过提高服务运营管理能力，实现了客户服务水平的大幅提高，有效节约了公司的运营成本。

（案例来源：Matthew F. Keblis, Maomao Chen, (2006) Improving Customer Service Operations at Amazon.com. Interfaces 36(5): 433-445）

思考与讨论：

1. 在亚马逊的成功背后，其客户服务业务扮演了何种关键角色？
2. 亚马逊在服务运营管理方面采取了哪些措施来实现客户服务水平的提升？
3. 亚马逊的服务运营管理经验可以为其他企业提供哪些启示和经验？

参考文献

[1] 王国弘. 运营管理[M]. 北京：电子工业出版社，2021.

[2] 夏杰长. 中国新兴服务业发展的动因与政策建议[J]. 学习与探索，2012(5): 5. DOI:10.3969/j.issn.1002-462X.2012.05.017.

[3] 叶显晶. 新兴服务业分类及统计监测研究[J]. 统计科学与实践，2018(1): 4. DOI:CNKI:SUN:ZJTJ.0.2018-01-017.

[4] 陈晓红，唐湘博，梁伟，等. 数字经济时代的企业运营管理与服务创新[J]. 商学研究，2021，028(005): 5-12.

即测即练

自学自测　扫描此码

第 2 章

服务运营战略、竞争力与生产率

【学习目标】

1. 理解组织使命、愿景和价值观的概念
2. 掌握服务运营战略规划方法及基本流程
3. 掌握服务竞争环境的分析方法
4. 理解生产率的概念
5. 了解提高生产率的一般途径

酒店运营战略的调整与优化

C 公司是浙江省的一家集餐饮和酒店服务的民营集团。在 2003 年公司成立之初仅是一家提供当地地方菜的餐馆，由于经营得当，公司规模不断扩大，发展了餐饮连锁企业。2006 年，该公司进军酒店行业。由于在餐饮行业取得的成功，酒店的经营也蒸蒸日上，陆续收购和参股了多家酒店。2011 年该企业已发展成为在业界有一定知名度，集餐饮和酒店服务于一体的企业集团。

在企业不断发展壮大的过程中，企业也面临着成长的烦恼。随着集团业务的逐渐扩大，企业的餐饮经营也出现了问题，餐饮营业收入的增长也逐渐放缓，菜肴制作成本居高不下，服务交付的速度和可靠性较差等。为了应对这些问题，集团的管理者调整了企业服务运营战略，采用了"小厨房"战略，建立了中央厨房，将粗加工和切配环节从分店生产流程中分离出来，集中到中央厨房进行统一处理，分店厨房仅负责最后的烹饪和调制。因此，各个分店的规模大幅缩小，由此节省出来的厨房场地被改造为酒店的其他服务设施。与此同时，由于食品加工工序大幅缩小，产生的餐饮垃圾也大大减少，分店的厨房规模逐步缩小并更加干净。

实施"小厨房"战略后，企业的运营成本大幅下降，厨房的员工人数由建立中央厨房之前的 900 人降低至 100 余人，各个分店的厨房员工数量也大幅下降，加工生产成本显著降低，菜肴毛利率由 49%提高到 53%，较大程度地解决了企业面临的运营问题。

企业的发展战略直接关系到企业经营的成败，而企业的战略也与其使命、愿景和价值观息息相关。战略性服务构想为服务企业制定有竞争力的服务运营战略提供思想框架。波特五力模型、SWOT 分析、BCG 矩阵、平衡计分卡是制定服务运营战略有效的方法。生产率反映了企业对资源的有效利用程度，较高的生产率是企业竞争力的直接体现，而生产率的提高很大程度上是科学管理的结果。

（案例来源：中国管理案例共享中心案例库，"小厨房"战略：C酒店集团的服务运营系统精益化）

思考与讨论：

1. 一个企业应该如何制定运营战略？

2. "小厨房"战略取得成功的根本原因是什么？

2.1 服务运营战略

2.1.1 使命、愿景和价值观

1. 使命

使命是组织在社会经济发展中所应担当的角色和责任，是组织存在的原因和基础。无论是营利性组织，还是非营利性组织，都要明确其使命。使命用以说明组织的经营领域、经营思想与经营哲学，因组织而异，取决于组织的性质。例如，某信息和通信公司的使命是构建万物互联的智能世界；某建筑公司的使命是打造安全、绿色的居住环境；某保险公司的使命是保障生命财产安全；某餐饮公司的使命是打造大众健康美食新生活；医院的使命是救死扶伤。

准确地定位组织的使命并不是一件容易的事情，需要经过组织上下反复讨论才能确定。确立的使命要达到以下几个基本要求：

（1）站位高远，要体现组织的社会责任。例如，阿里巴巴的使命是"让天下没有难做的生意"。这一使命以质朴的语言明确了阿里巴巴的社会责任。又如，可以把中石油的使命定位为"为中国加油"。"为中国加油"一语双关，既反映了石油化工的行业特点，又体现了该公司的社会责任；

（2）体现行业特征，凸显该组织的核心业务。惠普将其使命确定为"为人类的幸福和发展作出技术贡献"；

（3）简洁明晰。组织的使命要简洁明了，以便让全体员工耳熟能详，让客户和社会易懂易记。如微软公司——致力于提供使工作、学习、生活更加方便、丰富的个人软件。

2. 愿景

愿景是对组织未来的一种期望和描绘，每个组织都应明确自身的愿景。愿景中要包含明确的目标，即组织为了实现使命而制定的中长期目标。目标要具体，空洞无物的口号无法指明组织的努力方向，员工也会不知所措。目标可能是未来一定时期内要形成的组织规模方面的，如未来10年内进入世界500强，或地位保持在同行业第一的位置。

一些优秀组织的愿景：阿里巴巴集团——让客户相会、工作和生活在阿里巴巴；迪斯尼公司——成为全球的超级娱乐公司；浙江大学——建设世界一流的综合型、研究型、创新型大学，成为卓越人才培养和汇聚的战略基地、文化传承和交流的重要平台、国家战略科技力量和全球创新高地；京东集团——成为全球领先的智能零售平台，通过数字化、智能化、互联化的升级，为用户提供更加便捷、优质的消费体验和服务。可以看出，这些愿景中均包含了可观测的目标：或者成为最好，或者追求世界领先，等等。

3. 价值观

价值观是指组织所坚持和奉行的基本信念和准则。企业价值观是组织对其经营理念所作出的选择，是组织成员对组织是非观的一致判断。价值观为组织的生存与发展确立了精神支柱。

组织首先应在充分考虑其所在行业及价值主张的基础上，确立其价值观，以区别于其他组织的个性化。例如，IBM 公司确立的"成就客户、创新为要、诚信负责"的价值观就确切地体现了该公司创新驱动、成就客户的价值主张。需要强调的是，把空洞无物、放之四海而皆准的口号作为价值观不但会让顾客对组织的诚意表示怀疑，也无助于组织的员工对其是非观作出判断。其次，组织在确立价值观时应上下反复论证，取得全体员工，至少得到绝大多数员工的认同。最后，组织的价值观一旦确定下来，就应保持其稳定性，不能因为最高领导的更迭而随意改变。

使命、愿景和价值观存在密切的联系。使命决定价值观，价值观服从使命。使命回答了组织存在的意义，体现了组织的社会责任，价值观明确了组织的行为伦理，描述了组织运营的规则。

愿景与价值观既有区别又有联系。愿景是对组织未来的一种期盼。价值观是对组织经营理念的定位，是组织成员对组织是非观的判断。愿景与价值观的联系在于愿景的实现有赖于价值观的践行。同时，正是通过逐步接近包含了可测评目标的愿景，才能把组织的价值观体现出来。

2.1.2　有竞争力的服务运营战略

当一项服务满足顾客的需求或者为顾客提供益处时，就为顾客创造了价值。顾客从一项服务中获得的价值越高，就越愿意付出更高的价格购买这项服务，那些从服务中感受到价值的顾客会成为满意的顾客。而制定服务运营战略的目的就是为顾客创造更多的价值。

James L. Heskett 在他的 *Managing in the Service Economy* 一书中提出了"战略性服务构想"的概念。战略性服务构想包括四个基础要素和三个整合要素。

1. 战略性服务构想的基础要素

战略性服务构想的四个基础要素包括目标市场细分、服务概念、运营战略和服务系统交付，四个基础要素分别聚焦为谁提供服务、提供什么样的服务、如何提供服务，以及服务如何落地四个基本问题。

目标市场细分旨在识别有着相似特征、需求、购买行为或消费模式的一类顾客。像大部分产品一样，绝大部分服务仅仅对一部分顾客是有价值的，所以企业需要慎重地选择自己能够和愿意服务的对象，对市场进行细分。有效的市场细分使该细分市场内的顾客彼此相似，而又区别于其他细分市场中的顾客。市场细分可以基于地理、人口统计、消费者心理以及其他相关标准。

服务概念描述了对顾客、员工以及其他利益相关者的服务。一项服务的定义必须基于它为顾客提供的结果或收益。服务概念源于组织对自身业务的定义。一个组织业务的定义应该足够宽广，在购买模式转变或出现其他机会时，便于拓展企业未来的发展空间。但它也不应该过于宽泛，否则相关组织能力和竞争力将达不到业务范围。

运营战略是与组织的运营、财务、营销和人力资源相关的一系列的战略、规划和政策，有了这些战略、规划和政策，服务概念才能够被具体实施。

服务系统交付决定了企业如何在服务接触中表现自己。它包括设施布置、所使用的技术和设备、提供服务的过程、工作职责描述，以及在服务接触过程中服务人员和顾客扮演的角色。一个服务系统应该达到顾客的最大满意度。许多服务概念可被竞争者模仿，但是一个设计良好的服务系统不是能够轻易被模仿的，这也成为潜在竞争者的进入市场的壁垒。例如，拼多多作为一家以用户为中心的综合性电商平台，以农产品零售平台起家，致力于服务中国广大人群的消费升级。在目标市场细分时，拼多多选择了中国中小型城市及农村的广大消费者。基于目标消费者的特征，采用了拼团购物的模式，为消费者提供价格低廉，品质优良的服务和产品，并以此制定了相适应的运营战略。

2. 战略性服务构想的整合要素

整合要素是帮助基础要素互相融合为一个整体的服务战略。它们为实施服务构想的计划行动提供指导，包括服务定位、价值成本杠杆，以及战略/系统整合。

服务定位是指组织如何将自己区别于其他竞争者。服务定位要求深刻认识和理解顾客需求、组织的能力、竞争者提供的服务和它们的能力，以及服务概念满足顾客需求的能力。当理解清楚这些要素之后，组织会找到一套独特的属性使得服务概念和所选定的细分市场的特性相匹配，并在成本、服务特征、广告与促销、分销渠道、交付系统等方面体现出独特性。

价值成本杠杆是指一个组织在没有大幅提高服务成本的前提下能够为顾客提供更高的价值感受。设计与定位良好的服务概念可以为顾客提供独特的效用，从而创造价值，甚至比竞争对手创造更多的价值。虽然这种独特性使更高的服务价格合理化，但是它的成本也更高。如果一个组织成功运用了价值成本杠杆，就会比竞争对手占有更大的利润空间。为了取得价值成本杠杆效应，企业需要采取大量的战术策略，包括为顾客定制他们最看重的服务特性，而对其他服务特性仅做标准化处理，认真管理服务过程中关键点的质量，让顾客参与服务创造过程等。

除了目标市场细分和服务概念、服务概念与运营战略一致外，运营战略还必须和服务系统交付相一致，并形成一个整体，即战略/系统整合。一个出色的服务组织能够从精心设计招聘制度、服务过程、设施等方面入手，使它的运营战略和服务交付系统相一致。这些企业同时也关注员工的福利与晋升、奖励等。

2.1.3 发展战略与服务运营战略

1. 发展战略

发展战略是根据组织的内部条件和所处外部环境的现状与发展趋势，就组织的发展方向、发展目标、发展重点及发展能力所作出的全局性、长远性、纲领性的谋划。

发展战略的制定过程一般遵循顶层设计、上下结合的原则。首先，高层决策者要对整个形势作出判断，提出总体思路和总体方向，然后交由各个业务部门展开讨论。经过反复磨合，形成简明扼要的发展战略。比起愿景中所表述的目标，发展战略中所确定的目标更为具体。例如，如果某大学愿景中确定的目标是成为世界一流的大学，那么发展战略所确定的目标就应该说明未来主要学科在世界同类大学中的具体位置。

发展战略与愿景、价值观、使命的关系可概括为通过实施所制定的发展战略来达到所确定的愿景，践行价值观，进而实现组织的使命。

2. 有竞争力的服务运营战略

服务运营战略就是在使命、愿景、价值观、发展战略的引领下，对目标市场的定位、价值的主张、核心能力的培养、产品和服务的提供等所作出的中长期谋划。研发战略、区域布局战略、能力战略、质量战略、供应链战略等都是服务运营战略。例如，某一服装公司制定了以下服务运营战略："针对高端客户，依靠公司在服装供应链中核心企业的地位和服饰 DIY 社群，为顾客提供极具个性化的服饰体验。"

服务运营战略是职能战略之一。职能战略是对组织相应的职能或业务所作出的中长期谋划。除了服务运营战略，营销战略、财务战略和人力资源战略等都属于职能战略。服务运营战略要与营销战略、财务战略和人力资源战略等职能战略相得益彰。

服务运营战略与发展战略存在密切联系。发展战略用于指导服务运营战略与其他职能战略的制定，而服务运营战略与其他职能战略一起对发展战略起支撑作用。显然，服务运营战略比发展战略所确定的内容更为具体。根据这个关系，尽管各个职能或业务都不相同，但所形成的职能战略都要指向发展战略，都要有利于发展战略的实施。

组织制定并实施服务运营战略，就是要通过运营管理提升组织的竞争力。服务运营战略实施的效果最终体现在质量（Quality）、成本（Cost）或准时交货率（Deadline）等指标的改善上。

2.1.4 服务运营战略制定的典型方法

在企业进入市场前，一般通过波特五力模型对其所处的竞争环境展开分析，以判定行业的竞争态势；通过 SWOT 分析评估优势、劣势、机遇和挑战。此外，BCG 矩阵与平衡计分卡也是重要的战略分析工具。在市场中赢得顾客意味着要在几个方面展开竞争。顾客的购买决策受许多变量的影响，如价格、便利、声誉和安全等。决定公司成功的每个变量的重要程度取决于市场竞争和顾客的偏好。

1. 波特五力模型

波特五力模型由迈克尔·波特于20世纪80年代初提出，其中行业竞争对手、潜在进入者、替代产品生产者、供应商和用户五种力量综合起来影响着行业的吸引力和竞争态势。该模型主要用于运营管理的外部环境分析。波特五力模型如图2-1所示。

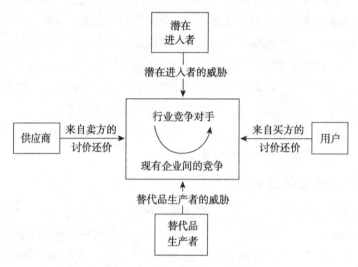

图2-1　波特五力模型示意图

利用这一模型可以对企业所面临的五个方面的压力进行分析，分析结果对企业的选址规划、能力规划、服务设计等很多方面都有重要的价值。

2. SWOT 分析方法

为正确地制定服务运营战略，可应用 SWOT 分析方法。SWOT 分析方法是基于企业内部条件和外部环境分析的一种战略管理方法。采用该方法时，首先，以服务运营部门为主导对内部条件进行分析评估，哪些是自身的优势（Strengths），哪些是自身的劣势（Weaknesses），做到知己知彼，扬长避短；其次，以营销部门为主导分析企业所处的外部运营环境可能给本企业带来的机会（Opportunities）和造成的威胁（Threats）；最后，根据内部条件和外部环境分析结果制定相应的服务运营战略。分析的目的是揭示竞争优势分析前景，对于问题做好准备，并允许制订应急计划。SWOT 分析方法始于一个明确的目标，终于要维护、建立或利用的优势、需要补救的劣势、优先考虑、捕获或建立的机会，以及需要去对抗、最小化或者管理的威胁。SWOT 分析方法较为主观，人们经常会得出不同的结果。

在进行 SWOT 分析方法时，外部环境分析是关键。分析的主要内容一般有5个。

- 新的市场潜力；
- 消费者不断变化的需求；
- 法律、经济、政治和环境变化；
- 技术进步；

- 竞争对手的活动。

表 2-1 给出了 SWOT 分析方法的四个方面涉及的典型问题样本。

表 2-1　SWOT 分析方法的整体框架

优势	劣势
• 你公司的优势是什么	• 针对提供的服务，你能改进什么
• 你在哪些方面比别人做得更好	• 你应该避免什么
• 你有什么独特的资源	• 哪些因素导致销售损失
• 人们认为你的优势是什么	• 人们认为你的公司有哪些弱点
机会	威胁
• 你的竞争对手的漏洞是什么	• 在提供服务过程中，你面临什么障碍
• 目前的市场趋势是什么	• 你的竞争对手在做什么
• 技术是否提供新的服务选择	• 改变技术是否会威胁到你的地位
• 你的组织可以填补市场中的位置吗	• 你有现金流量问题吗

以下是 SWOT 分析方法的基本步骤：

- 在分析内部条件和外部环境的基础上，给出 S、W 和 O、T 两个维度四个方面的清单；
- 绘制 SWOT 矩阵，给出有效的 SO 组合、ST 组合、WO 组合、WT 组合；
- 根据四种组合，制定 SO 战略、ST 战略、WO 战略、WT 战略；
- 以 SO 战略为重点，综合考虑 ST 战略、WO 战略与 WT 战略，制定最终运营战略；
- 根据所制定的运营战略，确立应采取的运营策略，并进一步落实到可以实施的方案。

3. BCG 矩阵

BCG 矩阵是由波士顿咨询集团首创的一种规划业务组合的战略分析工具。应用 BCG 矩阵时，通常从"相对市场占有率（市场份额）"与"业务增长率"两个维度进行分析。根据这两个维度可以把企业的业务分为高增长低份额（问题型业务）、高增长高份额（明星型业务）、低增长高份额（金牛型业务）和低增长低份额（瘦狗型业务）四种类型。

为了更多地了解决策对象的情况，可对常规的 BCG 矩阵进行扩展，增加"决策对象营业收入占总公司营业收入的百分比"和"决策对象所得利润占总公司利润的百分比"两个维度。这样就得到图 2-2 所示的四维度 BCG 矩阵。

维度 1：相对市场占有率。在同类型企业中，把市场占有率最大者设为标杆企业，其相对市场占有率取为 1。把决策对象的市场占有率与标杆企业相比，比值即为决策对象的相对市场占有率，即维度 1。例如，同类型企业中，市场占有率最大者为 20%。决策对象的市场占有率为 10%，那么，决策对象的相对市场占有率就是 0.5。

维度 2：业务增长率。即本企业不同时期业务增长率。在图形中，确定了决策对象的纵坐标。例如，本期营业收入为 110 万元，上期营业收入为 100 万元，那么业务增长率为 10%。

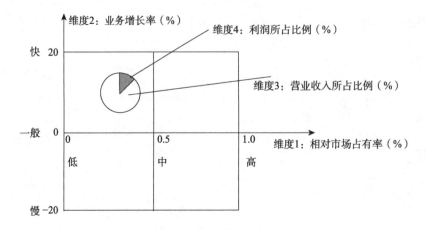

图 2-2　四维度 BCG 矩阵

维度 3：营业收入所占比例。即决策对象营业收入占总公司营业收入的百分比。在图形中，用圆的大小来表示。实际中，可以先设定营业收入最多的子公司所对应圆的大小，其他决策对象按一定比例绘制即可。例如，总公司的营业收入为 1 100 万元，同时期决策对象的营业收入为 110 万元，那么，营业收入所占比例为 10%。作图时，假设营业收入最多的子公司占总公司营业收入的比例为 20%，以 1 个单位长度为半径作圆，如果决策对象营业收入所占比例为 10%，那么，代表决策对象的圆的半径就为 0.5 个单位长度。

维度 4：利润所占比例。决策对象利润占总公司利润的百分比。在图形中，用扇形面积的大小表示。例如，总公司的利润为 100 万元，决策对象同时期的利润为 25 万元，那么，利润所占比例为 25%。在图形中就以四分之一的圆来表示。

把通常的 BCG 矩阵扩展后，不但知道了决策对象的市场位置，而且知道了决策对象对总公司营业收入和利润的贡献。根据这些变量可更准确地确定一个子公司的活动方向：扩大运营能力、维持现状或是清算。

4. 平衡计分卡

所确定的使命、愿景、价值观及所制定的战略需要付诸实施，并最终体现在组织的绩效水平上。平衡计分卡（Balanced Score Card，BSC）就是一种有效的战略管理工具。平衡计分卡最早由罗伯特·卡普兰（Robert Kaplan）和戴维·诺顿（David Norton）于 20 世纪 90 年代提出。现在的模式是对最早的修正和改进，实现了从一个纯粹的财务角度转变为与其他方面进行整合，把财务、顾客、内部业务流程和学习与成长整合在一起，从过去和未来两大视角，用四个维度来平衡财务绩效与非财务绩效、外部绩效与内部绩效，如图 2-3 所示。

在应用这种方法时，管理者要制订实现特定目的的计划、测评指标以及激励方案，并通过测评指标的完成情况，与竞争对手进行客观的比较。

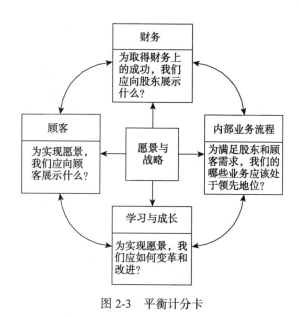

图 2-3　平衡计分卡

2.1.5　服务运营战略与商业模式的匹配

1. 商业模式概述

（1）商业模式及其九大要素。商业模式是针对细分的客户，在明确为客户所提供的价值基础上，充分利用企业的核心资源，并管控其重要业务，创建一个具有核心竞争力的运营系统，以满足和保障顾客需求和利益相关者权益，从而实现企业可持续的经济效益。

商业模式由九大要素构成，包括客户细分、客户关系、渠道通路、价值主张、核心资源、关键业务、重要伙伴、成本结构和收入来源。九大要素构成了四个模块，即为谁提供？提供什么？如何提供？怎样盈利？在"为谁提供"模块中，需要确定客户细分、客户关系与渠道通路。在"提供什么"模块中，需要明确价值主张。在"如何提供"模块中明确了核心资源、关键业务与重要伙伴。在"怎样盈利"模块中描述了成本结构与收入来源。

接下来将解析九大要素的含义，并以快件收发最后 100 米和最初 100 米的智能快递柜为例来说明各个要素的具体内容。

①客户细分就是企业要向其提供价值的顾客群体。智能快递柜的细分市场包括大学和职业高中的学生和教师、小区居民等。

②客户关系描述了企业同顾客之间的联系。对智能快捷柜这种新的业态，通过创建最后 100 米快递社区来经营同顾客之间的关系。

③渠道通路是企业接触顾客的途径和接触点。渠道通路说明了企业如何接触其每个细分市场的顾客，来传递其价值主张。对于智能快捷柜，其主要渠道通路是自有 App。

④价值主张即企业通过其产品和服务为顾客提供的价值。价值主张确定了企业对顾客来说的存在价值。以智能快递柜为例，其价值主张应定位于让顾客收发快件更方便、更安全。

⑤核心资源就是公司执行其商业模式所需要的核心资源或能力。事实上，正是企业拥有了核心资源才使企业能够为客户创造价值、并持续赢得收入。就智能快递柜而言，要想在众多的快递柜中脱颖而出，必须具有更先进、便捷的功能，例如，健全、便捷的扫码存件与取件功能、在线支付功能、完备的人—机接口等。此外，如果是分布在校园，与校方良好的关系也是必不可少的核心资源。

⑥关键业务即企业所要从事的主要业务或活动。智能快递柜的关键业务是快件的收发与提取。当然，平台运营、广告推送等应作为其增值业务。这些增值业务将成为智能快递柜的重要收入来源。

⑦重要伙伴是指为使商业模式得以有效运营与其他企业所建立的伙伴网络。企业通过创建联盟来提高效率、减少成本、降低成本是优化商业模式的一个重要途径。就智能快递柜而言，其重要伙伴首先是学校的后勤公司或小区居委会以及各个快递公司。

⑧成本结构是指运营一个商业模式所引发的所有成本。为培植核心资源或能力、创建渠道通路、完成关键业务、维系重要伙伴等都会引发成本。对某种业态，成本结构在商业模式中起关键作用，例如，对不提供非必要服务（no frills）的航空公司，是完全围绕低成本结构来构建其商业模式的。就智能快递柜而言，其主要成本构成为智能柜的购置与其软件开发费用以及维护费用、人工费、App 运营维护费用、保险与理赔费用等。

⑨收入来源是指从每个客户群体中获取的现金收入。收入不外乎有两种形式：因客户一次性支付而获得的交易收入和因客户持续支付而获得的经常性收入。以智能快递柜为例，其先期主要收入来源是快件的分拣配置费，随着增值业务的开展，广告收入与流量收入会逐步增加。此外，顾客支付的超时保管费用也是收入的一部分。

（2）商业模式画布及其绘制步骤。把商业模式的四个模块、九大要素布置在一块画布中，就是商业模式画布，如图 2-4 所示。从图中可以看出，商业模式画布是以价值主张为中心的。这实际上是在强调无论是成功创业，还是保持企业的永续经营，必须时刻想着企业将为客户带来什么价值。

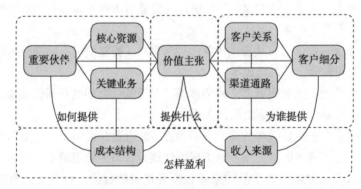

图 2-4　商业模式画布

一般按照以下 9 个步骤来绘制商业模式画布：

- 明确客户细分，即确定目标用户；
- 思考如何维系所确定的目标用户，做好客户关系管理；
- 思考如何接触到目标客户，即确定渠道通路；
- 确定目标用户的需求，明确价值主张；
- 明确所拥有能够实现价值主张的核心资源；
- 思考通过哪些关键业务为目标客户提供产品和服务，以实现价值主张；
- 思考企业运营过程中所涉及的重要伙伴，并与其建立良好的关系；
- 思考企业运营过程中将引发的成本以及成本结构；
- 思考收入来源、明确价格定位。

在实际应用中，为了展示不同要素之间的相互影响，并尽可能多地列出初始方案，可以采用头脑风暴法开展广泛民主式的讨论。最后经反复论证、筛选，直到选出最合理的方案。

2. 运营战略与商业模式的联系

显然，商业模式不同于发展战略，也不同于运营战略。商业模式解决的是为谁提供服务、提供什么服务、如何提供服务、怎样盈利等问题，是对企业的整体布局。发展战略解决的是企业的发展方向、发展目标、发展重点及发展能力问题。运营战略则重点考虑目标市场定位、价值主张、核心能力培养、服务提供等。

但是，因为运营战略所考虑的目标市场定位、价值主张、核心能力培养以及服务提供等均是商业模式中的关键要素。所以，运营战略与商业模式之间有着紧密的联系。这种联系在企业对其商业模式进行创新时表现得尤为突出。

运营战略与商业模式的联系决定了企业在制定运营战略的时候必须要考虑与商业模式的匹配性。同时，在对所制定的运营战略进行测评时，要以商业模式中所确定的收益结果为依据。

3. 从商业模式到运营模式

商业模式解决了企业长期面临的为谁提供服务、提供什么服务、如何提供服务、怎样盈利四大基本问题。而要想真正实现企业的价值主张，为客户提供其需要的服务并实现预期的收益，还需要构建相应的运营模式。

对于运营模式，至今没有统一的定义。一般认为，运营模式是企业较短时期的主要职能或业务的运营维护方案。无论如何，一个有效的运营模式应回答以下五个方面的问题：

- 客户核心需求确认；
- 供应商、顾客在内的价值链的设计与管控；
- 高附加值业务设计与核心资源投放；
- 订单履行、CRM、资源管理在内的关键流程识别与设计；
- HR、财务支持、营销支持、公关支持、技术支持在内的支持系统创建。

上述五个方面的问题都是对商业模式九大要素的分解与落实。例如，客户核心需求的确认是对商业模式中的客户细分的深入。价值链设计与管理则与商业模式中的客户关系、渠道通路、关键业务、价值主张、核心资源、重要伙伴、成本结构、收入来源相联系。高附加值业务设计与核心资源投放是对关键业务与核心资源的深入。关键流程识别与设计直接关系着商业模式中的客户关系、渠道通路、关键业务、重要伙伴、成本结构、收入来源。支持系统整合与商业九大要素均有直接或间接的联系。

2.2 竞 争 力

2.2.1 服务型企业竞争力

1. 企业竞争力的关键因素

竞争力是企业在自由和公平的市场环境下生产优质产品或提供优质服务，创造附加价值，从而维持和增加企业收入的能力。企业竞争力是决定企业成败的关键因素。企业之间的竞争体现在很多方面，但归根到底表现在质量、成本、准时交货率的差异上。

（1）质量。质量是产品或服务的一种固有特性满足要求的程度。质量与原材料、设计和服务理念密切相关。德国的机械制品，日本的家用电器等的高品质在世界上享有普遍的赞誉。

（2）成本。成本是为获得收益已付出或应付出的资源代价。低成本意味着企业可以在价格上有更大的选择空间。价格是顾客为了得到某一产品或接受某项服务所必须支付的金额。在其他所有因素均相同的情况下，顾客倾向于选择价格较低的产品或服务。价格竞争的结果可能会降低企业的利润，但大多数情况下会推动企业降低产品或服务的成本。沃尔玛凭借其"天天平价"的策略成为零售业的大鳄。

（3）准时交货率。准时交货率是指在一定时间内准时交货的次数占总交货次数的百分比。准时交货率反映了企业在承诺交货的当日提供产品或服务的能力。在某类市场上，企业交货的速度是竞争的首要条件。联邦快递因其"使命必达"的承诺而享誉全球，每晚都从位于孟菲斯、田纳西州和达拉斯等地的处理中心发送超过 500 万份的包裹到世界上 210个国家。由于满足了顾客对快递速度以及可靠的隔夜递送的需求，联邦快递的资产达到 140亿美元，成为世界上最大的快递服务公司。

今天，能否应对顾客在产品品种、数量、交货时间上的变化，反映在企业提供定制化产品或服务的能力、快速更新工艺或技术的能力以及极富柔性的运营系统三个方面。

把上面三个因素用公式集成在一起，就构成了下面的竞争力表达式

$$竞争力 = \frac{质量 \oplus 准时交货率}{成本}$$

在这个关系模型中，使用了广义的加号，表示综合的意思。每一因素的重要性将因产品或劳务及顾客的不同而有所变化。在某个场合中，质量可能比准时交货率更重要。但在另一个场合中，准时交货率可能会比质量更重要。管理者应根据各个因素的重要性给其分配相应的权重。于是，就有了下面的表达式：

$$竞争力 = \frac{(\text{质量} \otimes w_1) \oplus (\text{准时交货率} \otimes w_2)}{\text{成本} \otimes w_3}$$

其中，w_1、w_2、w_3 分别代表质量、准时交货率和成本的权重。广义的加号和广义的乘号表示综合的意思。例如，对某一特定的公司，在一定时期内把管理重点放在了提高服务质量水平上，就需要赋予服务质量以更大的权重。

理解这一关系式有助于管理者成功地制定战略方案。

2. 企业竞争力的发展阶段

Chase 和 Hayes 开发了如表 2-2 所示的框架，用于描述运营在制定服务企业战略发展中的作用。它根据服务提供的竞争力将服务企业的发展分为四个不同的阶段，并且在每个阶段将企业的管理实践和态度在关键业务方面进行比较。值得注意的是，提供服务不需要从第 1 阶段开始，但在其生命周期中，如果忽视了初级服务，则还可以恢复到第 1 阶段。

表 2-2 服务企业竞争力的四个阶段

	1. 初级服务	2. 熟练工	3. 取得较强的竞争力	4. 世界级服务交付
声誉	顾客光顾服务公司的原因是没有太多的选择	顾客既不寻求也不回避公司	顾客基于公司满足顾客期望的声誉而寻求公司的服务	公司的名称是卓越服务的同义词。它的服务不仅仅满足顾客，还让他们感到高兴，从而将顾客的期望提高到竞争对手无法达到的水平
运营	运营至多是反应性的	以平庸、无灵感的方式运营	通过人事管理和以顾客为中心的管理系统，使运营不断优化和加强	运营具有快速学习和快速创新的机能，公司掌握了服务交付流程的每一个步骤并提供了优于竞争者的能力
服务质量	变数很大	能满足一些顾客的期望，在一两个方面能协调一致	超越顾客期望，在多个方面保持一致	提高顾客期望并寻求挑战；不断改进
后台	会计室	贡献服务，在整体服务中发挥重要作用，得到重视，被人关注，但仍是一个孤立的角色	得到与前台同等的重视，发挥整体作用	积极主动，发展自己的能力，并创造机会
顾客	未指定的，以最低成本满足	理解基本需求的细分市场	顾客群的需求改变	刺激、创意和机会的来源
新技术引进	为了在胁迫下生存	确认能节省成本时	承诺加强服务时	先发优势的来源，创造能力去做竞争对手做不到的事
劳动力	负面约束	有效的资源，守纪律，按程序行事	允许在备选程序中进行优选	创新，创建流程
一线管理	控制工人	控制过程	倾听顾客的意见，指导和帮助员工	高层管理者新想法的来源，指导员工的职业发展

资料来源：Reprinted from "Operations' Role in Service Firm Competitiveness," by R. B. Chase and R. H. Hayes, *Sloan Management Review* 33, no. 1 (Fall 1991), p. 17 by permission of publisher. Copyright 1991 by the Sloan Management Review Association. All rights reserved.

（1）初级服务。一些服务企业认为运营是以最低成本执行的不得已而为之的事情。这些企业或政府机构寻求提高质量的动力很小，因为顾客往往没有其他选择。工人需要直接监督，因为他们的技能有限，而且由于培训投入最少，可能导致业绩不佳。除非关系到生存问题，他们一般不会对新技术进行投资。例如，联邦快递航空管理局在采用多普勒雷达进行空间交通控制上就多次推诿。此类企业本质上是非竞争性的，它们在面临竞争之前只会停留在这个阶段。

（2）熟练工。在经历了第 1 阶段后，服务企业可能面临竞争，因此可能被迫重新评估其交付系统。运营经理必须采用行业惯例来保持与新竞争对手的平等，并避免重大的市场份额损失。例如，如果所有成功的快餐店都有得来速窗口，那么新进入者可能会倾向于采用同样的做法。在这种情况下，运营的贡献变得中立，因为该行业的所有公司都采用了类似的做法，甚至看起来彼此相似。

当企业不参与运营效率竞争时，它们往往在竞争的其他方面具有创造性（例如，产品线广泛、外围服务、广告）。劳动力遵守标准程序，并且在出现异常情况时不会采取任何主动行动。这些公司尚未认识到运营对企业竞争力的潜在贡献。

（3）取得较强的竞争力。第 3 阶段的企业拥有能为顾客创造价值因素的高级管理人员，而且他们了解运营经理在提供服务时必须发挥的作用。例如，斯堪的纳维亚航空公司（SAS）的前任首席执行官简·卡尔松（Jan Carlzon）意识到，要重新抓住在激烈竞争中已经失掉的商务旅行者市场，他们需要提高准时起飞的绩效。为了实现这一目标，他不得不发挥领导作用，促进运营创新。例如，即使飞机尚未离开登机口，也不允许迟到的乘客登机。

运营经理是公司持续改进的典型倡导者，并率先建立服务保障、授权和服务增强技术。这些组织中的工作人员经常受到交叉培训，并得到必要时采取主动行动的鼓励，以实现早已明确说明的业务目标，如联邦快递的隔夜送达。

（4）世界级服务交付。世界级公司将那些顾客未被满足的期望扩展到竞争对手难以满足的水平。管理层积极主动地通过倾听顾客的需求来提高绩效标准并发现新的商机。新技术不再被视为降低成本的手段，它被认为是一种不容易重复的竞争优势。迪士尼和万豪等世界级服务公司所定义的质量标准广泛地被其他企业采用。

在世界一流的公司工作被认为一种荣誉，公司鼓励员工认同公司及其使命。例如，迪士尼垃圾收集器被认为是帮助游客享受体验的"演员"。

在整个交付系统中保持卓越的性能是一项重大挑战。然而，在多个站点复制服务，特别是在海外，是对世界级竞争对手的真正考验。

2.2.2　服务竞争环境的一般特征

一般来说，服务公司在严峻的经济环境中竞争激烈，主要原因有 7 个。

（1）进入壁垒相对较低。服务创新无法申请专利受到保护，在大多数情况下，服务不是资本密集型的。因此，竞争对手很容易复制创新从而加入行业竞争。

（2）实现规模经济的机会较少。许多服务的分散性限制了市场区域并导致销售规模较小。此外，使用互联网可以替代线下购买。尽管特许经营公司可以通过共享采购或广告来实现一些规模经济，但机会很少。

（3）不稳定无规则的销售波动。服务需求随着一天中的不同时间段、一周中的不同天或者一年中的不同季节而随机变化，缺乏规律性和稳定性。

（4）在与顾客或供应商博弈时没有规模优势。许多服务公司的规模很小，从而使它们在与强大的购买者或供应商讨价还价时处于劣势。

（5）产品替代性较强。许多产品创新可以替代服务。因此，服务公司不仅要关注其他服务竞争对手，还要预测可能替代其服务的潜在服务创新。

（6）顾客忠诚度较高。个性化服务可以被服务企业用来创建忠诚的顾客群，这成为新服务企业进入的障碍。例如，医疗用品供应公司可以将自己的订购计算机终端放置在相关医院的网站上，这些终端直接接收新订单，从而有效将竞争对手排除在外。

（7）退出障碍。尽管利润极低或者根本不存在，边际服务公司可能会继续经营。例如，一些服务公司，如古董店或潜水店，对业余爱好者有很高的吸引力，能够为其雇员提供足够的工作满意度，以抵消低经济补偿。因此，以利润为导向的竞争对手会发现很难将这些私有企业挤出市场。

对于任何特定的服务行业，有些公司已经克服了这些竞争困难并且繁荣起来。例如，麦当劳通过克服这里列出的许多困难，在快餐业中占据了主导地位。需要注意的是，不同行业的服务企业的上述特点存在显著差异，新进入者必须制定相应的服务战略，以阐明各自行业的重要竞争特征。

2.2.3　服务竞争策略

1. 一般的服务竞争策略

波特曾经提出了三种可以使企业超过其他竞争对手的一般性策略，即总成本领先、差别化和市场集中。它们是制造业企业和服务业企业都可以采用的赢得竞争优势的策略。

（1）总成本领先。总成本领先需要有效的规模设施、严格的成本控制以及通常的创新技术。拥有低成本的定位可以防御竞争，因为效率较低的竞争对手将首先受到竞争压力的影响。实施低成本策略通常需要在最先进的设备上进行高额资本投资，制定具有侵略性的价格以防止市场份额的损失。该策略有时可以彻底改变一个行业，麦当劳、沃尔玛和西南航空公司的成功就说明了这一点。此外，服务公司已经能够使用各种方法实现低成本领先。

①寻求目标顾客。如果服务某些顾客比服务其他顾客花费要少，那么，他们就可以成为服务企业的目标顾客。例如，联合服务汽车协会（USAA）在汽车保险业中占据卓越的地位，因为它只为军官服务。此顾客群要求赔偿的风险低于平均水平，为他们服务的费用也较低，因为相对的流动性使他们更愿意用电话、邮件和上网来处理事务，所以 USAA可以用电话和邮件来处理所有业务交易，而不必像传统的保险公司那样聘用高薪的推销

人员。

②顾客服务的标准化。一般来说,准备所得税税单被认为是定制服务。然而,H&R Block公司却成功地在美国大陆向顾客提供了日常报税服务。类似地,临街开设的法律服务机构和家庭保健中心都是以低价提供日常专业服务。这里的关键是"日常性"。然而,标准化的服务时常面临替代品的威胁。

③减少服务交付中人的因素。如果能给顾客带来便利,减少服务交付中人的因素,虽是具有较高潜在风险的战略,也可以被顾客接受。例如,使用自动柜员机带来的便利性使顾客放弃与出纳员的交互行为,并最终降低银行的交易成本。

④降低网络费用。需要通过网络将服务提供者与顾客连接起来的服务企业面临着高额的开业成本。一个明显的例子是电力公司,它们需要在输电线路上投入巨额的固定成本。联邦快递公司通过用独特的"中心辐射网"降低了网络费用。该公司在孟菲斯设立了装有先进分拣设备的中心,这样,需要"隔夜送到"的包裹可以通过这个中心送达美国任何一个城市,在网络中添加新的城市时,联邦快递公司只需要增加一条来往于中心的航线即可,而不必在所有城市间都增加航线。客运航空公司也已采用中心辐射网络策略来实现高效率。

⑤离线服务作业。许多服务,如外科手术和客运,是固有的"在线"作业。因为只有顾客在现场时才能提供服务。对于那些不一定非要顾客在现场的服务,服务交易和服务作业可以部分地分离为离线作业。例如,修鞋店可以在很多分散的地点设置收取站,然后将鞋子集中到某个修鞋厂甚至是国外的修鞋厂。由于可以享有规模经济和低成本的设施场地,同时避免顾客直接参与服务过程,在现场之外开展服务可以有效地降低成本。简而言之,如果将服务交易与服务作业分离,服务企业的运作就与工厂类似。

(2)差别化。差别化策略的实质是创造一种能被感知的独特服务。实现差别化有许多方式,包括品牌形象、技术、特性、顾客服务、经销商网络以及其他方式。差别化策略并没有忽视成本,但其最主要的目的是培养顾客忠诚,通过差别化改进服务的目的常常是在目标顾客愿意支付的费用水平下实现的。

①使无形产品有形化。从本质上讲,服务通常是无形的,顾客购买后没有留下能够产生记忆的实体。为此,为了使顾客能回忆起曾经的用餐经历,目前许多饭店提供印有饭店名字的精美盥洗用具。

②将标准产品定制化。提供定制化可以使企业以很少的花费赢得顾客的欢心。能记住客人名字的饭店经营者可以给客人留下很好的印象并带来回头客。美发沙龙增加了许多个性化的特征(如个人造型、软饮吧、休闲环境、背景音乐),以此与理发店相区别。汉堡王努力推行"点后再做"的定制政策,试图与麦当劳传统的备货快餐服务方式区分开来。

③降低感知风险。缺乏服务购买信息使许多顾客产生风险感。由于对服务缺乏了解或自信,比如汽车修理服务,顾客会寻求那些愿意花时间解释其所做工作、设施清洁有序并提供服务担保的服务企业。当信赖关系建立起来后,顾客常常会愿意为产品或服务支付更高的价值。

④重视员工培训。投资于全体员工的发展和培训所带来的服务质量的提高是竞争对手

难以模仿的竞争优势。处于行业领导地位的企业，其高质量的培训项目在同行中常常也是首屈一指的。有些公司甚至已建立了学院式的培训中心，如麦当劳在芝加哥附近开设的麦当劳汉堡包大学。

⑤控制质量。在劳动力密集型行业，多场所经营的企业要做到质量稳定是一项重大挑战。企业采取了一系列的措施来解决这个问题，包括人员培训、明确的程序、技术、限制服务范围、直接指导、同事间的约束等。例如，为了保证质量的稳定性，Magic Pan 连锁餐馆设计了一种简单易用的机器来生产其著名的烤饼。由于顾客期望与体验之间存在潜在的差距，服务质量问题更为复杂。因此，积极管理和引导顾客对质量的期望十分重要。

（3）市场集中。市场集中策略的基本思想是通过深入了解顾客的具体需求来更好地服务某特定目标市场。细分市场可以是一个特定的购买群体、服务或地理区域。实施集中策略的前提是与那些目标市场广泛的其他公司相比，企业可以更有效地服务于范围狭窄的目标市场。企业通过更好地满足顾客需求或降低成本，在狭小的目标市场内实现了差别化。因此集中策略是成本领先或差别化在细分市场中的应用。达维多和厄特尔（Davidow and Uttal）提出实施市场集中策略的三个步骤：细分市场以便设计核心服务、按照顾客对服务的重视程度将顾客分类，以及使顾客期望略低于服务感知。

2. 特殊的服务竞争策略

一般的服务竞争策略具有较强的适用性，适用于大多数情形。然而，对于一些服务企业在面临着顾客流失、服务质量不高的困境时，可采用特殊的服务竞争策略，比如留住顾客策略和挽回失败策略，以此来保持竞争力。

（1）留住顾客策略。"留住顾客"的重要性日益引起人们的关注，成为服务业企业竞争策略的重要组成部分。由于市场、消费者相关市场成本和经营等方面的原因，留住顾客对服务业企业十分重要。其中市场消费者和相关市场因素是企业外部的因素；成本和经营则是与企业内部相关的因素。服务业企业每年顾客的流失率平均在 15%～20%。要想留住顾客，首先需要明确顾客离开的原因。一般来说，价格高、服务内涵少、质量差和技术落后等原因会导致顾客离开。

留住顾客的一个重要措施是减少服务缺陷。缺陷管理起源于全面质量管理，它是一个致力于在顾客离开前留住顾客的系统工程，包括分析顾客离开的原因、运用这些信息持续改进服务提供系统、减少未来的缺陷。缺陷率的降低能够带来公司业务的成倍增长，一份研究结果表明，当服务缺陷降低 5%，利润增长 25%～75%。

缺陷管理的关键是使顾客的离开变得可测量和可管理，旨在顾客离开之前留住顾客，从顾客离开中吸取经验教训，营造零缺陷服务文化，最大限度地留住顾客。

留住顾客的另一个措施是服务承诺。通过提供明确且可靠的服务承诺，可以留住顾客和巩固市场份额，还可以促使公司改进服务质量。

（2）挽回失败策略。尽管企业竭尽全力为顾客提供服务，但服务失败不可完全避免。服务失败与产品失败存在本质不同，员工服务态度不好、环境卫生未能维持好、等待服务时间过长等都可能成为服务失败和顾客不满意的原因。此外，对于服务企业来说，顾客自身原因也可能导致顾客对服务不满意。

对企业来讲，要实施挽回失败策略，应该做好四个方面的工作。

①鼓励顾客抱怨。抱怨的顾客毕竟是少数，尤其是对企业不能提供及时帮助进行抱怨的顾客。因此企业要采取一些具体措施鼓励顾客抱怨，建立顾客抱怨的方便渠道，经常主动向顾客征求意见，经常监督检查服务提供系统等。

②快速反应。服务失败后，企业反映越快，传递给顾客的信息越多，越可能成功挽回失败。研究表明，如果立刻处理顾客的抱怨，企业可以留住95%的顾客，相反，如果企业不理睬顾客的抱怨，会有50%的顾客离去。反应速度和时间是挽回失败的关键。

③员工培训和员工授权。希望员工能够自然掌握挽回失败的技巧是不现实的，因此需要对员工进行培训。此外，还应给员工授权，使他们能够见机行事，并承担一定责任。

④采取具体措施处理服务失败。在具体处理顾客抱怨、挽回失败时，可以根据不同情况采取一些具体的措施，常用的措施包括折扣、纠正、管理人员及时出面、超值纠正、道歉、退款等。

2.3　生　产　率

2.3.1　生产率的概念

生产率代表产出（产品、服务或结果）与生产过程中的投入（劳动、材料、能量及其他资源）之间的关系，度量了经济单元把投入转化为产出的能力，一般情况下，可用产出与投入的比值来表示生产率。生产率既可以从国家或行业宏观层面上来度量，也可以从企业微观层面来度量。当从国家或行业宏观层面上来度量时，一般用总产值或国民收入来计量产出。当从企业微观层面上来度量时，一般用企业产量或创造的价值来计量产出。本节主要介绍微观层面的生产率。

投入和产出可以是实物量，也可以是价值量，所以，生产率有多种表现形式。以实物表示投入与产出，生产率所表示的结果直接、明了，可以对不同企业进行比较，也可以对不同国家进行比较。但是，在实际中企业所生产的产品或提供的服务不是单一的。这时通常选一种代表性产品或服务，利用换算系数把其他产品或服务折算为代表性产品。当涉及的投入不是单一时，只能按价值来统计。此时，生产率就与企业的效益建立了联系，这体现出了计算生产率的意义，即借助分析生产率水平来改进企业的管理和技术。

实际中，企业通常使用生产率的倒数来评价资源的利用情况，即单位产品或服务消耗的资源。当把单位消耗与劳动定额、机时定额、原材料消耗定额等进行比较时，就在一定程度上反映了企业的管理和技术水平。

生产率对营利性组织、非营利性组织和国家都有重要的意义。对于营利组织，较高的生产率意味着较低的成本，较高的利润；对于非营利性组织，较高的生产率意味着利用较少的投入为公众提供更好的服务；对于国家，生产率提高意味着经济运行状况良好，国家的实力得到增强。

值得指出的是，生产率不同于效率。尽管生产率和效率有时互相替换使用，但二者是不同的概念。生产率是一个经济单元的产出与投入之间的比率，反映出资源的有效利用程度。而效率是指在给定的资源下实现的产出，意味着一个最优结果、特定目标或最好实践的实现程度。生产率的度量在理论上可以是任何非负数，效率却是用百分比来表示的，一般不能超过 1。此外，即便经济单元采用不同的技术，它们的生产率也可以进行比较。但是，只有在经济单元使用相似的技术和投入来生产相似的产出时，效率的比较才是有意义的。

2.3.2　生产率的影响因素

生产率受到许多长期和短期因素的影响。技术的发展是影响生产率的一个重要长期因素。技术发展使得在生产产品或提供服务过程中减少对劳动力的需求，或者增加产出和提高服务质量而无须增加劳动力投入。技术是影响生产率的主要因素之一，很多生产率的提高都是技术改进的结果。

另一个因素是生产活动的管理。技术本身并不能保证生产率的提高。没有先进的管理，反而会降低生产率。早年，中国在引进外资时就有过失败的案例：要么引进了过时的设备和技术，要么只引进了先进的设备和技术却没有引入软件和管理，没有从根本上提升生产率。

基本价值和社会制度对其他直接影响生产率的力量具有重要影响。例如，在一个竞争性的私营企业环境中，企业有很强的意愿提高生产率以求生存，从而积极研发项目，尝试创新，这些都可能提高生产率。中央和地方政府的行为也对企业的生产率具有显著影响。政府对研发和新技术投资的激励措施最后通常会提高服务企业的生产率。

此外，企业能够从规模经济中有效提高生产率。随着组织的发展，它们的生产资源，如机器、设备和劳动力会在规模上有所扩大并走向专业化。产能的增长并不一定要求所有投入以同样比例增加。举例来说，当一个组织的产能增加 25% 时，并不一定需要员工人数扩张相同的比例。设备和员工的专业化同样会带来生产率的提高。

短期状况也会影响生产率。周期性的、季节性的或不稳定的需求波动能够影响一个行业或一个组织的生产率。但是，组织可以通过采用更好的管理实践在短期内取得效率的显著提升。对人力资源开发的投资一般对生产率的提高会有所贡献。例如，招募具备适当技能和态度的员工，支付具有竞争力的工资，提供具有吸引力的福利，提供合适的培训和教育机会以帮助他们发挥最大潜能，提供有效激励，提倡团队合作，授权员工参与解决问题等。

影响服务业生产率的另一个重要因素是开发和推出新产品或服务。由于学习曲线效应，生产率在生产新产品或服务的早期阶段比在晚期阶段提高得更快。

概括起来，提高生产率在很大程度上取决于好的管理实践。对于以上列举的所有因素，除了文化和环境因素以及政府活动以外，其他都取决于管理行为。离开正确的管理方法和决策将很难提高生产率。

2.3.3　生产率的计算

生产率被定义为产出与投入的比率，根据这一定义，可给出以下生产率的计算公式

$$生产率 = \frac{产出}{投入} \tag{2-1}$$

这一比率中的组成元素可以采用它们的自然物理单位。对于服务企业来说，分子产出是企业提供的服务，由于服务具有无形性和非储存性的特征，很难较为准确地量化服务大小。因此，对于大多数服务型企业来说，很难准确测度其生产率。对于少部分提供服务的组织，如学校、医院等可以通过学校的毕业生人数、质量和投入的师资、教学设施数量，医院救治的病人数量、投入的医生数量粗略地测算其生产率。无论产出代表的是产品还是服务，必须仅包含那些质量合格的部分。换句话说，被发现有缺陷的产品，或者由于初次不合格而重复进行生产的产品或服务，不应包含在产出中。

在实际应用中，利用多样化投入，大多数企业生产多种产出。产出通常用不同的物理单位，因此在计算时必须被转化成统一的单位。相似地，投入也必须被转化成统一的单位。在实践中，产出和投入都使用加权指数来计算。

两个或两个以上投入的生产率称作多要素生产率，例如，总体产出量除以劳动时间，或资本、或能耗的千瓦时数、或任何一项的投入数量。劳动生产率表示每单位劳动时间生产的产出数量。应当注意的是，不能把这一结果完全归因于劳动投入，因为生产一单位产品或提供一项服务同样需要其他投入。

当评估所有相关投入的产出时，需度量全要素生产率。全要素生产率是全部产出对全部投入的比率。显然，全要素生产率指标提供了更多关于多投入之间如何权衡取舍的信息，有助于高层管理者作出更周全的决策。全要素生产率的提高，表示一种或多种投入的节省。劳动生产率的变化不仅反映了劳动效率的改变，也反映出其他投入（例如资本）对于劳动的替代效应。换句话说，劳动生产率的提高，可能是由于更高效或劳动节约型设备的使用导致的，这就是资本对劳动力的替代形式。表 2-3 列举了这些生产率的计算方法。实际中，具体选择哪一度量方法视度量的目的而定。

表 2-3   不同类型生产率度量方法举例

单要素生产率	产出/工时、产出/机时、产出/资本、产出/能源
多要素生产率	产出/（工时＋机时）、产出/（工时＋资本＋能源）
全要素生产率	产出/生产过程中的全部投入

2.3.4   提高生产率的一般途径和关键

1. 提高生产率的一般途径

从生产率的定义可知，提高生产率的基本思路：一是在投入一定的情况下获得更多产出，二是用更少投入获得相同的产出。从两种思路出发，可以考虑以下的基本途径。

（1）生产要素替代。生产要素替代是一种提高生产率的经典方法。替代的形式具有多样性，"资本替代劳动""资本替代资本""劳动替代劳动"或者上述几种替代方法的结合都能提高生产率。

在制造业、运输业、通信业以及国民经济中的一些其他支柱行业中，采用机器替代劳动力曾经是提高生产率的主要手段。对于服务业来说，"资本替代劳动"主要是在后台运营中起作用。"资本替代资本"指用更新的设备替代老式的、过时的设备。例如，采用计算机化的设备、改变设施布置等。对于服务业来说最重要的是"劳动替代劳动"，即用成本较低的劳动力替代成本较高的劳动力。例如，医务辅助人员、律师助理、教授秘书被用来替代一部分原来是由医生、律师和教授自己来做的工作，这样，医生、律师、教授等昂贵的人工成本就有可能降低。在服务业领域，"劳动替代劳动"的一种变形是用顾客的劳动替代服务人员的劳动。例如，快餐厅的自助沙拉吧使得很多顾客参与其中，从而降低了员工成本。

此外，还可以考虑上述几种替代方法的结合使用。银行的自动柜员机就是几种方法结合使用的一个很好例子。它利用了"资本替代劳动"的方法，柜台工作人员被机器替代；它利用了"顾客劳动替代服务人员劳动"的方法，一些简单业务全由顾客自己操作；它还利用了"资本替代资本"方法，旧机器不断被型号更新、功能更全、操作更方便的机器替代。

（2）排除浪费。排除浪费是提高生产率的另一种典型方法。制造业已经大量使用了这种方法。其中还需要考虑 4 种具体的途径。

①方法改进。工业工程方法在制造业已经得到了广泛应用，在很多服务业领域，有大量的通过工业工程方法提高生产率的机会。例如，美国联邦快运公司在其运输路线设计、作业流程设计等方面都大量使用了工业工程方法，取得了很好的效果。

②质量改进。当今大多数管理者都已经认识到，很多改进质量的努力都会带来生产率的提高。但这种效果有时需要从长期来看。例如，防止缺陷是一种花费最少的改进质量的方法，也最有利于生产率的提高。

③流程改进。近年来改进工作流程受到了广泛关注。很多企业已经重新仔细分析了其全部工作流程，例如，订单处理、产品设计、会计核算、售后服务、运输、仓储、产品交付等不同流程环节。企业用图表方式把这些流程进行详细的描述，通过这样的分析和重构，很多企业已经大大缩短了全部流程时间，提高了质量，提高了劳动生产率。这种方法实际上就是"业务流程再造"（Business Process Reengineering，BPR）的方法。

④员工授权。如果在一项工作中能够充分向员工授权，增强员工的自主性，生产率就容易实现更大幅度的提高。因为自主工作的成分越多，质量问题或流程改变等信息反馈所需的时间就越短，员工就越容易确认他们正在做的和应该做的工作。这是企业服务运营后台较常使用的提高生产率的方法。例如，让一个员工负责一项业务，他可以自主地根据业务的不同进展情况以及不同顾客的特点决定下一步如何做，节省很多不重要的工作交接、请示汇报等流程。

（3）减少不确定性。服务提供过程中存在大量的不确定性，可大致分为两类：一类是需求的不确定性，指需求的到达有可能是随机的，还指每一个顾客所要求的服务时间和操作内容是随机的。另一类是服务提供过程的不确定性，指服务提供的速度、能力、质量等本身也具有不确定性。对于服务业企业来说，可以从考虑标准化、尽可能区分标准化服务与顾客化服务、减小顾客的负面作用这些途径来提高生产率。

2. 提高生产率的关键——"管理"

提高生产率在很大程度上取决于管理的决策和行为。相关研究强调："大多数进行融资收购企业的成功，源于它们能把管理层的注意力集中到基本商业运作的效率上。"那么管理者应该怎样做来提高服务工作的生产率呢？德鲁克采用一种宏观手段来提高生产率，提出了一些能帮助管理者提高大多数服务生产率的建议。

德鲁克观察到，服务业与制造业的一个重要区别在于制造业中，资本和劳动力都是"生产要素"，它们是可以彼此替代。然而，在服务和知识工作中，它们却是生产的"工具"，有时不能相互替代。这些工具被熟练运用的程度决定了它们对于提高服务生产率有多大帮助。因此，我们需要更高效的工作，基于此，德鲁克给出了 5 个方面的建议。

（1）定义任务。我们首先要问一问自己"任务是什么？我们努力想要完成什么？为什么要去完成它？"我们可能经常发现，问题中的任务可以被简化，或者与其他任务相结合，或者被完全取消而不对结果（也就是消费者满意）造成负面影响。通过调查这些问题，我们可以对任务进行更新以便高效工作。

（2）以任务为工作中心。许多员工都经常被要求完成很多不同的任务，但其中有些是不必要的。例如，很多医院要求护士履行文书职责，如完成医疗保障、医疗援助、预防医疗事故证讼的文案工作。这些职责对于护士来说是没有意义的，占据了她们本职工作的时间。雇用一个职员来完成文案应该能提高护士工作的生产率。这是许多的服务提供者的通病。为了避免这一问题我们必须要问，"这项工作应当带来什么价值？"

（3）定义绩效。从服务的范围来看，它们包含的任务具有很大的多样性，每种服务的绩效标准不同，不能被当作同一类型来对待。在提高生产率的过程中，我们必须调查每个特定的领域，以确定到底怎样做才有效，且将传统的运营管理和工业工程方法应用于类似制造业任务的方面来提升生产率。例如研发绩效取决于产出的质量，而非数量。在其他一些服务中，数量可能是所需的产出。例如，保洁人员每小时打扫房间的数量。还有一些质量和数量都能决定绩效的服务，例如，一个银行出纳的绩效可以用两种方式衡量，既可以用他轮班期间完成的业务量，也可以用顾客满意度调查的结果。

（4）与员工形成合作关系。在弗雷德里克·泰罗（Frederick Taylor）提出科学管理理论之前，甚至在那之后很长一段时间里，普通工人受到的教育和培训极少，因此管理者会告诉他们做什么，并对他们进行密切控制。今天的员工教育水平提高，并且因为大众传媒和互联网而见多识广，很多组织和管理者发现，员工可以为企业改进质量和提高产量提供宝贵建议。团队合作、员工参与、员工授权是提高质量、顾客满意度和生产率的有效方式。20 世纪 80 年代和 90 年代大多数成功的美国制造商的经历都表明，员工和管理层的合作伙伴关系是实现这些目标的最佳方式。

（5）使持续学习成为组织文化的一部分。技术发展的快速步伐、新产品的迅速引进、产品生命周期的缩短、新产品和服务复杂性的日益增加使得持续学习成为管理者和员工生存的必要。学习应该包括教育和培训，二者对于生产率的突破性与渐进性提高都是必要的。从本质上来说，一些服务工作属于知识性工作，因此或许能够形成持续学习的文化，但是对于其他组织而言，必须采取战略性地举措来创建这种文化。

2.4 本章小结

本章主要介绍了组织的使命、愿景和价值观的概念及内在联系，服务运营战略的概念、制定与规划、服务竞争环境的分析、生产率的概念、计算方法和提升策略。服务运营战略、竞争力和生产率之间具有密切联系。服务运营战略是内在基础，竞争力和生产率是具体表现。科学、合理的服务运营战略将显著增强企业的核心竞争力，提高生产率。竞争力和生产率的提升也将反作用于企业的服务运营战略的调整与优化。

1. 一个企业的使命应具有哪些特征？
2. 简述价值观的含义。
3. 愿景要回答的基本问题是什么？
4. 简述商业模式九大要素的含义。
5. 简述商业模式画布的构成。
6. 运营战略与商业模式的联系如何？

案例

区块链技术赋能公共服务组织运营管理

公共服务组织旨在为企业、个人提供各类必需的公共服务，公共服务组织运营效率直接关系到该组织的各项职能与用户的体验。英国公司注册署（Companies House, UK）是英国一个重要的政府执行机构，所有形式的合法公司都必须在该机构注册，并提交更新的数据和信息。该注册署收集的数据包括商业数据以及这些商业相关人士的数据。其中，商业数据主要包括公司状态、商业属性、合作时间、上次财务确认时间、费用明细和有关各公司的其他信息等；商业相关人的数据包括该相关人士的姓名、国籍、生日、商业地位以及家庭地址、商业属性、商业职业信函和董事以及具有重大影响的人员的家庭地址等。

在公司注册署运营的过程中也面临多方面的挑战，严重影响了该组织运营效率的提升。相关研究发现，由于数据缺乏透明性，一些个人向该组织提供了一些信息，而向其他服务机构提供了不同的信息，导致不同的公共服务组织之间储存的数据不一致，滥用了公司注册署及其他公共服务机构。如图 2-5（a）所示，企业需要将相同的信息提交给不同的公共服务组织，首先，这在降低服务机构运营效率的同时，不仅增加了成本还留下了企业在提交信息过程中产生错误的空间，即企业可能将相互矛盾的信息提供给不同的组织。其次，这一过程缺乏数据的交互性，不同公共服务组织的数据库采集的数据结构、数据格式以及时间存在较大差异。数据在转换过程中将浪费时间并产生一定的错误，这大大降低了公共服务组织的运营效率。最后，这一数据采集模式的数据可追溯性不足。在当前数据结构下，很难去追溯一个企业信息的改变。在正确的时间、正确的地点获取正确的数据是政府提供公共服务的重要因素。英国政府也认同，如果能够实现这一点将有效"改善服务，提高用户效率，降低成本与分析数据和降低相关欺诈风险"。

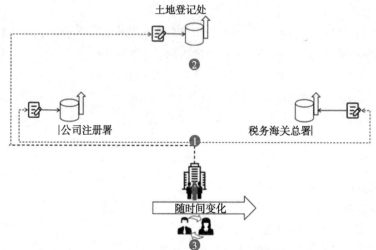

（a）企业在三个公共服务组织注册、信息更新面临的挑战

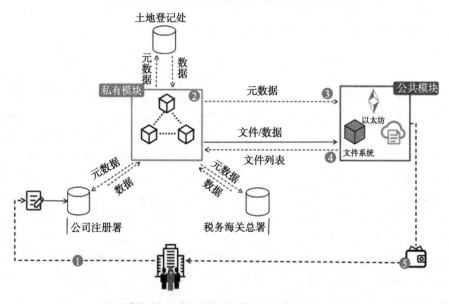

（b）混合的公私区块链框架对机构运营效率的改善

图 2-5　公私混合的区块链框架及其对公共服务组织运营效率和信息传递的有效性影响

　　为了应对公共服务组织面临的以上挑战，提高数据的透明度、共享和整合程度，本案例探索了区块链技术在解决以上挑战中的应用。区块链是一种共享的、分布式的信息存储技术，每一个参与者均可访问、查看存储的信息，而不受到任何形式的中央控制，大大地提高了数据的安全性、透明性和完整性。图 2-5（b）展示了区块链系统的整体框架。基于该区块链技术，公共服务运营的效率有了显著的改善。具体地，该技术的优点有三个：

（1）提高了数据的准确性和完整性。事实上，与私有部门一样，公共服务组织也需要依靠其数据和信息来进行运营管理，同时，只有准确的数据才能够帮助公共服务机构提高运营水平，为公众提供更大的公共价值，即居民对政府公共部门提供的服务的期望，这也是区别公共组织与私有组织的关键因素。基于区块链技术，企业或个人将遵从"一次性原则"，即这些企业或个人仅需向一个组织提供数据文件或更新的信息，这些相关信息将实时地、自动地更新到其他公共服务组织。与此同时，该区块链技术很好地保证了数据的完整性，有效地提高了数据的可利用水平。英国公司注册署的高级管理者也证实建立的区块链系统减少了公司或个人上传数据的时间和复杂度，提高了不同公共服务组织之间数据交互的效率。当然，公司和个人需要保证提交到公共服务组织的数据的准确性，这也将减少数据清洗的时间，是提高运营效率的关键环节之一。进一步地，建立的区块链技术也将提高不同公共服务组织之间数据的透明性和一致性。

（2）实现了跨组织的信息交互。各个组织之间信息的交互是数据高效利用，提高公共服务组织运营效率的重要基础。基于建立的区块链系统，区块链上各个节点可以方便查阅区块链上其他节点的活动，如企业注册、信息的更新等。这大大地降低了传统模式中信息检查、更新和交换的难度，有效地降低了由于系统原因导致的信息共享效率的降低。通过建立这种区块链技术，各个公共服务组织之间很好地实现了数据的交互，这为信息的共享提供了新的范式，也大大减少了政府组织的运营成本，如数据管理、集成开销和基础架构等，同时也减轻了公民需要向不同的组织多次提供相同信息的负担。

（3）具备了更强的网络稳定性和法律合规性。在公共服务组织运营的过程中，隐私和安全是各个组织面临的关键挑战，它们决定系统的可用性和有效性。近年来随着互联网技术的不断发展，一些组织的系统面临着严峻的网络安全威胁，一定程度上对服务运营产生了严重的影响，甚至导致了服务的中断。本案例建立的区块链系统具有共享性、分布式数据存储的特征，整个系统不存在中央控制系统，任何一个节点的正常工作都能够保证整个系统数据的完整性和准确性，这有效地解决了公共服务组织受到网络安全威胁这一挑战。

思考与讨论：

1. 传统的公共服务组织数据存储模式存在哪些问题？

2. 相比普通数据存储技术，区块链技术有哪些显著特征？

3. 区块链技术从哪些方面提高了公共服务组织的运营效率？

（案例来源：Shahaab A., Khan I.A., Maude R et al. Public service operational efficiency and blockchain- A case study of Companies House, UK. Government Information Quarterly, 2023, 40: 101759）

参考文献

[1] Heskett J L. Managing in the service economy[J]. *Journal of Marketing*, 1986, 52(1). DOI:10.2307/1251692.

[2] 赵海峰. 服务运营管理[M]. 北京：冶金工业出版社，2016.

[3] Porter M E. Competitive Strategy: Techniques for Analyzing Industries and Competitors[J]. *Social Science Electronic Publishing*, 1980, 2: 86-87.

[4] 周三多，陈传明. 管理学：原理与方法（第六版）[M]. 上海：复旦大学出版社，2014.

[5] Dana B-G. SWOT analysis to improve quality management production[J]. *Procedia-Social and*

Behavioral Science, 62: 319-324.

[6] Grönroos C., Ojasalo K. Service productivity: Towards a conceptualization of the transformation of inputs into economic results in services[J]. *Journal of Business Research*, 2004, 57(4): 414-423.

即测即练

自学自测　　扫描此码

第 **3** 章

服 务 设 计

餐饮服务流程优化

在当今竞争激烈的餐饮服务行业，提供优质的顾客体验和高效的服务流程对于吸引和留住顾客至关重要，这一点尤其在一家知名的连锁餐厅中得到了体现。这家餐厅在市场上拥有良好的品牌声誉，但最近管理团队意识到，一系列问题如订单处理速度慢、顾客等候时间长、顾客投诉率上升以及员工之间的沟通不畅不仅影响了顾客的满意度，还可能对餐厅的声誉和盈利能力造成负面影响，成为业务增长的主要障碍。

为了解决这些问题，管理团队决定对餐厅的服务流程进行全面优化。首先，他们进行了全面的调研和分析，以找到当前流程中的问题点。经过深入分析，他们确定了几个关键的改进点：更新前台点单系统以提高订单处理速度，优化厨房作业流程以减少菜品制作时间，加强服务员的培训和沟通技巧，以及改进内部沟通机制以提高团队协作效率。

在实施这些改进措施后，餐厅取得了显著的成效。订单处理速度大幅提升，顾客等候时间明显缩短，员工之间的沟通更加顺畅，顾客投诉率也大幅降低。这些改进不仅提升了顾客满意度，还增加了顾客的回头率和口碑传播力，为餐厅的长期发展奠定了良好的基础。

（案例来源：作者根据网络资料，自行整理）

思考与讨论：

1. 在你去过的餐厅中，你是否曾经遇到过类似的问题？你认为这些问题如何影响你的用餐体验？

2. 除了餐饮服务行业，你认为其他行业是否也存在类似的服务流程优化的挑战？你认为这些行业可以采取什么措施来解决这些问题？

服务设计涉及识别和理解用户需求、设计和优化服务交互流程、创建和提供有效的服务解决方案并改进服务运营系统的各个环节。以用户为中心开展服务设计，一方面可以深入了解客户需求并改善用户体验，另一方面也可以帮助组织优化业务流程，实现运营效率和效果的提升。无数的事实及产品生命周期理论告诉我们：不断开发服务不仅是企业赢得竞争优势的必然选择，也为公司发展战略的实施提供了必要的支撑。

3.1 服务设计概述

服务设计需要具备全局观和系统观。这意味着需要考虑整个服务流程中的各个环节和利益相关者，包括用户、服务提供者、企业等。通过优化整个服务流程，可以提升服务质量和效率，并满足不同利益相关者的需求。通过有效的服务设计，可以将无形的服务变得有形，提升服务质量、客户体验和品牌形象，帮助企业更好地管理客户需求和资源，提高效率和降低成本。

3.1.1 服务设计的基本要求和有效性

1. 服务设计的基本要求

服务的性质和内涵是服务设计的基础。服务的特殊性决定了服务设计比产品设计更加复杂和困难。以下从 4 个方面介绍服务设计要满足的基本要求。

（1）与组织的使命、愿景和价值观相一致。所设计的服务或服务系统要有利于实现组织的使命、愿景和价值观。

（2）有统一的服务宗旨。例如，社区便民店应致力于全方位实现便民效果，如为行动不便的老人送货上门等。

（3）所设计的服务对顾客来说是有价值的。所设计的服务是否有价值要以顾客的评判为准。豪华的装饰对到高档饭店就餐的顾客来说，是其身份的体现；而对于快速解决一次午餐的顾客来说，并没有什么太多实际价值。

（4）所设计的服务是稳健的。无论是超市、医院，还是书店、高尔夫球场，至少要有与平均服务能力相匹配的设施、人员或其他资源。以民康大药房在华北地区的旗舰店为例，半年来平均每天售出的儿童感冒药"泰诺"在 100 盒左右，但为了满足患者需求，配货量还是保持在每天 150 盒以上。

2. 服务设计的有效性

为保证和提高所设计服务的有效性，应注意以下五个方面的问题：

- 一旦开始进行服务设计，领导应立即介入并支持服务设计活动；
- 确定服务标准，尤其是那些感受、气氛等难以衡量的标准；
- 确保服务人员的招聘、培训和薪酬制度与服务设计的目标一致；
- 建立可预测事件的处理流程和不可预测事件的紧急预案；
- 建立监控、维持和改进服务的管理体系。

3.1.2　服务设计的组成要素

基于第一章关于服务特点的阐述和服务包的定义，服务设计是一种以用户体验为核心的设计方法，旨在开发和改进服务业务。它涉及从用户需求出发，整合设计、技术、运营等多个领域，以创造富有意义且有效的服务体验。例如，在建筑领域，建筑过程始于建筑设计师的巧妙构思，随后被精心转化为建筑设计图，这张图详细描绘了由各种建筑系统构成的蓝图，包括基础、结构、探测和核电力等。

同样地，服务概念的形成也离不开各种服务系统要素的整合与设计，这些要素必须互相匹配，以确保服务的持续提供与战略服务构想的实现。这些系统因素包括结构性要素和管理要素两大类，两者共同构成了服务运营的基础和框架。

在服务行业中，结构性要素和管理要素对于业务的成功至关重要。在结构性要素方面，传递系统的设计，以及前台和后台操作的流程、自动化程度以及顾客参与度都是重要的考虑因素。此外，设施的尺寸、艺术性和布局，地点的选择，包括顾客人数统计、竞争情况和地点特征等，以及能力设计，如顾客等候时间的管理、服务员数量和高峰时段的需求等方面的因素都需要考虑。在管理要素方面，服务情境是关键，涉及服务文化、激励措施、员工选择和培训，以及对员工的授权等。此外，质量管理也是至关重要的，包括服务的评估、监控、顾客期望与感知、服务保证等。同时，能力和需求管理方面的考虑，如调整需求和控制供应的战略，以及等候管理等也是管理的重要组成部分。最后，信息的管理，包括竞争性资源和数据收集等，对于业务的成功也至关重要。综上所述，结构性因素和管理要素共同影响着餐饮服务行业的运营和成功。

以医院为例，结构性要素在医院的服务设计中起到了关键作用。首先，传递系统方面，医院应充分考虑顾客参与的特点，例如鼓励病人在术前自行刮除体毛，术后鼓励病人分享经历以消除其他病人的术前恐惧。其次，设施设计方面，医院有意识地进行了精心规划，以促进病人的恢复。例如，可以通过鼓励锻炼的设施安排使病人在短短四天内快速恢复。在地点选择上，医院靠近大都市，可以利用优良的航空服务与国际市场接轨。当地庞大的人口基数为医院提供了充足的病人来源。在预约制度方面，病人可以在短期预约时间内登记，并在有病人取消预约时能及时接受治疗。在能力设计方面，医院应根据手术时间安排病患分批进行手术，治疗能力得到最大化利用。这种手术时间安排使得医院像满客的酒店一样高效运营，充分整合了如总务和食品服务等各项支持性活动。

除了结构性因素外，管理要素在医院的服务设计中也会起到关键作用。首先，服务情境方面，医院通过员工和病人共同就餐的方式营造家庭氛围的服务文化。在质量方面，医院强调所有医师的治疗均达到低复发率的优质水平。此外，当病人遇到困难时，医院会安排他们与治疗过自己的医生沟通，这种体验更像是一个短暂的假期。在能力和需求管理上，医院通过病人邮寄回的问卷来评估和安排服务。他们只接受预约制，确保病人时间要求得到充分利用。同时，等候名单上的病人填补了由于取消预约而产生的空缺，确保了医院能力的充分利用。最后，信息方面，医院可以通过院友联谊会与病人保持联系，这种信息保持使得医院建立起忠实的顾客基础，成为有效的口头广告媒介。

3.1.3 服务设计步骤

新产品或新服务来自人的创造。尽管创造力不能被程序化，但服务的设计与开发仍应是一个经过精心策划和有序的过程。服务设计与开发的大多数模型都是从产品开发中借鉴而来的。本节将讨论的服务设计也充分考虑了其内在的复杂性。该模型是由 Scheuing 和 Johnson（1989）提出的，这一模型把服务设计分成 4 个阶段：定位、设计、测试和发布。

1. 定位阶段

定位阶段由 3 个核心步骤构成，这些步骤旨在明确开发努力的方向，确保服务设计更加精准和高效。

（1）制定新服务的目标和战略。这是整个过程的第一步。服务战略一定要支持企业的整体战略，而且必须满足目标市场的顾客需求，或者为他们解决某个特定的问题。然后需要决定服务如何为顾客在成本上创造价值，也就是说，为顾客创造怎样的服务价值来回馈顾客所支付的价格。

顾客的购买选择建立在他们对收益的感受之上。因此，对新服务成功定位的关键是要考虑服务给消费者带来的益处，并且要参考竞争者的服务给消费者带来的益处。

（2）产生想法。新服务的想法可能有许多不同的来源，包括顾客、顾客的抱怨、服务员工、竞争者和供应者等。

（3）筛选想法。当然并不是每一个想法都是可行的，在众多的想法中可能只有少数被成功地设计开发成一种服务并投入市场。这个步骤包括了一个大致的筛选过程，将有希望的想法挑选出来。在筛选想法的时候，主要考虑其可行性和潜在盈利性。同时需要格外注意，不要仅仅因为一个想法不合常规就抛弃它。

2. 设计阶段

设计阶段包含 8 个步骤，其重点是设计新服务和相应的服务交付系统。

（1）概念设计。完成筛选想法这一步骤后就可以进行概念设计了。服务概念描述了一种服务应该提供给顾客的益处、解决方案和价值。以下是两种服务概念的例子：

银行提供的专业性金融咨询服务。该服务是帮助客户确定和安排金融目标的优先顺序（比如孩子接受大学教育、退休、买房等），帮助选择投资计划来达到这些金融目标。你的全部财产情况会被在保密的情况下评审（包括保险、养老金计划和储蓄等），然后可以考虑各种投资计划，提供定期评审服务。该服务第一年收取100美元，随后每年收取 25 美元。

视力保健保险。该保险每人 20 美元，保险内容包括每年的视力保健费用：视力检查以及单透镜、双焦眼镜、三焦点眼镜、一套眼镜框架等配套产品。

（2）概念测试。概念测试的目的是确定消费者对服务概念的反应，所以那些不怎么吸引人的服务概念就不用考虑了。这也帮助设计者集中精力去完善那些真正受消费者欢迎的服务概念。概念测试是一种针对新服务的研究方法，用来评估目标客户是否：①能够理解所提出的服务设想；②对这个服务有积极的反响；③觉得这个服务有益于填补尚未满足的需求。

（3）商业分析。如果一个新服务能够通过概念测试，那么下一步就要进行更详细的审查了。设计者需要回答的一个非常重要的问题是"这个服务有经济价值吗？"换句话说，该服务是否有足够大的市场，提供和销售该服务是否可以获得合理的利润？因此，这个步骤包括市场评估、需求分析、收益预测和成本分析。

（4）项目授权。如果商业分析和收益预测满足管理高层的标准，那么这个项目就会被批准，也会分配资源用于设计和实施新服务及其交付系统。

（5）服务设计与测试。这个步骤要对服务进行具体的描述，包括区别于竞争者的具体特征方面的细节。尽管该步骤和下一步骤是分开罗列的，但是它们的实施必须是同步的。如果有两个团队分别负责这两个步骤，它们就应该并行。如果还没有开始的话，这时就要开始运用并行工程的原则。

（6）流程和系统的设计与测试。绝大多数服务本质上就是流程表现，因此它们是流程的结果。换句话说，服务流程创造了服务。这个步骤将完成最细致的设计工作，要将质量和价值设计到服务中去，因此凡是建立质量和价值的概念及工具都可以在这个阶段使用。

在讨论概念和工具之前，需要先考虑一些一般性的问题。第一，设计者必须要考虑以下服务特征对流程设计的影响：顾客接触的性质；顾客参与服务的定制化程度；提供服务的过程中物品和设施的角色；服务对象（顾客的身体、意识或财产）；预期需求。第二，设计者一定要清楚地认识到这些服务特性对可视分隔线上下两部分的影响，可视分隔线是一条分隔服务前台（线上部分）和后台（线下部分）的假想界线。前台包含了在服务接触中顾客可以看到或联系互动的一切。后台包括了所有支持前台运作的员工、设施和流程，但是不会被顾客看见。

举例来说，如果服务对象是顾客的身体，比如顾客到医院体检，顾客（病人）需要亲自来到服务设施所在地。前台由医生、护士、接待人员、等候室、检查室、护士站、X射线室等组成。前台的流程包括收集顾客信息（例如填写表格），医生问诊之前的检查（例如测血压、体温、提供检查服等），取血样化验。后台的流程包括实验室的化验检测，采购、接收和存储药品，设备维护和账单预备。大多数重要的服务都是由前台的流程完成的。在这种情况下，必须针对每个病人单独进行服务设计，并且是高度定制化的。前台的操作是按照预订或者先到先服务的原则进行的。

这个设计阶段可以使用质量功能展开或服务蓝图来实现。质量功能展开是一种客户需求驱动的产品开发方法，将在第3章第3节具体讨论。服务蓝图是服务系统和服务流程的图形化展现，呈现出服务流程中的各个步骤和它们之间的交互关系。它的一个重要优势在于比口头描述的服务流程更加准确，因此减少了模糊性和被误解的可能性。另一个优势在于将服务的创造、研究和测试在付诸实施之前概念性地描绘在一张纸上。服务蓝图是任务导向的，呈现了服务流程中的所有活动，这使得它可以用来培训、交流、评估以及改进质量。图3-1展示了丽轩酒店的服务蓝图。

值得注意的是，在现实中这里给出的设计步骤并非如此有序流畅，设计中会有很多的反复、修正，重新定义概念，甚至重新设计然后接受测试。然而，服务的测试不向大众开放，而是内部测试。如果可能的话，服务和流程设计测试必须尽可能接近面对真实顾客的现实情况。

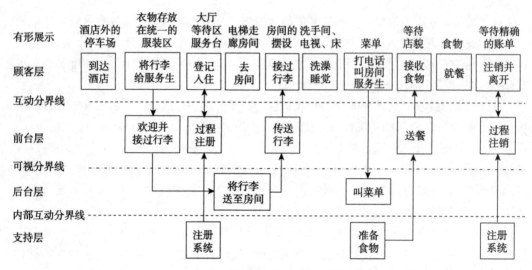

图 3-1　丽轩酒店的服务蓝图

来源：Mary Jo Bitner, "Managing the Evidence of Service," in Eberhard E. Scheuing andWilliam
F. Christopher, ed. The Service Quarterly Handbook, (New York: AMACOM, 1993), p. 363.

（7）营销计划设计与测试。用来推出、配送（如果有必要）和销售新服务的营销计划，制订好后也需要在潜在顾客中进行测试。

（8）员工培训。选择员工（原有的或新聘的员工）的标准必须与服务和流程的设计并行完成。选择员工之后，要对员工进行培训，不仅要告诉他们要完成的具体任务，同时也要让员工了解整个服务系统。员工需要充分地被授权来服务顾客。

3. 测试阶段

测试阶段包括 2 个步骤。

（1）服务测试与试运行。这个步骤属于现场测试，服务会在有限模式下在个别场所进行试运行。但是服务、员工和顾客都是真实的。这个阶段的目的在于获得关于消费者对服务接受程度的第一手资料。另一个目的是根据从消费者那里收集来的信息来改善服务。

（2）市场试销。市场试销调查新服务的销路如何。营销计划的有效性也需要测试。在这个步骤中，主要收集的信息包括顾客对新服务的反应、不同营销手段组合的效果，比如不同定价的需求如何。根据试销结果，如果必要的话，还需要对营销计划进行调整。

4. 发布阶段

发布阶段包括 2 个步骤。

（1）全面启动。伴随着测试阶段的结束，以及对服务进行改善的完成，就做好了全面启动的服务准备，这时就可以把服务推向整个市场。

（2）启动后的观察。这个步骤的主要目的是确定目标实现的程度，决定未来是否还需要进一步改善。这个步骤不应该成为设计开发过程中的最后一步，而是应该日常定期进行，根据环境条件的变化加以改善。

3.2 流 程 设 计

在服务业中，设计和优化服务流程是至关重要的。通过对服务流程进行选择和再造，可以提高效率、降低成本并提供更好的客户体验。因此，了解如何有效地优化和设计服务流程对于企业的成功至关重要。本节将探讨一些关键的流程设计步骤和方法，以实现服务流程的优化。

3.2.1 服务流程分类

服务流程是指通过生产产品或提供服务为顾客创造价值的过程。服务流程由一系列活动组成。组成流程的活动又可分解为更细微的活动，因而可称为子流程。从这个意义上说，流程是由子流程构成的。业务流程与产品/服务之间的关系为：产品/服务是流程的处理对象或结果，流程是生产产品或提供服务的条件或基础。

对服务或业务，可根据完成某项服务或业务的先后顺序绘制业务流程图。业务流程是指按照规定的顺序完成某项业务的一系列活动，在业务流程的某些环节需要作出选择。对于服务企业来说，产出主要是服务，其服务流程主要由提供服务的步骤、顺序、活动构成。

服务流程可以根据不同的标准进行分类。一种分类方式是根据服务类型，包括前台服务流程和后台服务流程。前台服务流程涉及直接与顾客接触的环节，如接待、点菜和结账；而后台服务流程则是顾客不直接接触的环节，如厨房制作和清洁卫生。另一种分类方式是根据服务的复杂性，包括标准化服务流程和定制化服务流程。标准化服务流程相对固定和规范化，例如快餐店的点餐流程；而定制化服务流程则根据顾客需求个性化定制，例如高端餐厅的私人定制服务。此外，服务流程还可以根据服务价值链、流程性质和服务管理层面进行分类，涵盖了核心服务流程、支持服务流程、线性服务流程、非线性服务流程、客户服务流程和内部服务流程等。这些分类方式可以根据具体情况和需求进行组合和调整，以更好地理解和管理服务流程。

3.2.2 业务流程设计与优化的概念、原则和步骤

1. 业务流程设计与优化的概念

流程设计就是确定一个流程的基本要素并对流程的绩效进行评估。流程的基本要素包括流程的输入、处理、输出，完成流程的作业方法，人机组合方案，顾客参与流程的界面与程度，关键控制点及控制标准等。流程优化就是对业务流程进行再设计。

对服务而言，业务流程设计就是根据顾客需求，从体现顾客价值出发确定某一业务的基本模式和具体内容。业务流程优化就是对已有业务进行优化。在业务流程设计与优化中需要确定的内容包括业务流程的服务对象与核心目标、需要输入的主要资源、中间处理过程与基本步骤、具体输出形式。业务流程设计与优化的主要成果之一是业务流程图。业务流程图是用箭头、框图及文字（或代号）描述从业务起点到业务终点全过程的图形。

相对于工艺流程来说，一方面，服务流程会面临着更多的全新业务流程设计。另一方面，

相对于工艺流程来说，很少有一成不变的业务流程方案，需要经常对其进行优化或重组。本书重点介绍服务流程的设计与优化。

2. 需要进行流程设计与优化的情况

以下4种情况必须进行流程设计与优化：

- 运营模式发生了变化，如某些商品由原来的线下交易变为线上交易；
- 引入了新服务、新设备、新技术、新工艺；
- 作业环境发生了变化；
- 体现企业竞争力的质量、成本、交货期等因素表现欠佳，与竞争对手相比，存在明显差距。

3. 业务流程设计与优化的原则

在进行业务流程设计与优化时应坚持一些基本原则，最基本的有4项原则。

（1）面向顾客的原则。流程的绩效最终体现在收益上，取得的收益的前提是让顾客满意，而顾客满意的前提则是满足了其需求。所以，在设计与优化流程时，应以满足顾客需求为第一原则。也可能设计与优化的某一流程与顾客没有直接关系，但它却是整个企业价值链的基本组成单元，因此，即使在这种情况下，也应坚持面向顾客的原则。

（2）战略匹配性原则。流程设计与优化总是与运营战略甚至组织战略联系在一起的，应保持与相应战略的一致性。以产品配送流程为例进行说明，如果企业确定了致力于为顾客提供个性化的产品或服务的运营战略，那么，在设计产品配送流程时也应体现个性化这一核心元素。反之，如果企业定位于提供标准化的产品或服务，那么产品配送流程就应更多地体现标准化：操作步骤标准化、配送车辆和人员标准化、配送时间标准化等。

（3）整体最优的原则。流程设计成功的关键在于同时满足合适性和有价值性。不应该形成相互冲突的目标，绝不能以牺牲其他流程为代价来换取另一个流程的优化。一个较为有效的流程设计应与关键的流程特征相匹配并具有高度战略适应性，是一个整体最优设计而不仅仅局限于局部最优的考虑。

（4）跨职能协调原则。无论价值链中的流程是由内部团队执行还是外包给外部供应商，管理层都必须注意流程之间的界面连接，这些界面强调了跨职能协调的重要性。为此，需要明确界定流程在不同职能部门的交接点，并设计相应的协调机制。对于客户关系管理、订单履行、供应商管理等核心流程，必须把流程的执行效果纳入员工的绩效考核体系。

4. 业务流程设计与优化的一般步骤

业务流程设计与优化包括4个步骤：组建团队、现有或类似流程调查与分析、流程设计与优化、流程绩效测评。

（1）组建团队。流程优化的组织保证至关重要，对于局部流程，企业只需要成立一个临时的流程设计与优化小组，人员来自负责实现流程的部门。例如，支付流程设计与优化由财务管理部门来完成。如果局部流程还多少涉及其他部门，则由所涉及的部门派出人员参加即可。例如，医院的交费与取药流程设计优化就需要由药房、会计室来协同完成。对于涉及跨多部门的全局性流程，需要组织一个项目团队。项目负责人由总经理助理或战略规划部的人员担任，相关部门派人参加。例如，订单履行流程设计优化，就需要市场部、生产部、财务部、物流运输等多个部门的人员参加。

（2）现有或类似流程调查与分析。在现有或类似流程调查与分析这一阶段，首先要确定流程所涉及的部门并访谈关键人员。然后，在访谈的基础上确认现有流程的阶段和任务、各项活动的风险、关键控制点、流程的目标等。

（3）流程设计与优化。这一阶段的主要工作就是在现有或类似流程调查与分析的基础上优化流程的结构，改善流程的物质流和传递的信息流。所要完成的主要工作有 2 项。

①明确流程的目的。流程存在的必要性取决于其要实现的目的。实现了流程设计与优化的目标才能实现流程的目的，进而才能最终使顾客满意。以客户投诉处理流程为例。这一流程的目的是能够快速解决客户的投诉，最小化投诉负面的影响，防止"次生灾害"的发生。

②确定流程的输入事项、处理过程、输出事项。结合访谈，在分析现有或类似流程的基础上，通过团队论证来明确实现该流程所需要的输入、处理过程以及输出。其中，在输入端要明确所必需的资源，即处理过程要明确流程的基本步骤和节点事项，在输出端要明确提交的成果。仍以客户投诉处理流程为例进行说明。这一流程的输入端就是客户提交的质量信息。这一流程的处理过程可分为接受投诉信息、登记并分析质量信息、给出解决方案、向客户反馈整理结果四个基本步骤，而节点事项包括何时接到投诉、何时给出解决方案、何时向客户反馈处理结果。这一流程的输出是投诉处理报告。

（4）流程绩效测评。毫无疑问，流程设计与优化是要实现特定目标的。所以，最终要对流程绩效进行测评。流程绩效测评指标的设置要遵循 SMART（Specific，Measurable，Attainable，Relevant，Time-bound）原则。其中，Specific 代表明确性，Measurable 代表可衡量性，Attainable 代表可达成性，Relevant 代表相关性，Time-bound 代表时限性。流程绩效测评指标通常包括结果性指标和过程性指标。结果性指标是指业务目标本身。结果性指标是经由过程性指标来实现的。流程时间、在制品数量、所需步骤、所涉及的部门或人员、移动距离和差错率等都是非常直观的过程性指标。

以下介绍流程时间、在制品数量（Work In Process，WIP）两个过程性指标。

①流程时间。对于任务和业务，顾客、订单、文件、现金、物料总会处于流程的某一阶段，在每一个阶段都要花费一定的时间。流程时间是指为顾客提供服务的全部时间。流程时间越短，作业成本越低。对服务业来说，顾客在服务系统中的停留就越少。

②在制品数量。在制品数量是指在服务交付过程中，尚未完成全部服务步骤或流程的工作数量。在服务运营中，过多的在制品数量可能导致资源瓶颈、延误交付时间和降低服务质量。

如果用 R 表示产率，即平均单位时间产出，用 T 表示流程时间，那么，平均在制品数量（WIP）可以计算为

$$\text{WIP} = R \times T \qquad\qquad (3\text{-}1)$$

式 3-1 所描述的关系即为利特尔法则。利特尔法则由麻省理工学院 John Little 教授于 1961 年提出。可以看到，在制品数量给定的情况下，只有通过提高产率才能减少流程时间。

然而，提高产率就意味着增加投入；而且，产率的提高会受到技术、人员能力的限制。因此，需要综合考虑减少流程时间带来的利益和提高产率增加的投入。

【例 3-1】 一位应收账款经理每天受理 100 份支票，平均处理时间为 20 个工作日。试计算在其办公室正在接受处理的支票的平均数目。如果通过信息技术将支票处理时间由 20 天减少到 8 天，每天需要受理的支票份数不变，那么，在其办公室正在接受处理的应收账款支票的平均数目又是多少？

解：

根据式 3-1，可计算出改进前该经理办公室正在接受处理的支票平均数目：

$$WIP = R \times T = 100 \text{ 份/天} \times 20 \text{ 天} = 2\,000 \text{ 份。}$$

而通过信息技术提高产率后，该经理办公室正在接受处理的支票的平均数目则减少为

$$WIP = R \times T = 100 \text{ 份/天} \times 8 \text{ 天} = 800 \text{ 份。}$$

值得注意的是，信息技术的应用会增加投入，同时，也会改变相关业务的办理。所以，应权衡利弊。

在流程及其测评指标确定并发布执行以后，就要进入动态的管理过程，即对流程绩效进行定期的测评、分析与改进。首先，统计计算指标现状值；然后，分析指标现状值与标杆存在偏差的原因；最后，付诸行动，并力求达到目标。这样持续不断逐步提高流程绩效。

5. 业务流程设计与优化的常用方法

业务流程设计与优化的方法众多，下面主要介绍最常用，也最有效的两种方法。

（1）作业流程图。作业流程图是一种借助操作、搬运、检查、延迟、存储 5 种特殊符号来系统描述一个作业过程的系统化工具。作业流程图不但可用于已有流程的优化，也可用于设计一项新的流程。在应用这种方法时，应使用通用的符号来表示各种作业，详见表 3-1。

表 3-1　作业流程图常用符号、含义及示例

符号	含义	示例
○	操作（Operation）	打字、装配、手术、记笔记
⇨	搬运（Transportation）	用快递运送货物、地点之间的移动
□	检查（Inspection）	检查质量或数量、检查信息公告牌
▭	延迟（Delay）	等待电梯、文件等待处理
▽	存储（Storage）	文件归档保管、物品接收入库

下面以某网上购物的流程为例，说明这种方法的应用。用户在网上购物时，首先会在电商平台上仔细浏览心仪的商品，精心挑选后将其加入购物车。完成所有选购后，用户进入结算页面，确认订单信息并选择支付方式，一键支付完成购买。随后，用户耐心等待商品的发货与配送，期间可通过物流信息实时追踪包裹状态。一旦收到商品，用户会仔细验货，确保商品符合预期。

（2）ECRS 分析法，即通过取消（Elimination）、合并（Combination）、重排

（Rearrangement）、简化（Simplification）四项技术对现有流程进行优化，这四项技术俗称 ECRS 分析法，其具体内容见表 3-2。

表 3-2　ECRS 分析法的具体内容

- 取消（Elimination）：对任何工作首先要问：为什么要干？能否干？包括：取消所有可能的工作、步骤或动作（其中包括身体、四肢、手和眼的动作）；减少工作中的不规则性，比如确定工件、工具的固定存放地，形成习惯性机械动作；除必要的休息外，取消工作中一切怠工和闲置时间
- 合并（Combination）：如果工作不能取消，则考虑能否与其他工作合并，对于多个方向突变的动作合并，形成一个方向的连续动作；实现工具的合并、控制的合并和动作的合并等
- 重排（Rearrangement）：对工作的顺序进行重新排列
- 简化（Simplification）：指工作内容、步骤方面的简化、动作的简化、能量的节省，也包括自动化技术的应用

3.2.3　业务流程再造

1. 业务流程再造产生的背景

随着信息化时代的到来，顾客的需求呈现出越来越多的个性化，同时，产品生命周期越来越短，竞争日趋白热化，企业所处的政治、经济环境瞬息万变。为了适应这种新的格局，在快速变革的环境下求得生存和发展，不少企业不惜投入巨资引入计算机技术和信息技术。然而，并未得到所期望的结果。经过冷静思考，人们认识到，造成这种局面的原因不在于计算机技术和信息技术不够先进，而在于在引入这些先进技术时，没有对企业的业务流程进行同步变革。

在这个背景下，结合美国企业为挑战来自日本、欧洲的威胁而展开的探索，美国 MIT 教授迈克尔·哈默（Michael Hammer）和 CSC 管理顾问公司董事长詹姆斯·钱皮（James Champy）于 1993 年合作出版了《再造企业》（*Reengineering the Corpration*）一书。1995 年，钱皮又出版了《再造管理》。哈默与钱皮提出应在新的企业运行环境下从根本上改造原来的业务流程，以使企业更好地适应未来的生存空间。这一全新的思想震惊了管理学界，一时间"企业再造""流程再造"成为人们广泛谈论的热门话题。业务流程再造（Business Process Reengineering，BPR）理论在短短的时间里便成为全世界学术界和企业界研究和实践的热点。

2. 业务流程再造的核心思想

（1）业务流程再造的内涵。业务流程再造就是利用先进的信息技术和管理方法，对现有业务流程进行根本性的重新设计，从而显著改进顾客服务、减少成本、提升竞争力。

不同于渐进式的业务流程设计与优化，业务流程再造将打破传统的面向职能的组织结构，建立面向流程的组织结构，从而实现业务绩效根本性的改善，最终大幅度地提升顾客满意度。与全面质量管理不同，在有效生命周期结束之前，一个流程可以通过全面质量管理进行改善，而一旦生命周期结束，就需要进行流程再造。随后，再恢复持续渐进的改进活动，新的循环重新开始。

可以看到，业务流程再造的对象是业务流程，其目标是实现质量、成本和准时交货率等的根本性改善，通过流程改革创造出根本性的、非连续性的变化，其驱动力来自组织使命、价值观、愿景、发展战略的实现。业务流程再造的基本任务是对业务流程进行根本性的反省，并进行彻底的再设计。业务流程再造的基本保障是信息技术的应用和组织管理的变革。

（2）实施业务流程再造的时机。当企业的内外部经营条件出现以下 3 种情况的巨大变化时，实施业务流程再造就变得非常必要了。

①顾客需求发生了显著变化，例如，摄影从胶片时代走向数码时代，网上购书越来越多超过到实体店购书。

②企业投资战略、市场战略、能力战略、供应链战略、质量战略等方面有了重大调整。

③竞争态势发生了重大变化，竞争对手在质量、成本或准时交货率方面占有了显著优势。

（3）实施业务流程再造的原则。业务流程再造的原则建立在创造性地运用信息技术的平台之上。但是，创造新的流程并且持续改进流程不仅仅需要对信息技术的创造性应用。下面介绍为有效实施业务流程再造应坚持的 4 个基本原则。

①流程再造需要有明确的文字表述。流程再造是一个复杂的过程，其执行过程在时间和空间上可能都是分离的。中层管理人员往往需要执行流程再造过程中的重要工作。明确的文字表述可以为持续有效地执行工作提供指导方向。

②清晰的目标与持续的反馈。必须建立明确的目标和预期，这些目标和预期要与组织的使命、愿景、价值观和发展战略相匹配。对于流程再造的结果要及时监控和反馈，假如没有明确的反馈，员工往往会感觉很不满意，导致其对成功的流程再造认识与实际情况之间有很大的区别。

③高层人员参与流程变革。为了有效地推进业务流程再造，从设想、动员到实施测评，企业管理层与员工之间都要不断沟通交流。CEO 深入参与主要的流程变化（例如医院流程变化），能够改善流程再造的结果。同时要让一线员工了解公司的总体设想。

④局部最优服务整体最优的原则。应从流程的整体绩效考核所涉及的部门与人员。

3. 业务流程再造的实施步骤

（1）构思设想。在构思设想阶段主要完成 3 项任务：发现机会、得到承诺、规划远景。再造的机会来自顾客、内部战略或竞争态势的重大变化。业务流程再造的组织者要争取到有关权力与利益方面的承诺。同时，还要能获取包括人力资源在内的各种资源。规划远景就是初步拟定业务流程未来的运行模式，确定绩效指标的大致范围。

（2）启动项目。在启动项目阶段主要完成 2 项任务：成立团队、制订计划。为在组织上保障业务流程再造的实施，需要成立领导小组，来制订计划并协调各部门的工作。同时，还要成立工作小组，来具体完成各项任务。在启动项目阶段需要明确流程的范围与界面，对工作进度作出安排，作出全面预算，分解落实责任。

（3）诊断流程。在诊断流程阶段主要完成两项任务：描述现有流程、分析现有流程。对现有流程进行诊断至关重要，只有找到了流程中存在的问题，特别是不增值的环节，才能有针对性地再造流程。描述现有流程要客观、完整。分析现有流程要基于事实和数据。

（4）再造流程。再造流程阶段主要完成 4 项任务：建立流程框架、设计组织结构及其运行机制、引入信息技术、新旧业务流程切换。其中，在流程架构中要说明流程的范围及清晰的边界、并行或串行处理模式、与其他流程的层级关系、流程的输入—处理—输出、处理过程的控制点及关键控制指标、输入的提供者与输出的使用者、成功的关键因素、信息流及其管理等。

（5）绩效评估。绩效评估阶段主要完成 2 项任务：绩效测评、成果推广。新的业务流程试运行一段时间后就要对其绩效进行测评。一般地，应先从四个方面来评估：组织关注的目标、顾客关注的目标、相关组织的标杆信息、员工的目标。最后，从总体上测评流程价值的提升。在成果推广上，应强调流程再造前后绩效的差异性，这样更直观、更生动。

（6）持续改进。业务流程再造方案的实施并不意味着业务流程再造的终结。企业总会不断面临着新的挑战，这就需要对业务流程再造方案进行持续改进。

3.3　质量功能展开

本节将介绍质量功能展开（Quality Function Deployment，QFD）的起源和内涵，以及一个重要工具——质量屋。质量功能展开通过系统地捕捉和分析顾客的需求，将它们转化为具体的设计要求，以确保产品或服务能够满足顾客的期望。而质量屋是质量功能展开中的可视化工具，通过定义和测量关键的服务质量指标，如可靠性、响应性、准确性、可定制性等来指导服务设计和提高服务质量，帮助团队理解和管理不同需求之间的关系，以提升产品质量和满足顾客需求。

3.3.1　质量功能展开的起源与发展

为设计、生产充分满足顾客需求的产品和服务，赤尾洋二和水野滋两位日本教授于 20世纪 60 年代开发了"质量功能展开"，它是一种结构化的产品开发或服务设计管理方法，被丰田汽车公司及其供应商广泛采用。1972 年，日本三菱重工有限公司神户造船厂首次使用了"质量表"。1978 年 6 月，水野滋和赤尾洋二在其著作《质量功能展开》中从全面质量管理的角度介绍了这种方法的主要内容。经过十多年的推广、发展，逐步完善了质量功能展开的理论和方法体系，其应用也从产品扩展到服务。

3.3.2　质量功能展开的内涵

质量功能展开的内涵是在产品设计与开发中充分倾听顾客的心声，使得产品设计质量尽可能满足顾客的需求，从而将顾客者的需求转化为设计目标和主要的质量保证点。质量功能展开是一种将顾客需求转化为产品设计要求的方法。在设计阶段，可保证将顾客的要求准确无误地转换成产品定义；在生产准备阶段，可以保证将反映顾客要求的产品定义准确无误地转换为产品制造工艺过程；在生产加工阶段，可以保证制造出的产品完全满足顾客的需求。

质量功能展开是一种集成的产品开发技术。这里的"集成"有技术集成和职能集成两种含义：

（1）各种技术的集成，包括顾客需求调查、价值工程和价值分析、FMEA、矩阵图法、层次分析法等。

（2）各种职能的集成，包括市场调查、产品研发、工程管理、客服等。

在服务设计中，质量功能展开可用于将用户需求转化为服务设计的要求，帮助提高服务质量和用户体验。为此，利用质量功能展开，可首先利用各种技术了解顾客的真正需求是什么，然后把顾客的需求转换为技术需求。此外，市场营销、设计、工程和制造职能必须有机地结合质量功能展开。

3.3.3 质量屋

1. 质量屋的构成

质量屋（House of Quality）是实施质量功能展开的一种形似房屋的图形化工具，表现为确定顾客需求与特定产品或服务性能间联系的矩阵。通过质量屋收集用户反馈的数据，洞察用户需求和服务瓶颈，为服务设计提供关键信息；同时，通过服务设计深入理解用户需求和行为，为构建质量屋提供优化方案，实现持续的服务质量改进。这种结合能够帮助组织实现持续改进和卓越的用户体验，从而赢得用户满意度、竞争优势和业务增长。

质量屋由以下 7 个部分构成：

- 左墙：顾客需求；
- 右墙：市场评价表；
- 天花板：技术要求；
- 房间：关系矩阵表；
- 地板：质量规格；
- 地下室：技术评价表；
- 屋顶：技术要求之间的相关矩阵。

此外，还有其他一些必不可少的部分，如各项需求对顾客的重要度、技术要求的满意度方向、技术重要度等。

2. 建造质量屋的技术路线

为建造质量屋，可采取以下技术路线：调查顾客需求→测评各项需求对顾客的重要度→把顾客需求转换为技术要求→确定技术要求的满意度方向→填写关系矩阵表→计算技术重要度→设计质量规格→技术评价→确定相关矩阵→市场评价。建造质量屋的技术路线如图 3-2 所示。

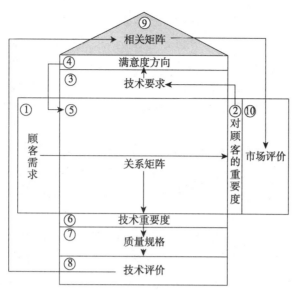

图 3-2 建造质量屋的技术路线

（1）调查顾客需求。这一步是建造质量屋的起点，也是基础。为调查顾客需求，可采用访谈法、观察法或实验法。访谈法就是调查人员拟定好调查提纲，以直接或间接的访谈方式请顾客回答对产品/服务的需求。观察法就是跟踪类似产品/服务的生产、包装、运输、消费/使用以及最终处置的部分或全过程，以记录、收集有关产品/服务需求的信息和资料。实验法就是采用实验方法评估产品/服务的可靠性、安全性、可维护性等性能或品质，了解可拆卸性、可降解性、能源消耗、噪声、废弃物排放、振动等环境属性，以及分析全生命周期成本和可制造性。

（2）测评各项需求对顾客的重要度。达到或超过顾客的需求是产品/服务设计的首要原则。顾客满意是"对其要求已被满足的程度的感受"。满意度是实际效果超出事前预期差异的程度：实际效果与事前预期相符合，则感到满意；超过事前预期，则很满意；未能达到事前预期，则不满意或很不满意。

顾客满意是需求集成的结果，而各种需求对顾客的重要度不同，即对顾客满意的贡献不同。专家打分法是测评各项需求对顾客重要度的一种常用方法。值得注意的是，每隔一定时期就要重新进行一次这样的测评。

（3）把顾客需求转换为技术要求。这一步由市场调查人员和工程技术人员共同把顾客的需求转换为对产品提出的技术要求，即把顾客的语言翻译成工程技术人员能够理解的语言。如果把在第一步所确定的顾客需求看作"是什么（WHAT）"，那么把顾客需求转换为技术要求就是"如何实现（HOW）"的问题。

（4）确定技术要求的满意度方向。具体到某一产品/服务，只有通过满足产品/服务的技术要求来满足顾客需求。有的技术要求指标值越大，顾客越满意；而有的技术则要求指标值越小，顾客越满意。在开发产品/服务时应确定这种方向性，以便为后来调整质量规格提供参考。

（5）填写关系矩阵表。技术要求是由顾客需求转换而来的，所以，每一项技术要求或多或少与顾客需求有关系，根据关系的紧密程度可分为三个等级：关系紧密、关系一般、关系弱，并分别赋予 9、3、1 三个分值。所填写的关系矩阵表为确定技术重要度提供了依据。

（6）计算技术重要度。通过矩阵表与各项需求对顾客重要度的加权得到了各项技术要求的重要度。一个有趣的转变发生了：那些模棱两可、含糊不清的顾客需求被转化为具体的量化指标。这一步骤不仅使得需求更加明确，也为开发人员提供了明确的方向。毫无疑问，开发人员应把精力集中在技术重要度指标值大的那些技术要求上。

（7）设计质量规格。这一步由工程技术人员和质量管理人员共同完成。设计质量规格就是在技术经济分析的基础上确定各项技术要求的理化指标，即质量要素的具体化、定量化。

（8）技术评价。技术评价的目的是评估各项技术要求在满足顾客需求方面的能力。为了评估服务产品/服务的技术能力，一种方法是将已开发的样品与市场上知名度较高的几个品牌产品/服务进行比较。在这个过程中，可能会出现技术要求之间的冲突，即使不考虑成本，也很难同时满足所有技术要求的最高水平。因此，在实践中通常需要进行一些调整。在进行调整时，应当重视那些具有较高技术重要度指标值的技术要求。技术评价通常在实验室环境中进行，由开发人员主导，并邀请顾客参与其中。在实验室中，可以进行各种测试和实验来评估产品/服务的技术性能，并根据实验结果进行技术要求的调整和优化。通过开发人员和顾客的合作，确保产品在技术上能够满足顾客的期望和需求。

（9）确定相关矩阵。根据正反强弱关系，把各项技术要求之间的关系分为两类四种，即正相关的强正相关、弱正相关、负相关的强负相关、弱负相关。相关矩阵的目的是对技术要求之间的关系进行量化处理，以便更好地满足顾客需求和提升产品质量。

（10）市场评价。市场评价的结果是产品/服务满足各项顾客需求的能力。市场评价的方法与技术评价的方法相似，只是这里的评价对象是各项顾客需求。同样地，顾客需求之间往往会有冲突，所以，即使不计成本也不可能使各项顾客需求都得到最大的满足。在作调整时，应以各项需求对顾客的重要度为依据，最大限度地满足重要度指标值高的那些顾客需求。市场评价多由顾客来主导，开发人员参与，一般在真实环境中进行。

质量屋为将顾客满意度转化为可识别和可测量的产品/服务设计提供了基本框架。从质量功能展开的技术路线可以看出，上述十个步骤的每一步都考虑了顾客的需求，体现了"充分倾听顾客声音"的核心理念。

如前所述，质量功能展开是一种集成的产品/服务开发技术，所涉及的问题很多，用到的定量方法更多，如模糊聚类、层次分析法、线性代数等理论与知识。本节给出了质量功能展开的全貌，以便读者掌握质量功能展开的起源与发展、内涵及实施步骤。

3. 质量屋实例

质量功能展开和质量屋依赖数据的收集和分析，通过量化用户需求和服务质量指标，以及与之相关的数据，作出更具依据的决策。这有助于服务设计团队更好地制定和实施相应的策略和改进计划。通过使用质量功能展开和质量屋这样的工具，服务设计团队能够系统地分析用户需求，量化和衡量服务质量，以及指导服务设计和交付的改进。这些工具提供了一种方法和框架，使服务设计更加有针对性、可追踪和有效，从而提供更好的服务体验和卓越的用户满意度。卓维道馆是一家专门面向未成年人的跆拳道培训场馆。图 3-3 是其质量屋，从技术评价与市场评价可以看出，该场馆整体水平接近北体武馆。

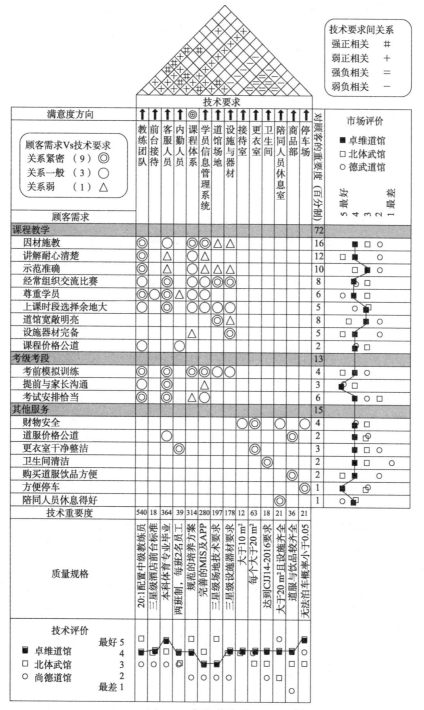

图 3-3　卓维道馆质量屋

3.4 技术与服务设计

企业的竞争力归根到底体现在质量、成本、准时交货率三者的差异上。一定时期内，企业总是在三者之间找到平衡，即存在一个竞争力"等势面"。这个面上的任何一点都体现了企业在一定时期内的竞争力水平。其管理含义是，在一定时期内，企业很难同时在提升质量水平、降低成本和提高准时交货率三个方面取得较大的突破。

在管理创新的匹配下，应用先进技术可以打破这个局限，从根本上改变这种态势，使整体竞争优势得以提升，即从一个较低的竞争力等势面提升到一个较高的竞争力等势面。技术包括实现一个目标所需要的资源和知识。在本节中主要介绍各类新兴技术对服务设计的影响。

3.4.1 自动化技术及其对服务设计的影响

自动化技术是指使机器设备、系统或过程在没有人或较少人的直接参与下，按照人的要求，经过自动检测、信息处理、分析判断、操纵控制，实现预期目标的综合性技术。自动化技术与控制论、信息论、系统工程、计算机技术、电子学等都有着十分密切的关系，而其中又以控制理论和计算机技术对自动化技术的影响最大。

下面介绍几种标志性的自动化技术，并总结其给服务运营管理带来的影响。

1. CAX

（1）CAX 简介。CAX 是计算机辅助设计（Computer-Aided Design，CAD）、计算机辅助工程（Computer Aided Engineering，CAE）、计算机辅助工艺规划（Computer-Aided Process Planning，CAPP）、计算机辅助制造（Computer-Aided Manufacturing，CAM）的统称。CAD、CAE、CAPP、CAM 的前两个字母都是 CA，用 X 表示不同功能，就有了 CAX。

CAD 是指在计算机上通过特定软件完成产品设计的过程。CAE 是通过计算机辅助求解，分析复杂工程和产品的结构力学性能，并优化结构性能。CAPP 是指借助计算机软硬件技术和支撑环境，通过数值计算、逻辑判断和推理等功能来制定零件加工工艺。CAM 是指借助计算机软硬件系统，实现从设计、测试、加工、装配、检验乃至物料运输等职能活动的物流、信息流和价值流集成和自动化的监视、控制和管理。

在产品设计领域，美国参数技术公司（PTC）推出的 Pro/Engineer 是 CAD、CAE、CAM 一体化的软件系统，是参数化技术的成功应用，在目前的三维造型软件中占有重要地位。

计算机集成制造系统（Computer Integrated Manufacturing system，CIMS）是综合运用制造技术、系统工程技术、自动化技术、信息技术、现代管理技术，形成与企业生产全过程中有关的人、技术、经营管理三要素及其信息与物流有机集成并优化运行的复杂大系统。CIMS 超越设计与制造的界限，把企业的经营管理也纳入制造系统中。

（2）CAX 在服务设计中的运用。CAX 把多元化的计算机辅助技术集成起来，综合考虑产品生命周期的各种因素，实现了复合化、协同性工作，能够对各阶段的功能、进度、费用作出评估。同时，可以对外部需求作出响应，不断优化设计和制造方案，从而获得显著的经济效益。

CAD 技术可以帮助服务运营管理者进行产品和设施的设计，提高设计效率和准确性。在酒店行业，使用 CAD 软件可以绘制酒店房间布局、公共区域设计等，从而更好地满足顾客需求和优化空间利用。

CAE 技术可以在设计阶段进行虚拟仿真和分析，以评估产品或服务的性能和可靠性。对于服务运营管理而言，CAE 可以用于模拟和优化流程、排队系统、供应链等。在航空公司运营中，使用 CAE 技术可以模拟飞行操作、航班排班和乘客流量，以优化航班调度和提高服务效率。

CAM 技术将 CAD 设计转化为实际制造过程中所需的指令和程序，实现自动化的生产。在服务运营管理中，CAM 技术可以用于制定和执行服务流程和操作规程。例如，在快餐行业，使用 CAM 技术可以实现自动化点餐和食品准备，提高生产效率和一致性。

2. RPA

机器人流程自动化（Robotic Process Automation，RPA）是一种基于软件机器人和人工智能（AI）的业务过程自动化技术。它通过模仿最终用户在计算机上的手动操作方式，提供了一种替代手动操作流程自动化的方法。从技术角度来看，RPA 与图形用户界面测试工具相似。这些工具能够自动与图形用户界面进行交互，并且可以通过使用者的流程示范，利用示范性编程来实现自动化。这类系统能够实现不同应用程序之间的数据交换。例如，接收电子邮件可能涉及接收付款单、提取其中的数据，并将其输入到系统中。

使用 RPA 工具，企业可以配置软件或用"机器人"来掌控和干预应用程序，用于处理事务、处理数据、触发响应和与其他数字系统通信。RPA 的一个应用场景为生成自动响应，收发电子邮件，部署数千个机器人，每个机器人都可以在 ERP 系统中自动化作业。

金融服务企业广泛应用 RPA 技术。金融服务行业通常涉及大量重复性、规则性的任务和流程，例如，客户账户开立、支付处理、报告生成等。这些任务往往需要高度的准确性和速度，同时也容易受到人为错误的影响。通过采用 RPA，金融机构可以自动执行这些任务，提高工作效率并降低错误率。此外，金融服务企业需要遵守严格的合规性和监管要求。RPA 可以在执行任务过程中记录每一步操作并生成审计日志，从而为操作提供全面的可追溯性和可验证性。这对于金融机构来说至关重要，因为他们经常需要进行内部审核和监督，并接受外部审计。

除了金融服务行业，RPA 还广泛应用于其他领域。在医疗保健领域，RPA 可以帮助自动化病历记录、药物配送、预约管理等流程，提高医疗机构的效率和准确性；在零售领域，RPA 可用于库存管理、订单处理、客户支持等任务的自动化，增强运营效率和顾客体验；在人力资源领域，RPA 可以协助自动化招聘流程、薪酬管理、绩效评估等，减少人工操作并提高数据准确性。

自动化技术的未来发展趋势是综合利用信息技术、计算机控制技术以及网络控制技术的最新成果，以实现更高水平的自动化和智能化。这种发展已经开始在许多领域展现出来。未来，机器人和自动化设备将具备更多的功能和灵活性，可以适应不同的工作环境和任务需求。同时，通过标准化的结构设计，可以提升设备的互换性和可维护性，降低成本并加速设备的开发和部署过程。

3.4.2 新兴数字技术及其对服务设计的影响

现代无线通信和社交网络的出现为与顾客建立联系或寻找新顾客提供了极大便利，人们早已习惯了远程组织与管理。面对面变成了面对屏幕，固定时间与地点变成了随时随地，标准化变成了个性化。而互联网+正在改变着传统的服务产业，商业模式正在得到重构、业务体系正在得到更新、生产要素正在得到优化。随着移动互联网、物联网、大数据与云计算、在线支付技术的应用，原本无法想象的共享单车、共享电摩、共享汽车正日益融入我们的日常生活。可以想象，即使美容美发这类顾客必须与美容师直接接触的服务，也可以通过先进信息技术与网络技术的应用来减少顾客与美容师面对面的接触程度。

总的来说，新兴数字技术影响了服务交付的过程，创造了新的服务价值链并提供了新的商业机会。下面介绍几种标志性的数字技术，并总结其给服务运营管理带来的影响。

1. 区块链

区块链是利用分布式节点共识机制生成、更新、验证与存储时序性数据，通过密码算法保证数据传输和访问的安全性，利用脚本系统实现智能合约功能的一种新型分布式信息架构与应用模式。区块链的主要特征包括：去中心化、信任创建机制、信息公开与内容不可篡改等。

区块链技术在服务运营中有4个方面的应用。

（1）区块链可以改善服务供应链的管理和协调。通过将供应链中的各个环节记录在区块链上，如采购、生产、物流和配送等过程，可以实现供应链信息的实时共享和验证。这样可以提高供应链的透明度和可追溯性，减少欺诈和假冒产品的风险，并加快供应链的响应速度和效率。

（2）区块链可以改进服务交付的过程和体验。通过将服务交付相关的信息记录在区块链上，例如预约、支付、评价等，可以实现服务交付的可追溯性和公正性。顾客可以通过区块链查询到服务供应商的资质和信誉，确保选择到优质的服务提供者。同时，区块链的智能合约功能可以自动执行和监督服务交付的合同条款，提高交付过程的效率和安全性。

（3）区块链可以促进服务行业的数据共享与合作。当前，许多服务提供商拥有大量的用户数据，但由于数据隐私和竞争等原因，很少进行有效的数据共享和合作。通过区块链技术，可以实现基于加密和权限控制的安全数据共享平台，使得不同的服务提供商可以在保护用户隐私的前提下，共享数据并进行更加精准的个性化服务。

（4）区块链可以用于服务行业中的身份认证和溯源管理。通过将用户的身份信息记录在区块链上，可以实现去中心化的身份验证和防止身份欺诈。同时，区块链的不可篡改性和透明性也为产品和食品安全方面的溯源管理提供了解决方案，确保消费者能够追溯到产品的生产、流通和销售环节。

Flycoin：区块链与航空服务业的完美结合

汤姆·谢和乔希·琼斯在2020年收购了Ravn Alaska，这是一家在疫情期间难以维持运营的低成本航空公司。当他们开始讨论如何使 Ravn 与竞争对手区别开来时，他们发现顾客对旅行奖励机制及其兑换积分限制感到沮丧。团队开始构思一个新的想法：使用加密货币让人们在使用奖励时拥有更多灵活性和福利。不久，他们推出了 FlyCoin，但很快面临着多个艰难的决策，包括处理加密货币市场的监管问题和选择与哪家航空公司合作。

汤姆·谢和乔希·琼斯决定将 FlyCoin 与 Ravn Alaska 的服务进行整合，建立了一种全新的为顾客提供奖励的系统。通过使用区块链技术，他们创造了一个去中心化的平台，允许顾客将其航空里程兑换为 FlyCoin，并在 Ravn Alaska 及其合作伙伴航空公司的航班上使用。与传统的旅行奖励系统相比，使用 FlyCoin 可以获得更灵活的兑换选项和更高的价值回报。然而，他们面临着处理加密货币市场监管的挑战。为了确保符合法规，他们与专业顾问团队合作，深入研究并遵守相关法律法规。他们投入大量时间和精力，以确保 FlyCoin 的合规性，并解决监管机构对加密货币行业的担忧。此外，他们还需要选择与哪家航空公司合作。他们进行了广泛的调查和谈判，最终选择了一家具有强大全球网络和良好声誉的合作伙伴，以确保 FlyCoin 用户可以享受到更广泛的服务和福利。

汤姆·谢和乔希·琼斯在克服种种困难后成功推出了 FlyCoin 并吸引了大量顾客的关注。FlyCoin 为 Ravn Alaska 带来了差异化竞争优势，提供了更灵活、有价值的奖励体验。这个案例展示了区块链技术在航空服务行业中的运用，以及在创新过程中所面临的挑战和取得的成功。

（案例来源：https://store.hbr.org/product/flycoin-elevating-travel-rewards-with-blockchain-technology/scg596?sku=SCG596-PDF-ENG）

2. 虚拟现实技术

虚拟现实技术（virtual reality，VR）是一种综合利用计算机图形技术、计算机仿真技术、传感器技术和显示技术等多种科学的技术。通过建模和仿真，它能够在多维信息空间中创建一个虚拟的信息环境，使用户身临其境沉浸其中，并与环境进行完善交互。这项技术具有启发构思的综合能力。

在电子商务领域，虚拟现实技术的应用将再次颠覆人们购物的观念和方式。传统的网上购物大多只提供文字描述和平面图片，无法给消费者带来真实的购物体验。而虚拟现实技术可以通过逼真的虚拟场景和互动性强的界面，使消费者仿佛置身于实际的商店环境中。他们可以自由地浏览商品、观察细节、试穿服装、搭配配饰等，就像在实体店一样。这种沉浸式的购物体验可以极大地增强消费者的参与感和满足感，帮助消费者作出更准确、更明智的购买决策。

虚拟现实技术还可以提供个性化的购物体验。通过收集和分析消费者数据，系统可以根据消费者的兴趣、偏好和购买历史，为他们推荐最适合的商品和服务。消费者可以根据自己的需求定制虚拟商店的布局、商品陈列和购物流程，使其更符合个性化的需求。这种个性化的购物体验有助于提高消费者的满意度和忠诚度，促进电子商务的发展。

此外，在旅游业中，虚拟现实可以创造出令客户身临其境的体验，增加客户与产品或服务的互动性。例如，景区可以利用虚拟现实技术为客户展示旅游目的地的景点和活动，让客户提前感受到旅行的乐趣，从而促进销售。同时，游客也可以通过虚拟现实应用程序，提前做好旅行路线规划和活动时间安排，提高旅游满意度。

虚拟现实：革新外科医生培训的新途径

医疗设备和手术技术的进步为挽救生命和改善生活质量带来了希望。然而，我们当前的外科医生培训和评估体系在创新的速度面前滞后，导致一些医生无法胜任复杂手术，使一些患者面临风险。在培训中使用虚拟现实技术可能会解决这些不足并在提高技能方面发挥重要作用。

我们发现住院医师和研究员在成长为外科医生方面存在特定的差距。这引发了我们的问题：是否有些住院医师天生就是更优秀的外科医生？或者这些差异是否指向在培训过程中的临床场景和外科医生经验水平之间的差异？

在为期两周的研究中，将20名参与者随机分为传统培训组和在Osso VR平台上接受虚拟现实培训达到指定熟练程度的组。然后，每位参与者进行胫骨髓内钉插入手术，这是一种修复胫骨（连接膝盖和踝骨之间的骨骼之一）骨折的手术。他们在一个人工的"人骨"模型上进行操作，并由一个不知情的观察员评分。根据全球评估五级评分表的测量结果，与传统培训组相比，VR组的参与者在所有类别中都获得了更高的评分，总分提高了230%。接受VR培训的参与者完成手术平均比传统培训组快20%。他们还在特定手术检查清单中正确完成了多达38%的步骤。这两个发现在统计学上具有显著性。

（案例来源：哈佛商业评论，2019年，https://hbr.org/2019/10/research-how-virtual-reality-can-help-train-surgeons）

3. 定位技术

（1）GPS。全球定位系统（Global Positioning System，GPS）是美国于20世纪70年代初推出的，具备全方位实时三维导航与定位能力的卫星导航与定位系统。GPS由空间星座、地面控制与监控系统、GPS信号接收机三个主要部分组成。

GPS的主要目的是为陆、海、空三大领域提供实时、全天候和全球性的导航服务，用于情报收集、核爆监测和应急通信等一些军事目的，是美国独霸全球战略的重要部署。今天，GPS的应用已经从军事发展到汽车导航、大气观测、地理勘测、海洋救援、载人航天器防护探测等各个领域，已实现导航、定位、授时等功能。通过GPS可以引导飞机、船舶、车辆，以及个人，安全、准确地沿着选定的路线准时到达目的地。

GPS给服务企业运营管理带来的影响主要体现在物流配送路线优化及实时跟踪。通过接入GPS，可以实现运单信息化、车辆实时监控、人员定位、调度与导航。其经济效果是通过配送线路、运输设备、人员的优化，实现更快捷的物流配送、更高的资源利用率、更低的运营成本。

（2）BDS。北斗卫星导航系统（Bei Dou Navigation Satellite System，BDS）是我国自

行研制的全球卫星导航系统，是继美国 GPS、俄罗斯格洛纳斯卫星导航系统之后第三个成熟的卫星导航系统。BDS 已成功应用于测绘、电信、水利、渔业、交通运输、森林防火、减灾救灾和公共安全等诸多领域，产生了显著的经济效益和社会效益。

（3）GIS。GIS（Geographic Information System）是在计算机硬件、软件系统支持下，对整个或部分地球表层（包括大气层）空间中的有关地理分布数据进行采集、储存、运算、分析、显示和描述的技术系统。

GIS 在服务设计中可以应用于商业与市场分析。GIS 可以提供商业规划时要考虑的商圈内其他商场的分布、周围居民区的分布和人口结构等信息。再具体一些，GIS 通过强大的空间分析和可视化功能提供选址规划中要考虑的地理环境特征、交通条件、公共设施、人口结构等信息，使得选址规划更具科学性和直观性。

此外，GIS 还广泛用于农业、林业、城市基础设施等资源的规划、配置与管理以及生态环境管理与模拟。GIS 与虚拟现实技术结合，以数字地形模型为基础，通过建立城市、区域或大型建筑工程、著名风景名胜区的三维可视化模型，实现城市区域规划、大型工程管理、旅游景点的仿真等。

3.4.3 大数据分析技术及其对服务设计的影响

1. 大数据分析技术介绍

大数据分析技术泛指数据挖掘、机器学习、自然语言处理、可视化分析、实时分析、预测建模和关联分析等一系列技术。随着各类数字化技术被引入日常服务管理实践中，各组织逐步建立了自身的数据资源池，其中包括顾客的消费时间、消费频率、年龄、性别、流动规律、社交媒体活动等数据。对分散在各组织、平台中的数据进行汇总，并从大规模数据中提取有价值的信息，可以实现更为个性化的服务及流程设计和服务流程建设。

大数据的应用能够帮助我们挖掘出隐藏在海量数据中的规律和趋势。在实践中，我们通常遵循以下步骤和方法。首先，收集与目标领域相关的数据，并进行必要的清理和整合，确保数据的完整性和准确性。这一步是后续分析的基础，至关重要。接着，进行探索性数据分析，通过可视化工具和统计方法，深入了解数据的分布、关系和特征。这一过程有助于发现异常值、缺失值、数据偏差等问题，为后续处理做好准备。紧接着，根据业务需求和问题目标，对原始数据进行特征提取和转换。这一步骤旨在提取与问题相关的特征，并进行必要的转换操作，如编码和归一化，以适应后续建模和分析的需求。然后，运用数据挖掘和机器学习算法对数据进行深入分析。这些算法能够发现数据中的规律和模式，如分类、聚类、关联规则等。通过这些算法，我们可以预测趋势、识别模式、发现异常等，为决策提供有力支持。最后，根据具体问题选择合适的模型。利用训练数据进行模型的训练和调优，评估和验证。这一步骤确保模型的准确性和可靠性，为实际应用提供可靠的依据。

下面介绍 4 种常见的大数据分析技术。

（1）分类算法。分类算法是一种常见的机器学习算法，用于将数据样本分为不同的类别或标签。这些算法通过学习已知类别的样本数据，并根据其特征建立一个模型来预测新的未知样本所属的类别。常见的分类算法包括决策树、逻辑回归、支持向量机（SVM）和随机森林等。分类算法在许多领域中被广泛应用，如文本分类、图像识别、欺诈检测等。

（2）关联分析。关联分析是用于发现数据集中项之间关系的方法。它基于一种称为"频繁项集"的概念，即经常同时出现的项的集合。关联规则指示了项与项之间的相关性，例如"A 购买了商品 B，则也可能购买商品 C"。常用的关联分析算法包括 Apriori 算法和FP-growth 算法。关联分析在市场篮子分析、推荐系统、交叉销售和广告定向等领域有着广泛的应用。

（3）网络分析。网络分析是一种研究网络结构和相互关系的方法。它涉及对节点、边和网络中的其他元素进行量化和分析，以了解其拓扑结构、中心性以及信息传播等特征。网络分析常用于社交网络分析、物流网络优化、金融风险分析等领域。

（4）神经网络算法。神经网络算法是一类受到生物神经系统启发的机器学习算法。通过模拟神经元之间的连接和信息传递过程，神经网络可以学习输入数据的非线性映射关系。常见的神经网络算法包括多层感知机（MLP）、卷积神经网络（CNN）和循环神经网络（RNN）。神经网络算法在图像识别、自然语言处理和预测建模等方面取得了显著的成果。

2. 大数据分析技术在服务设计中的运用

大数据分析技术在服务设计中主要有 3 个方面的应用。

（1）基于大数据画像。企业可以通过各种渠道收集客户数据，将数据进行整合和清理，以建立完整的客户数据库。通过调用数据库，企业可以及时准确地了解每一名潜在客户的基本信息和交易记录，进而，服务人员可以依据客户历史偏好为其提供个性化的服务。

（2）基于大数据的规律发掘。利用大数据分析技术，企业可以深入挖掘客户数据，发现隐藏的模式和趋势。通过分析客户偏好、购买历史、行为轨迹等信息，企业可以了解客户需求和客户活动规律，为服务流程设计提供指导。

（3）基于大数据的未来预测。某银行曾基于历史数据建立了预测模型，并提前预测了未来客户的理财产品购买意愿和高级别客户的流失风险及概率分析。基于这些风险，该银行分析了导致客户未来流失的影响因素，并提前做了准备优化服务流程，及时避免了未来服务流程中可能出现的风险。

需要注意的是，不同技术之间呈现出越来越多的交叉与融合，从而创造了全新的服务。然而，管理人员在引入新技术时常面临着挑战。技术创新的成功取决于顾客对新技术的接受程度。在进行服务交付系统的改变时，必须考虑到顾客作为服务流程中的积极参与者或共同生产者所作出的贡献。

同时，员工也会受到新技术的影响，他们经常需要重新培训以适应新技术。因此，在设计、实施和管理员工界面时，了解员工的技术准备情况是作出正确选择的关键。那些在技能和技术准备方面得分较高的员工可能是技术支持角色的良好人际关系候选人。

此外，由于许多创新无法获得专利保护，容易被自由模仿并迅速在竞争中实施，导致了创新的预期回报减少的情况。因此，企业在推动创新时需要采取措施来保护知识产权，以确保创新能够带来持续的竞争优势。

3.5　本 章 小 结

本章介绍了与服务设计相关的关键内容，包括业务流程设计、质量功能展开、质量屋和技术与服务设计革新。在服务设计中，业务流程设计是重要的一环，它能够帮助团队优化服务的流程和步骤，以提供高效和便捷的服务交付。质量功能展开和质量屋是与服务质量管理相关的工具，它们以顾客需求和质量指标为基础，帮助团队转化用户需求为具体的设计要求，以及衡量和改进服务的质量。技术与服务设计革新是指通过技术的创新应用和服务设计的创新，不断改进和扩展服务，以提供更好的用户体验和满足用户需求。

通过综合考虑以上内容，服务设计能够以用户体验为核心，从用户需求出发，整合设计、技术、运营等多个领域，以创造富有意义且有效的服务体验。业务流程设计帮助团队优化服务流程，质量功能展开和质量屋为团队提供了量化和衡量服务质量的方法和框架，而技术与服务设计革新则为团队提供了创新的思维方式和方法，帮助改进和扩展服务。这些内容相互关联，通过跨职能团队的协作和合作，能够实现持续改进和提升服务的质量和用户体验。在服务设计的过程中，综合考虑以上内容将有助于提供卓越的服务体验，增强用户满意度，并建立良好的品牌形象。

习题

1. 服务设计的基本要求有哪些？
2. 如何提高服务设计的有效性？
3. 简述质量功能展开的内涵。
4. 如何理解质量功能展开是一种集成技术？
5. 简述建造质量屋的技术路线。
6. 就你所熟悉的某一服务项目，建造其质量屋。
7. 什么情况下需要对流程进行设计与优化？
8. 简述业务流程再造的核心思想。
9. 简述区块链的含义、主要特征，举例说明其在服务运营中的应用场景。
10. 实务题：选择一个你熟悉的服务项目，用服务蓝图描述这一服务项目，确定其中的质量控制点，并给出控制措施。

案例

露普德的智能服务

露普德是 2013 年在旧金山诞生的初创小公司，从一开始就展现出不凡的创意。露普德首先打造了一款与自动数据交换及分析紧密相关的数字可穿戴设备，这款设备不仅能为活动提供有效的管理方案，还能加强活动参与者之间的社交联系。露普德的核心理念是，通过佩戴这款设备，活动参与者们可以在握手的时候轻松交换各自的社交信息。公司最初的创意是设计一款数字腕带，但这个想法始终只是停留在原型阶段，并未真正投放市场。原因是公司在产品研发和市场推广上遭遇了不小的困难。然而，后来这家公司成功地将腕带的创意转化为一个智能、互联的标签，设计出一个与可穿戴设备、移动应用程序、数据交换和分析算法紧密相连的智能系统。这个系统不仅为各类用户群体提供了自动化和定制化的服务，而且与使用环境完美匹配。在短短五年内，智能标签系统已经服务了超过 50 场活动，涵盖了 8 万名参与者以及在技术、医疗保健和制造业等行业中的 2 亿个数据点。令人惊讶的是，该系统还被应用于公司从未设想过的其他活动，比如马拉松和公司培训等。露普德的智能技术不仅拓展了产品的应用领域，也打开了工业应用的新篇章，为各种使用环境和行业提供了坚实的基础。露普德智能技术的实现过程可以分为三个主要阶段。

第一阶段。在露普德创立的初期，主要的工作重心是制作一款数字设备，也就是所谓的"腕带"。这款设备的主要功能是通过握手来自动交换个人信息，为与会者提供社交上的便利。团队设想到，如果与会者能通过佩戴这款设备更自然、轻松地交换信息，就如同交换"数字名片"一样。这一想法得到了不少潜在企业客户（多为活动组织者）和投资者的认可。然而，在实践过程中，团队遭遇了前所未有的挑战，不得不终止腕带的研发计划。首先，由于技术限制，腕带无法准确区分有意的手势和其他无意识的动作，导致无法精确判断佩戴者是否愿意交换联系方式。正如软件负责人所言："我们一直在寻找能够区分握手和其他手势的算法。"其次，在向销售商和投资者展示这一概念时，有人表达了担忧。他们认为，尽管腕带是个新颖且热门的概念，但在实际应用中可能会面临与会者接纳度的问题，进而影响市场的接受度。为了提高用户友好性和接受度，活动策划人和潜在投资者建议露普德考虑一个更自然的延伸产品（比如会议名牌），而不是要求参与者佩戴额外的设备。

第二阶段。为了方便与会者之间快速无缝地交换信息，团队接下来开始着手建立一个系统，以实现数据传输和交换的自动化。为此，团队构建了一个由集线器、无线网络、蓝牙和云服务器组成的标签网络。使用过程包括以下步骤：在注册活动后，与会者的联系信息会在活动开始之前预先存储在标签（即数字名片）中。当活动正式开始时，每个与会者都会获得一个已存储其联系信息的特定标签。与会者只需在活动现场佩戴该标签，通过轻拍其他人的标签即可交换信息，同时还能查看与会者的签到和签出情况。这个标签记录了与该与会者交换信息的人员的联系信息以及该人员参加的会议名称。通过相互连接的操作，一旦与会者开始使用对方的标签，对方的联系信息将被自动上传到云服务器，随后可在移动活动应用程序上向所有与会者共享。这样，与会者无须任何额外的操作或技术知识，便能轻松实现无缝的信息交换。这不仅简化了会议组织和管理流程，还为与会者提供了一种更高效、便捷的社交体验。

第三阶段。在意识到数据分析的巨大潜力后，团队决定深入研究数据，为各类用户群体提供定制化服务。鉴于此，团队设计了一项名为"实时会话分析"的新服务。通过利用智能标签捕获的与会者运动数据，该分析解决方案为活动组织者提供了实时信息。它配备了一个可视化界面，例如一个仪表板，能实时地展示与会者的访问次数、回访次数和平均停留时间。这项服务可根据活动的布局和会话配置进行定制和调整。实时数据可以在个人电脑或大屏幕上显示，帮助监控人员整体了解出席情况。这一解决方案成为活动组织者及时管理活动的有力支持策略。比如，组织者可以根据数据将支持人员重新分配到最需要他们的会议中。此后，团队还为活动管理创建了一项名为"社交联系图"的服务。该服务展示了与会者在活动中的社交网络，并标出了最活跃的与会者和影响力人士。重视数据分析不仅使露普德能提供更灵活的服务，还激发了团队在其他使用环境中尝试服务的兴趣，例如企业培训领域。

截至 2019 年，露普德已经为不同行业的约 50 个活动提供了活动管理系统。此外，这个智能标签系统已经扩展应用到创始人从未预料到的一些领域中。

（案例来源：Lee, J. H., Hsu, C., & Silva, L. (2020). What lies beneath: Unraveling the generative mechanisms of smart technology and service design. *Journal of the Association for Information Systems*, 21(6), 1621-1643）

思考与讨论：

1. 智能技术是如何被运用在露普德的服务设计中的？

2. 结合服务设计的组成要素，思考露普德服务设计所需的组成要素有哪些。

3. 露普德的服务设计包括哪些步骤？

参考文献

[1] Wang Q, Zhao X, Voss C. Customer orientation and innovation: A comparative study of manufacturing and service firms[J]. *International Journal of Production Economics*, 2016: 171, 221-230.

[2] Scheuing, E. E., & Johnson, E. M. A proposed model for new service development[J]. *Journal of Services Marketing*, 1989: 3(2), 25-34.

[3] Li M, Tuunanen T. Information Technology—Supported value Co-Creation and Co-Destruction via social interaction and resource integration in service systems[J]. *Journal of Strategic Information Systems*, 2022: 31(2), 101719.

[4] Babich V, Hilary G. OM Forum—Distributed ledgers and operations: What operations management researchers should know about blockchain technology[J]. *Manufacturing & Service Operations Management*, 2020, 22(2): 223-240.

[5] Caro F, Huang M H, Rust R T. (2021). Engaged to a robot? The role of AI in service[J]. *Journal of Service Research*, 2021, 24(1): 30-41.

即测即练

自学自测　　　扫描此码

第 **4** 章

服务运营能力管理

【学习目标】

1. 理解服务运营能力的含义
2. 理解服务运营能力的度量和规划决策
3. 掌握运营能力中决策策略
4. 掌握服务运营能力中排队服务系统的特征

茶颜悦色服务运营管理

茶颜悦色成立于 2015 年，是一家在茶饮市场引发轰动的品牌。该企业以其独特的现泡茶工艺而闻名，然而，正是它独特的点餐方式使它一度成为争议的焦点。这种点餐方式引发了广泛讨论，甚至登上了微博的热搜话题，掀起了一场关于顾客体验与新鲜程度的争论。

茶颜悦色的点餐流程需要顾客在门店内进行两次排队，一次是下单，另一次是取餐。这意味着当顾客在茶颜悦色门店购买所钟爱的茶饮时，需要面对两次排队的挑战，这对一些消费者来说，可能是一次不小的考验。有消费者在机场购买茶颜悦色奶茶时，不得不忍受将近 50 分钟的排队等待。他们首先排队扫码点餐，然后终于排到前面时，却被告知需要先去另一个地方付款，最后再返回排队处扫码取餐。有些人甚至由于排错队，不得不重新排队，这增加了他们的等待时间和不满情绪。这种情况并不是茶颜悦色第一次引发争议。企业解释称，采用这种现场排队方式是为了确保产品的新鲜程度。因为一旦顾客点单后，茶饮的制作必须按照订单的顺序进行，这就要求顾客在取餐区域扫描小票上的二维码，并按照排队的顺序取餐。然而，尽管这种方式有其合理性，却引发了不少的不满情绪。

这一争议引起了如何在顾客体验与新鲜程度之间进行权衡利弊的思考。茶颜悦色试图通过现场排队的方式来确保顾客获得最新鲜的产品，但与此同时，这种操作逻辑引发了顾客的不满情绪，特别是在高峰时段，顾客的等待时间更加漫长。

排队在日常服务系统中很常见，排队等待的时间却影响着顾客的满意度。因此，需要从更广阔的运营管理角度来看这个案例。茶颜悦色之所以采用这种独特的点餐方式，是因为他们致力于提供新鲜产品，但由于运营能力限制，导致了排队拥堵和等待时间增加的问题。这个案例告诉我们，运营能力管理在业务运作中至关重要。

（案例来源：来源于网络，编者整理）

思考与讨论：

1. 简述茶颜悦色的服务系统设计存在的问题。

2. 给出解决茶颜悦色所面临的排队问题的设想和方案。

4.1　服务运营能力概述

4.1.1　服务运营能力简介

运营能力是服务运营管理中的关键要素，它指的是一个服务系统在一段特定时间内接收、持有、容纳或提供服务的能力，也就是一个服务系统所能够提供服务的上限。在如今的数字经济、互联网和平台经济时代，由于消费者容易聚集，运营能力规划变得更加重要，因为它直接影响着一个服务系统的效率。

为了提高服务系统的效率，运营能力规划成为关键，其目标是确保服务系统的长期供应能力与预期的市场需求水平相匹配。以平台经济为例，考虑一个在线共享出行平台，它需要确保在高峰时间有足够的司机资源以满足乘客的需求，但在低峰时间又不会浪费资源。这需要精确的运营能力规划，以避免资源过剩或不足。

运营能力的具体表示方式因企业类型而异，可以是最大交易处理能力（对于数字平台），最大在线用户容量（对于互联网服务），或者最大订单处理能力（对于电子商务平台）。表 4-1 列举了一些与各行业运营能力相关的例子。

表 4-1　服务运营能力的表示方法举例

行业	投入	产出
超市	营业面积	每天的营业收入
数字支付平台	交易处理能力	每小时的交易量
在线教育平台	在线学生容量	每天的在线学生数
电子商务平台	订单处理能力	每天的订单处理量
社交媒体平台	活跃用户数	每月的活跃用户数
云计算服务提供商	服务器容量	每小时的服务器使用率

这些示例凸显了在各行各业中运营能力规划的重要性，以确保企业能够在高度竞争的市场中满足不断变化的用户需求，同时避免资源的浪费和效率的降低。

4.1.2　服务运营能力的分类

服务运营能力可以根据不同阶段的形成分为三类：设计能力、有效能力和实际能力。

1. 设计能力

设计能力代表了一个服务系统在理论上能够达到的最大产出量。这是在最理想的情况下，运营系统可以实现的最高能力水平。设计能力为服务系统设定了一个抽象的目标，但实际运营中常常受到各种限制。

2. 有效能力

有效能力是在理想的运营条件下，服务运营系统能够达到的服务能力水平。通常情况下，有效能力总是小于设计能力，因为现实中总会存在各种不可控制的因素影响服务提供的效率和质量。

3. 实际能力

实际能力表示实际完成的产出量，它往往小于有效能力，因为受到不可控因素的影响，实际能力是服务系统在特定时间段内真正实现的产出水平。为了评估运营系统的能力，引入了两个关键指标：利用率和效率。

利用率是实际产出与设计能力的比率，它用于衡量服务系统在特定时间内实际利用了多少设计能力。用公式表示为

$$利用率 = \frac{实际产出}{设计能力} \tag{4-1}$$

效率是实际产出与有效能力的比率，它表示服务系统在理想条件下实际达到了多大程度的能力。效率的计算公式如下

$$效率 = \frac{实际产出}{有效能力} \tag{4-2}$$

这些指标能够更清晰地体现服务系统的整体运营能力，有助于针对性地改进和优化系统，以更好地满足客户需求，提高效率，降低成本，并提升服务质量。服务运营能力的分类和度量对于实现有效的运营管理至关重要。

4.1.3 服务运营能力的度量

服务能力是一个服务系统提供服务的能力程度，也被定义为系统的最大产出。服务有两个基本特点，即无形性和难以标准化。这使得衡量服务产出变得困难。

另一个挑战在于服务型组织通常不提供单一的、统一的服务。举例来说，医院的服务产出如何衡量呢？能否以占用床位的数量、病人的人数、医疗时间或护士护理时间来准确反映医院所提供的服务？这些方法中没有一个可以全面地反映医院的服务质量。虽然服务业的服务能力与制造业的生产能力会受到同样一些因素的影响，但也存在重要差异。服务能力更加依赖服务时间和服务场所，同时，复杂多变的服务需求和服务设施的利用率在很大限度上影响着服务质量。

1. 服务提供实时性

由于服务的不可储存性，服务通常要求实时提供，这与制造业有着显著差异。例如，

一个在线共享出行平台必须在用户请求时尽快派遣司机，无法像制造业产品那样提前生产和储存。

2. 服务地点多样化

不同于具体产品可以从一个地方被运送到另一个地方，在大多数传统服务业中，顾客需在服务系统所在地进行消费。然而，在数字经济和平台经济时代，服务场所变得更加多样化。例如，云计算服务必须在全球各地的数据中心提供，以满足用户的实时需求。

3. 服务需求多变性

服务需求多变性的原因主要有两点：首先，服务业要满足大量个性化的顾客需求；其次，对服务的需求量受顾客行为和外部因素的影响，而顾客行为又受到很多不确定因素的影响。同时，数字经济为服务需求带来了更多的多样性。服务业部门需要在短时间内有效地进行能力规划，以应对突然变化的需求。例如，一个电子商务平台可能在促销活动期间面临大量订单，需要快速调整其服务能力以满足客户需求。

在数字经济的背景下，衡量和规划服务运营能力变得更加复杂，需要考虑服务的实时性、多样性、地点的分布性等因素。这些挑战也为企业带来了机会，通过有效的运营能力管理，可以更好地适应不断变化的市场需求，为客户提供卓越的服务体验。

4.2　服务运营能力规划

4.2.1　服务运营能力规划的重要性

服务运营能力规划是对服务系统规模的决策，因为服务运营能力规划直接关系企业的竞争力和长期可持续发展。服务运营能力规划重要性体现在 5 个方面。

1. 影响投资决策

随着数字经济的兴起，企业需要投资于数字化基础设施和技术，以支持在线服务、电子商务等业务。运营能力规划有助于企业决定何时以及如何投资于数字化资源，包括云计算、大数据分析、人工智能等，以提高效率和服务质量。

2. 适应市场需求

如今市场需求变化迅速，用户对创新和便捷性的需求不断增加。通过运营能力规划，企业可以更好地调整其服务能力，以满足不断变化的市场需求。例如，在线平台需要在促销活动期间快速扩展其服务器和物流能力，以应对高峰期的需求。

3. 满足复杂供应链管理

在数字经济中，供应链变得更加复杂，涉及多个合作伙伴和节点。运营能力规划需要考虑这些因素，以确保物流、库存管理和供应链协作的有效性。例如，在线食品配送平台必须规划其冷链运输能力，以确保在不同时间和地点满足用户需求。

4. 符合可持续发展

如今经济竞争激烈，企业需要长期规划和建设运营能力，以保持竞争优势。例如，建设大规模数据中心、培训数字化人才、提高网络安全性等。企业运营能力规划需要考虑长期投资和风险管理。

5. 提高竞争力与交付速度

在数字经济中，快速交付产品或服务对竞争力至关重要。运营能力规划可以确保企业具备足够的生产、交付和服务能力，以满足客户的期望。例如，在线零售商必须确保能够及时配送订单，以提升客户满意度和保持竞争力。

综上所述，服务运营能力规划不仅需要考虑资源投资和供应链管理，还需要适应市场的快速变化，确保企业在竞争激烈的环境中实现持续增长和创新。

4.2.2 运营能力规划的步骤

随着数字经济的发展，运营能力规划变得更加复杂，需要综合考虑市场动态、技术创新和数字化因素。运营能力规划有 6 个关键步骤。

1. 运营能力需求预测

运营能力规划的首要任务是预测未来的服务能力需求。这包括对市场趋势、用户需求和技术发展的深入分析。预测需求时必须将市场需求转化为服务能力的需求，并充分考虑到数字化技术的应用和创新。预测的时间跨度应适应数字经济的快速变化节奏。

2. 服务能力与未来需求的匹配

对比现有的服务能力与未来需求预测之间的差距。这可以帮助确定是否需要扩大或调整服务能力。在数字经济中，可能需要构建更灵活的数字化基础设施，如云计算和边缘计算资源。

3. 制订能力计划方案

针对识别出的服务能力差距，制订多个备选方案。这些方案应考虑技术的可行性、成本、风险，以及与组织整体战略的一致性。数字化转型可能包括开发新的在线平台、投资数据分析工具等。

4. 方案评估

使用综合的定量和定性分析方法对备选方案进行全面评估。从财务角度出发，可以采用净现值、ROI、成本效益分析等方法来比较不同方案。同时，要考虑方案与组织整体战略的协同性、竞争优势、技术变革等因素。

5. 实施方案

实施选定的最优服务能力方案，包括分配资金、部署技术和培训人员等。在数字经济时代，实施可能涉及开发应用程序、建设数据中心、招聘数字化专业人才等一系列工作。

6. 效果评估

对实施效果进行定期评估和监控，将实际结果与最初的预期目标进行比较。如果存在差距，需要分析造成差距的原因并采取纠正措施。在数字经济中，敏捷性和快速反馈是成功的关键，因此实施过程中需要不断优化和调整运营能力。

综上所述，数字经济下的服务运营能力规划需要更多地关注数字化技术、市场变化和创新趋势，以确保企业在竞争激烈的环境中取得成功。这些步骤可以帮助服务商适应数字化转型并保持竞争优势。

4.2.3　服务运营能力管理的影响因素

1. 规模经济效应

规模经济效应是一个重要的概念，尤其在数字经济和平台经济时代具有重要意义。它指的是扩大生产服务规模情况下长期平均成本的降低。在考虑数字服务经济的背景下，规模经济效应有以下 3 种情况。

（1）规模报酬递增（Increasing Returns to Scale）。指报酬增加的幅度大于规模扩大的幅度。这是规模经济的一种结果，特别适用于数字经济和平台经济中的企业。当规模扩大时，相对减少了生产和销售费用，降低了管理人员的比重，并能够更容易地引入新型技术设备。此外，规模扩大还促进专业化协作的发展，从而使单个服务提供商降低了总成本费用。数字平台经济中的网络效应就是一个典型的例子，随着用户数量的增加，平台的价值和效益也会呈指数级增长。

（2）规模报酬不变（Constant Returns to Scale）。指报酬增加的幅度与规模增加的幅度相等。即生产要素增加一倍，产量也增加一倍。虽然在数字经济和平台经济中，规模报酬递增更为常见，但仍有一些情况下保持规模报酬不变是可能的。例如，在某些在线教育平台中，增加学生人数和教育资源的投入可能会导致相同比例的学习成果提升。

（3）规模报酬递减（Decreasing Rectums to Scale）。指报酬增加的幅度小于规模扩大的幅度，通常是规模扩大到一定程度后出现的现象。这可能是由于规模过大引起管理效率下降，各项费用增加等原因造成的。在数字经济中，虽然规模报酬递减情况较少见，但也需要警惕。企业需要在规模扩大的过程中维持高效率，以避免规模报酬递减的情况发生。

在数字经济的背景下，服务运营能力规划应坚持适度规模原则：尽可能使规模报酬递增，至少应使规模报酬不变，避免规模报酬递减。这样可以更好地利用数字技术的优势，提高效率，降低成本，并为客户提供更好的服务体验。规模经济效应对于企业的长期竞争力和可持续发展具有重要影响。

2. 需求与资源

需求与资源是影响服务能力管理的重要因素，在数字经济时代更加凸显其重要性。

（1）预测需求。服务能力的构建和调整都旨在更好地满足市场需求。因为服务能力的发展是一个长期的过程，因此必须预测市场对服务能力的中长期需求。在数字经济和平台经济中，市场需求可能会受到更多因素的影响，包括技术创新、用户行为变化和竞争态势的变化。例如，随着数字化技术的普及，对数字化娱乐内容的需求可能会大幅增加，因此娱乐平台需要相应地增加内容制作和分发的能力。

某些行业的需求具有典型的季节性或时段性。例如，在城市公交系统中，高峰时段的需求远高于其他时段。数字技术使得对于这种特殊行业的需求预测更加精确。通过数据分析和智能调度系统，公交系统可以根据实时需求调整车辆的运营计划，以更好地满足高峰时段的需求。

（2）资源匹配。服务能力的提升需要考虑企业内部可动用的资源。资源包括人力、物力、财力等方面的要素。在数字经济和平台经济中，特别需要考虑特殊设备、技术人才和数字化技术等关键资源。

在规划服务能力时，不仅要考虑特殊设备或特殊技能等关键资源，还要考虑各种资源的整合与协同。数字化的优势在于可以更好地整合多种资源，例如，在数字平台经济中，云计算技术可以灵活分配计算资源，以满足不同业务需求。

在服务业中，确定主要业务的运营能力时，需要考虑其他配套设施的运营能力。例如，在酒店业中增加客房数量时，必须同时考虑停车场、餐厅、娱乐设施等的容量和能力。数字化技术可以帮助酒店更好地管理这些设施，以提供更优质的客户体验。

综上所述，需求和资源的匹配是服务能力管理的关键因素。通过精确的需求预测和有效的资源管理，企业可以更好地满足市场需求，提高效率，降低成本，并提供优质的服务体验。这对于企业在竞争激烈的市场中保持竞争优势至关重要。

（3）选址与设施布置。选址与设施布置方案在数字经济背景下，对运营能力管理产生深远影响。选择合适的厂址和设施布置方案对于运营能力的发挥至关重要。这些选择直接影响了运输成本、市场接近度、劳动力供给和能源供应等因素。以数据中心选址为例，合理选址可以降低数据中心的冷却成本、缩短数据传输时间，从而提高运营效率。占地面积、工厂布局以及是否为未来扩展预留足够的空间等都是在规划运营能力时要仔细考虑的因素。数字经济的发展可能需要更多的设施空间来支持数据存储、处理和传输等需求。选址还直接影响着运营能力的集中程度与分布。数据中心的选址可以影响数据的分布和传输速度，进而影响用户体验。合理的选址可以更好地满足用户的实时数据服务需求。

（4）产品生命周期。产品的生命周期也影响着服务运营能力管理。在数字经济时代，产品生命周期可能更加短暂，需要更灵活的运营能力规划。例如，数字媒体内容在短时间内可能会迅速崛起并衰退，需要快速调整运营能力。

在投入期，由于数字经济中市场情况可能迅速变化，因此在投入期，运营能力一般应小于需求，以降低风险。

在成长期，市场规模迅速扩大。多数企业倾向于快速扩大运营能力。但是这种策略是否有效取决于本企业的相对市场占有率、营业增长率、竞争对手采取的策略等。特别地，如果市场上多数公司都迅速扩大其运营能力，其结果可能导致整个市场上运营能力的过剩。当这种情况发生时，更理智的做法是增加工艺和技术改进方面的投资强度，在产品或服务性能、功能或柔性等方面获得竞争优势。

在成熟期，市场饱和后，运营能力的重点可能是提高效率，通过数字化技术和自动化来降低成本。

在衰退期，当需求下降时，需要灵活调整运营能力，可能涉及转卖多余能力或推出新产品或服务。

（5）供应链管理。供应链在数字经济中扮演着至关重要的角色。如果运营能力规划涉及大规模的变化，必须考虑供应链的影响。供应商、分销商或零售商的反应速度对于运营能力的提升至关重要。数字经济中的实时数据和智能系统可以帮助企业更好地管理供应链。例如，通过物联网技术，企业可以实时监控库存和物流，以确保与运营能力的协同。

综上所述，通过精心规划和灵活调整，企业可以更好地应对市场的变化，提高服务运营效率，降低风险，并在竞争激烈的市场中保持优势。

4.2.4　服务运营方案的盈亏分析

盈亏平衡分析是计算服务提供企业实现盈利所需产能的重要工具。盈亏平衡分析（Break-even Analysis）的目标是找到一个点，在该点企业成本同收入相等，该点就是盈亏平衡点（Break-even Point，BEP）。企业必须确保运转在该水平线上以实现盈利。如图 4-1 所示，进行盈亏平衡点分析时需要估算固定成本、变动成本和收入。

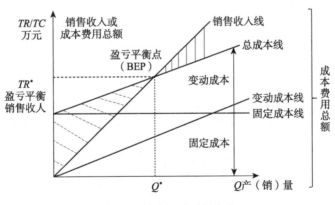

图 4-1　基本的盈亏平衡点

固定成本（fixed cost）指即使没有服务也会持续存在的成本。例如，折旧、税收、贷款等。变动成本（variable cost）是随着服务量而变化的成本。变动成本主要由劳动力和物料成本组成。然而有些随着产量而变化的设施也属于变动成本。售价减去成本（包括固定成本和可变成本）之后的余额称为利润（profit）。只有当利润为正的时候公司才能盈利。

计算盈亏平衡点的产量与收入成本的代数公式如下。令 x 代表盈亏平衡点产量，$TR = px$ 表示总收入，$BEP\$$ 表示盈亏平衡点的收入，F 为固定成本，p 代表售价，v 为单位变动成本，x 为产量。因此，$TC = F + vx$，代表总成本。在盈亏平衡点，总收入等于总

成本。因此 $TR = TC$，

$$px = F + vx \tag{4-3}$$

求解 x，得到

$$x = \frac{F}{p - v} \tag{4-4}$$

通过这些等式，可以直接得出盈亏平衡点的产量和收入。公式如下：

$$盈亏平衡点的产量 = \frac{总固定成本}{售价 - 变动成本} \tag{4-5}$$

$$盈亏平衡点的收入 = \frac{总固定成本}{1 - \dfrac{变动成本}{售价}} \tag{4-6}$$

【例题 4-1】 单一产品的盈亏平衡分析。

天工大厦内新开了一家贝壳奶茶店。近年来，数字经济的崛起使得外卖和线上订购成为消费时尚，该店也跟随潮流，开始提供外卖服务。现在，运营团队正在考虑扩大其生产规模，以满足不断增长的订单需求。为了评估扩大规模的投资价值，他们需要确定在何种销售量下可以达到盈亏平衡。已知，新增设备和安装费用为 100 000 元。单位可变费用（制作一杯奶茶的成本）为 12 元。单位产品价格（销售一杯奶茶的价格）为 20 元。

总成本 = 固定成本 + 总可变成本

总成本 = 100 000 + 12x（x 代表销售的杯数）

总收入 = 单位产品价格 x 销售量

总收入 = 20x

盈亏平衡点是指总成本等于总收入的点，即净收益为零的点。

总成本 = 总收入

100 000 + 12x = 20x，则 x = 12 500

所以，贝壳奶茶店需要在销售 12 500 杯时才能达到盈亏平衡点。在这个销售量下，总成本等于总收入，净收益为零。如果销售数量超过 12 500 杯，则将实现盈利，反之将出现亏损。这个分析有助于经营团队确定扩大规模是否值得，以及在何种销售情况下能实现盈利。

4.2.5　服务运营能力决策

服务运营能力战略是在综合考虑服务提供商内部条件与外部环境的基础上，对运营能力的构建与调整、能力柔性的建立所作出的长期谋划。

运营能力决策就是确定运营能力的总体规模及在不同地点的能力分配方案。毋庸置疑，所构建或改变的能力要与需求相匹配，但从战略层面上考虑，运营能力构建或调整的策略、能力缓冲、外部能力的利用都是需要重点解决的问题。

1. 构建或改变服务运营能力的策略

构建或改变服务运营能力有 3 种基本策略：先于需求形成服务能力，即超前策略；等需求到来之后再形成能力，即滞后策略；与需求同步形成能力，即同步策略。

（1）超前策略。超前策略就是比需求提前建立或改变运营能力，以应对即将到来的服务需求，如图 4-2（a）所示。对需求增加的情况，采取这种策略时，会有一些能力富余，甚至先期投入无法完全收回。但是，这种策略可使销售损失最小化。超前策略比较适合技术密集型企业。这类企业的服务能力建立或改变需要一定的时间。如果滞后于需求来建立或改变能力，就会失去市场机会。就产品生命周期阶段来说，对处于成长期的产品也倾向于采取这种策略。

（2）滞后策略。滞后策略是比需求推后一个时期建立或改变服务能力，如图 4-2（b）所示。这种策略的目标是使运营成本最小，保证企业始终按照最大负荷生产。滞后策略适合劳动密集型企业。这类企业的能力建立或改变相对容易。

（3）同步策略。同步策略介于超前策略和滞后策略之间，即与需求同步建立或改变服务能力，如图 4-2（c）所示。采用这种策略时，需要做好中长期的需求预测。

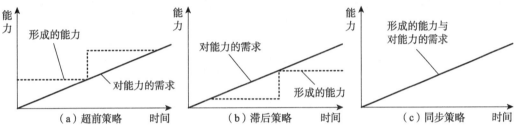

图 4-2　服务运营能力构建或改变的三种策略

值得注意的是，服务运营能力的构建或改变不可能一蹴而就，需要一定的时间。而未来的需求又具有一定程度的不确定性。所以即使采取同步策略，建立或改变后形成的服务运营能力也不可能正好在时间上和数量上与需求相吻合，采取超前与滞后策略更是如此。因此运营能力的构建或调整必然存在能力过剩或能力不足的风险。如果小幅度地构建或调整运营能力，会在一定程度上减少这种风险，但又涉及因频繁改变运营能力而带来的风险。所以，企业应在这两种风险之间找到一个平衡点。

2. 能力缓冲

能力缓冲是指所建立或调整的服务运营能力超过需求。任何运营系统都不可能达到100%的效率，更不可能达到100%的利用率，所以必须建立能力缓冲。

建立能力缓冲总是要有付出的。对固定投资大、经营范围不易改变的企业，可以采取能力预留策略来减少能力缓冲。其做法是基础建设方面形成足够的能力，如足够大的标准厂房、足够的运输专用线、足够的水处理设施、足够的配电站，但只开动需要的负荷。主体生产装置则先建成一定的规模，待企业资金充足，而市场需求足够大时再扩大生产能力，并相应提高运输专用线、水处理设施、配电站的负荷。

3. 外部能力的利用

企业在建立或改变服务运营能力时，不但要善于利用自身的资源，还要最大可能地利用外部的资源来形成自己的能力。通常企业在配置服务运营能力时应在自制与外包作出选择。

（1）自制与外包。如果企业的资源充足，且运用起来具有良好的经济性和技术性，就可以自制产品。反之，就可以考虑外包。外包的另外一种考虑是企业专注于自己的核心竞争能力，而将非核心业务委托给外部的专业公司，以降低营运成本，提高品质。

在服务运营管理领域，服务或生产外包是一种重要模式。企业通过利用自身核心技术专注于服务或生产的设计和开发，同时控制渠道。在这一模式下，企业与其他服务或生产提供商签订合同，将特定的任务委托给这些外部提供商，最终以购买的方式完成委托任务，并在服务中融入自己的品牌元素。外包被视为企业充分利用外部资源的关键途径之一。例如，很多高校把后勤服务外包，苹果公司就把富士康作为长期合作的生产外包制造商。

（2）设备的购买与租赁。在运营能力的配置上，企业还可以在设备的购买与租赁之间作出选择。如果企业当前的资金不充足，或这种设备使用的时间不长，或企业不擅长设备的维护保养，或不愿意承受设备折旧则可以用设备租赁代替设备购买。设备租赁是指承租人按照合同约定，以按时支付租金的方式，在一定时期内拥有设备的使用权，但不拥有所有权的资金信贷形式。例如，企业经常利用租赁的形式来满足对工程机械的需要。

设备共享可以看作一种特殊的设备租赁形式。对某些关键且昂贵的设备，可以建立共享机制。例如，对一些大型专项医疗设备，几家医院可以共享使用。

4.3 用于服务运营能力管理的决策论

4.3.1 决策论简介

决策是组织或个人为实现目标而进行的方向、内容和方式选择的过程。在数字经济的背景下，决策需要适应快速变化的市场和技术环境。

决策遵循的是满意准则，而不是最优准则。要想使决策方案达到最优，必须具备以下三个条件：

- 能够获得与决策有关的全部信息；
- 真实了解全部信息的价值所在，并据此制定所有可能的方案；
- 准确知道每个方案在未来的执行结果。

现实中，上述条件往往得不到满足。所以，决策者难以作出最优决策，只能作出相对满意的决策。

决策者在制定决策时，需要获得适量的信息，这里的"适量"包含两方面的考虑。首先，决策者应该通过多种渠道获取信息，因为信息的多样性和质量会直接影响决策的质量。其次，决策者在确定需要收集哪些信息、需要多少信息以及如何收集信息时，必须进行成本–收益分析，而不是盲目地投入大量资源来获取信息。总之，决策者在数字经济时代需要以明智的方式管理信息。这包括选择多样化的信息源、关注信息质量、进行成本–收益分析以及确保信息的时效性。有效的信息管理有助于明智地作出决策，适应不断变化的商业环境。

1. 决策要素

决策有 4 个基本要素，即决策目标、自然状态、决策方案和收益值。

（1）决策目标。决策目标是决策的首要要素，代表着决策的最终目的。在数字经济时代，决策目标可能是利润最大化、客户满意度提升或市场份额增加等。决策者需要明确定义目标，以有效地引导决策过程。

（2）自然状态。自然状态代表着外部环境的变化和不确定性。在当前经济环境中，自然状态可能涉及市场趋势、竞争态势、技术发展、政策变化等因素。了解和分析自然状态对于决策者更加重要，因为数字经济环境变化迅速，不断涌现新的自然状态。

（3）决策方案。除非"做或不做"这类决策问题，通常需要拟定若干备选决策方案。

（4）收益值。收益值表示每个决策方案在不同自然状态下的预期结果，如利润、销售额、市场份额、客户满意度等。如今，数据和分析工具的广泛应用使得更准确的收益值估算成为可能，决策者可以更好地理解各种决策方案的潜在影响。

在数字经济中，决策环境更加复杂和多变。决策者需要更加关注市场动态、数字技术、数据分析等因素，以制定更具竞争力和敏捷性的决策方案。同时，明确的决策目标和准确的收益值评估仍然是成功决策的关键要素。

2. 决策过程

1）过程

（1）识别问题。并非每个决策者都能准确地判断所要解决的问题。个人知识、经验、本单位利益的局限性，或无法控制的因素使得某些决策者不能正确地识别所要解决的问题。为此，必须大量获取并解读信息，在此基础上识别所要解决的问题，进而确定决策目标。

（2）确定自然状态。确定何种自然状态要根据决策问题而定。例如，为确定是否扩建汽车交易市场，就需要明确未来 2～3 年内的汽车需求状况。

（3）提出若干决策方案。为提高决策的科学性，一般需要提出多个备选方案。当然，什么都不做也是一种选择。在提出决策方案时，需要进行经济、技术可行性分析。

（4）估算收益值。决策方案在每一自然状态下的收益值是由销售部门及经济师和会计师根据销售情况、成本信息估算出来的。

（5）评价并选择决策方案。在确定型决策环境下，可借助确定型模型（如线性规划、随机过程等）评价决策方案，进而作出选择。

在风险型决策环境下，可采取最大期望值准则，即把每一个方案看作离散型随机变量，然后，计算其数学期望（Expected Value，EV）。数学期望是可能结果乘以可能结果发生的概论的总和。如果决策目标是收益值最大，那么选择数学期望值最大的方案。反之，则选择数学期望值最小的方案。

期望值的计算公式如下

$$EV = \sum_{i=1}^{n} p(x_i)x_i \tag{4-7}$$

其中，x_i——方案在第 i 种自然状态下的收益，p_i——第 i 种自然状态发生的概率。

2）准则

在不确定型决策环境下，并不知道每种自然状态发生的概率，为了作出决策，首先要选定决策准则。通常地，决策准则有乐观准则、悲观准则、折中主义准则、等概率准则、后悔值准则等。

（1）乐观准则（Optimistic Criterion）。即大中取大准则，也称赫维斯准则（Hervis Criterion）。按照这种准则，决策者从最乐观角度出发，先计算每个方案在不同自然状态下的最大收益值，再从这些收益值中选取最大值，所对应的方案即最佳方案。

（2）悲观准则（Conservative Criterion）。即小中取大准则，也称沃尔德准则（Wald Criterion）。按照这种准则，决策者从最悲观角度出发，先计算每个方案在不同自然状态下的最小收益值，再从这些收益值中选取最大值，所对应的方案即最佳方案。

（3）折中主义准则。即 α 准则，也称霍尔威兹准则（Hurwicz Criterion）。按照此准则，决策者首先设定一个 α 值，以此作为收益最大的自然状态的概率，$1-\alpha$ 作为收益最小的自然状态的概率。通过这种折中方式把不确定型决策环境转化成风险型决策环境，再根据最大期望值准则选择最优决策方案。

（4）等概率准则。即平均主义准则，也称拉普拉斯准则（Laplace Criterion）。按照这种准则，决策者把每一种自然状态发生的概率视为相等，通过平均方式把不确定型决策环境转化成风险型决策环境，再根据最大期望值准则选择最优决策方案。

（5）后悔值准则。即最大最小后悔值准则（Minimax Regret Criterion），也称萨维奇准则（Savage Criterion）。按照这种准则，首先计算各个方案的最大后悔值，然后从这些最大的后悔值中再选择最小值，所对应的方案即为最优决策方案。

3. 决策环境与信息价值

决策环境是指决策者对环境的认知程度。据此，可把决策环境分为确定型、风险型和不确定型三种。随着数字经济的发展，信息技术的进步显著提高了决策的透明度，从而影响了决策环境的分类。决策环境仍然可以根据信息的可用性和不确定性水平进行分类，但需要考虑到更为复杂的情境和数据驱动的特点。

（1）确定型决策环境。确定型决策环境并不常见。这种环境下，决策者拥有充分的信息，自然状态是完全确定的，因此，决策结果可以高度肯定。

（2）风险型决策环境。在此环境下，决策者对信息的认识比较充分，尽管自然状态也是不确定的，但每种自然状态发生的概率是已知的。决策者可以依赖数据分析和统计方法来估算各种自然状态发生的概率，从而更好地评估决策的风险。

（3）不确定型决策环境。更多的决策是在不确定环境下进行的。在这种环境下，决策者面临信息不足的挑战，难以准确估计各种自然状态的概率。为了降低不确定性，决策者可能需要依赖创新的方法，如大数据分析、机器学习和市场实验，以获取更多信息和见解。

在数字经济时代，信息技术的进步为决策者提供了更多的机会来深入了解经济环境。理想情况下，商家可以获得关于自然状态的完全信息（Perfect Information），这意味着他们确切地知道未来会发生的每种状态，将不确定型或风险型决策环境转化为确定型决策环境。

然而，决策问题不再仅仅是获得完全信息，而是是否有必要获得完全信息。在数字经济中，采用以下基本思路来作出这类决策。

（1）计算确定状态下的最大期望收益值（Expected Value Under Certainty，EVC）。通过已知的信息和完全信息来计算在确定状态下的最大期望收益值。这可以视为决策的基准。

（2）计算信息的价值（Information Value）。计算完全信息与不确定或风险型环境下的预期收益（Expected Value，EV）之间的差值，这个差值即为信息的价值（Information Value，IV）。信息的价值代表了获得完全信息对于提高收益或降低风险的潜在贡献。

（3）成本与价值的比较。最后，通过比较信息的价值与获得完全信息所付出的代价，包括时间、资源和技术开销。如果信息的价值高于获得完全信息的代价，那么决策者可能会选择积极获取完全信息；否则，他们可能会选择放弃掌握完全信息，而依赖现有信息作出决策。

数字经济背景下，信息技术的作用至关重要，它不仅提供了更多的服务数据和信息，还能够更好地分析和应用这些信息来作出明智的决策。因此，决策者需要充分利用信息技术的潜力，以更好地理解决策环境并优化决策结果。

以下面的案例来说明信息价值及其应用。

【例题 4-2】　投资决策分析。

贝壳奶茶店学院路店正在考虑扩大服务业务，有两种不同的扩张方案可供选择。然而，投资回报将受到接下来宏观经济政策和地区发展的影响，是否利好或利差。经过市场分析，预测出这两种自然状态发生的可能性分别为 0.55 和 0.45。奶茶店的经济师已经测算出了每种方案在每一种自然状态下的收益值。投资方案收益如表 4-2 所示。

表 4-2　投资方案收益　　　　　　　　（单位：万元）

方案	消费者对奶茶店的需求和概率		
	利好（0.55）	利差（0.45）	期望收益值
一	1 000	−500	325
二	400	100	265

根据最大期望值准则，贝壳奶茶店应选择方案一，其预期投资回报为 325 万元。然而，如果未来政策不利于该投资，奶茶店将蒙受 500 万元的损失，这是投资者最不愿意看到的情况。因此，决策者自然地思考是否有可能获取完全信息以确定未来自然状态的方向。然而，获得这些信息也需要付出代价，如市场调查费用和信息处理成本。

那么，完全信息的价值是多少呢？让我们来分析这个问题。

如果决策者可以获得完全信息，并确定未来的自然状态是利差，那么毫不犹豫地选择方案二。这将导致不仅不会损失 500 万元，而且还将获得 100 万元的投资回报。根据决策者最初的信息，利差状态的发生概率为 0.45，因此从方案二中获得的预期收益为 100 ×

0.45 = 45 万元。同样地，决策者从方案一中获得的预期收益为 1 000 × 0.55 = 550 万元。因此，如果决策者能够知道未来自然状态一定会是什么，那么总的预期收益将是 550 + 45 = 595 万元。这就是确定状态下的最大期望收益值（Expected Value Under Certainty，EVC）。

如前所述，如果决策者不愿意付出代价来获得完全信息，选择方案一，获得 325 万元的预期投资回报。因此，缺乏完全信息的结果将导致机会成本即 595 万元 – 325 万元 = 270 万元的损失。显而易见，270 万元就是完全信息的价值据，据此作出要不要获取完全信息的决策。

计算完全信息的价值的目的是在投入资源进行市场调查、信息分析和处理前，企业需要预估获取完全信息的成本、难度和代价。如果获取完全信息的成本低于完全信息的价值，那么采取行动来获取未来情况的清晰图像可能是合理的；否则，企业可能会选择维持现状，根据风险型决策环境下的最大期望值准则来选择投资方案。

4.3.2 决策论在服务运营能力管理中的应用

以下通过例子说明如何在三种决策环境下评价并选择运营能力规划方案。

【例题 4-3】 位于学院路的贝壳奶茶店每月都需要决定订购多少原料，以满足未来服务需求。经理考虑未来一个月顾客的购买需求可能会有不同情况，即需求旺盛、需求一般和需求低迷。他必须从三种不同的原料供应商那里订购原料，并需要在每个月初根据顾客需求的可能性作出决策。

财务部门根据每个月的初期订购数量、供应商的定价和存储成本，分别估算出每个月不同需求情况下的成本和收益值。相关数据见表 4-3。

表 4-3 收益表（1）　　　　　　　　　　　　　　　（单位：万元）

决策方案	需求旺盛	需求一般	需求低迷
订购多（200 份）	100	60	20
订购适中（150 份）	75	75	35
订购少（100 份）	50	50	50

在确定型决策环境下，即已知未来需求情况的前提下，奶茶店的经理希望选择一个最优的订购数量以最大化预期利润。

（1）如果能够确定未来需求旺盛，100 万元的收益值最大，所以应该选择订购多（200 份）。

（2）如果能够确定未来需求一般，75 万元的收益值最大，所以应该选择订购适中（150 份）。

（3）如果能够确定未来需求低迷，50 万元的收益最大，所以也应该选择订购少（100 份）。

【例题 4-4】 接例题 4-3，贝壳奶茶学院路店的经营团队考虑未来两年内顾客对其商品的需求可能会有不同的情况，包括需求旺盛、需求一般和需求低迷三种情况。然而，他们并不确定哪种情况将会发生。通过市场调研，他们获得了关于这三种市场前景的概率信息，如表 4-4 所示。

表 4-4　收益表（2）　　　　（单位：万元）

决策方案	需求旺盛（概率 0.2）	需求一般（概率 0.5）	需求低迷（概率 0.3）
订购多（200 份）	100	60	20
订购适中（150 份）	75	75	35
订购少（100 份）	50	50	50

这是一个风险型决策环境。利用所给数据，根据期望值（EV）准则，可以计算出每种方案对应的数学期望。

（1）订购多（200 份）的期望值：

EV（订购多）$= 100 \times 0.2 + 60 \times 0.5 + 20 \times 0.3 = 36$ 万元

（2）订购适中（150 份）的期望值：

EV（订购适中）$= 75 \times 0.2 + 75 \times 0.5 + 35 \times 0.3 = 63$ 万元

（3）订购少（100 份）的期望值：

EV（订购少）$= 50 \times 0.2 + 50 \times 0.5 + 50 \times 0.3 = 50$ 万元

根据最大期望值准则，应该选择具有最高期望值的方案。在这种情况下，最优的决策是订购适中（150 份），因为它具有最高的期望值，为 63 万元。

【例题 4-5】 接续例 4-4，贝壳奶茶学院路店的调研结果显示，在未来两年内，虽然知道顾客对本奶茶店商品的需求有旺盛、一般和低迷三种情况，但不知道哪种情况一定发生，更不幸的是连每种情况发生的可能性即概率也不知道。财务部门估算的收益值如表 4-5 所示。试分析：在乐观准则、悲观准则、折中主义准则（以 $\alpha = 0.4$ 为例）、等概率准则和后悔值准则下分别应该选择哪种方案？

解：

（1）乐观准则。三种决策方案所获得的最大收益值分别是 100 万元、75 万元和 50 万元。所以，应该订购多（200 份），预期收益为 100 万元。

（2）悲观准则。三种决策方案最少也能获得的收益值分别是 20 万元、35 万元和 50 万元。所以，应该订购少（100 份），预期收益为 50 万元。

（3）折中主义准则（以 $\alpha = 0.4$ 为例）。当 $\alpha = 0.4$ 时，$1 - \alpha = 0.6$。此时，三种方案的期望收益值分别是 EV（多）$= 100 \times 0.4 +$（20）$\times 0.6 = 52$（万元）、EV（适中）$= 75 \times 0.4 + 35 \times 0.6 = 51$（万元）和 EV（少）$= 50 \times 0.4 + 50 \times 0.6 = 50$（万元）。所以应该订购多（200 份），预期收益值为 52 万元。

（4）等概率准则。本例有三种自然状态，每一种自然状态发生的概率为 1/3。所以三种方案分别的期望收益值分别是 EV（多）$=$（$100 + 60 + 20$）$\times 1/3 = 60$（万元）、EV（适中）$=$（$75 + 75 + 35$）$\times 1/3 \approx 62$（万元）和 EV（少）$=$（$50 + 50 + 50$）$\times 1/3 = 50$（万元）。所以应该选择订购适中（150 份），预期收益为 62 万元。

（5）后悔值准则。本例中，三种方案的收益与后悔值如表 4-5 所示。

表 4-5　收益值与后悔值　　　　　　　　　　（单位：万元）

决策方案	需求旺盛		需求一般		需求低迷	
	收益值	后悔值	收益值	后悔值	收益值	后悔值
订购多（200 份）	100	0	60	15	20	30
订购适中（150 份）	75	25	75	0	35	15
订购少（100 份）	50	50	50	25	50	0

从表中可以看出，三种订购方案的最大后悔值分别是 30 万元、25 万元和 50 万元。取其中最小者，即 25 万元。所以，应该新建中型超市，预期后悔值为 25 万元。

4.4　用于服务运营能力管理的排队论

4.4.1　排队论简介

排队论是一门关于排队和等待现象的科学，旨在解决排队系统中的各种问题。这一领域的起源可以追溯到 1909 年，当时丹麦工程师爱尔朗（A. K. Erlang）在研究电话系统时首次提出了相关理论。随着时间的推移，排队论的应用领域变得愈发广泛，理论也逐渐完善。特别是自 20 世纪 60 年代以来，随着计算机技术的飞速发展，排队论的应用前景更加广泛。

排队论，又被称为随机服务系统理论，是一门研究拥挤现象、包括排队和等待的科学。它的研究范围包括分析各种排队系统中的概率规律，以解决相关排队系统的最优设计和最优控制问题。

排队现象在我们的日常生活和各种服务运营环境中随处可见。例如，排队等待上下班的公共汽车、在商店购物、在医院看病、在食堂用餐等。此外，还存在大量无形的排队现象，例如，许多顾客通过网络平台订外卖，但如果快餐公司没有足够的送餐人员，顾客就必须等待。这些顾客分散在不同的地方，形成了一个看不见的排队队列。排队的对象不仅可以是人，还可以是物品，例如，等待加工的生产线上的原料或半成品、等待维修的机器、等待装卸货物的船只，甚至是等待降落的飞机等。

排队论的应用不仅局限于传统的排队场景，还扩展到数字经济中。在在线服务、应用程序和电子商务等领域，排队论被用于优化资源分配、减少等待时间，提高用户体验，以满足不断增长的数字化需求。这使得排队论在当今快节奏的数字时代中变得更加重要和具有影响力。

4.4.2　排队系统的基本特征

在日常生活中排队运营涉及多种场景，其中有两种主要类型的排队系统，分别是可观察队列和不可观察队列，即顾客是否可以观察到其前方的其他顾客。一个完整的排队系统通常由以下四部分构成：顾客源、到达特性、排队规则和服务台。这四个部分之间的关系如图 4-3 所示。同时，在数字经济时代，排队运营的概念和方法也得到了进一步的发展和应用。

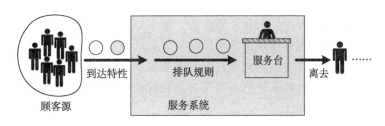

图 4-3　排队系统的组成部分

1. 顾客源

到达服务系统的顾客源分为有限总体和无限总体两类。有限总体是指顾客数量是有限的，其增减会影响到为其他顾客提供服务。无限总体是指顾客数量足够大，其增减不会显著影响为其他顾客提供服务。顾客可以通过在线平台或应用程序进行排队，这些平台允许顾客远程加入队列或预约服务。例如，预约电影票、餐厅订座或医生预约都是数字平台上排队和预订服务的例子。

2. 到达特性

多数情况下，顾客到达是随机的。在排队系统中，最常见的随机分布是泊松分布。泊松分布是指一个事件以固定的瞬时速率随机且独立出现时，这个事件在单位时间内出现的次数所呈现出的一种分布。泊松分布满足以下 3 个条件。

（1）平衡性。即在长度为 t 的时段内，恰好到达 k 个顾客的概率仅与时段长度有关。

（2）无后效性。即在任意几个不相交的时间区间内，各自到达的顾客数是相互独立的。也就是说，以前到达的顾客情况对以后到达的顾客没有影响。

注意到，顾客到达服务系统后的耐心程度也对运营管理产生影响。这里假设顾客有足够耐心，即到达服务系统、等待、接受服务。有些顾客则没有足够的耐心：要么等待，如果时间过长，会失去耐心而离开；要么到达后，如果发现队列过长就不再加入。

（3）单个性。即在充分小的时段内最多到达一个顾客。

同时，在如今排队系统的发展下，数字技术使排队更加灵活和智能。应用排队应用程序可以根据历史数据和实时情况来预测和管理排队情况。这可以帮助减少等待时间，提高用户满意度。从而产生了虚拟排队，指顾客无须实际到达服务点，而是通过在线平台或应用程序等待服务。例如，虚拟医生就诊或在线客服支持。

3. 排队规则

排队规则是指决定顾客接受服务次序的准则。最常用的准则有先到先服务准则（FCFS）。对某些情况，则要遵守业务时间最短者优先准则。有时甚至要遵循后到先服务准则（LCFS），如后进入电梯间的乘客总是先出来，最后放到料堆上的钢材总是先运出，刚刚到达的军事情报需要优先处理等。

4. 服务台

服务台是指为服务人员、为顾客提供服务的地点。服务台的主要指标是服务时间分布。

一般地，对每个顾客的服务时间是相互独立的，概率分布呈负指数分布。数字经济的发展使得许多在线平台和应用程序提供各种服务，如食品外卖、网上购物、娱乐内容等。这些服务的质量和交付速度直接影响到顾客的满意度。同时，数字化排队系统还包括智能客服和自助服务选项。这些系统利用人工智能和自动化技术来提供更高效的服务，减少等待时间。

信息技术背景下的数字排队系统可以收集大量数据，包括顾客到达模式、等待时间、服务时间等信息。这些数据可用于优化服务流程、资源分配和排队管理。并且数字排队系统可以实时监控排队情况，及时作出调整以满足高峰时段的需求，提高效率。

综上所述，信息技术已经深刻改变了排队运营的方式。通过数字技术和智能化工具，排队过程变得更加高效、便捷和个性化，从而提高了用户体验和服务质量。这些新趋势使排队理论和实践更加适应了现代社会的需求。

4.4.3 排队系统的主要指标及其关系

研究排队系统的目的是通过了解系统的运行状况，对系统进行调整和控制，使系统处于最优的运行状态。首先列出一些常用符号，详见表 4-6。

表 4-6　排队模型常用符号及含义

符号	含义
λ	平均到达率
μ	平均服务率
ρ	服务系统利用率
L_q	平均排队长
L_s	平均队长
W_q	平均等待时间
W_s	平均逗留时间
P_0	服务系统中没有顾客的概率
P_n	服务系统中有 n 个顾客的概率

描述一个排队系统的主要数量指标有 3 类。

1. 忙期和闲期

服务系统利用率是服务能力利用的百分比，即平均到达率与平均服务率之比。虽然提高服务系统的利用率是运营管理的目标之一，但是，刻意地追求 100% 的利用率并不理智。利用率过高反而会导致服务强度、平均逗留时间和平均等待时间增加。

对于单个服务机构的情况，则利用率为

$$\rho = \frac{\lambda}{\mu} \tag{4-8}$$

该指标表示了正在接受服务的顾客平均数，用 r 表示。

对于多个服务机构的情况（设为 M 个），则利用率为

$$\rho = \frac{\lambda}{M\mu}$$

服务系统中没有顾客的概率。对平均到达率为 λ，平均服务率为 μ，服务机构数为 M 的服务系统，服务系统中没有顾客的概率为

$$P_0 = \left[\sum_{k=0}^{M-1} \frac{\left(\frac{\lambda}{\mu}\right)^k}{k!} + \frac{\left(\frac{\lambda}{\mu}\right)^M}{M!\left(1 - \frac{\lambda}{M \cdot \mu}\right)} \right]^{-1} \tag{4-9}$$

特别地，对于服务机构数为 1 的服务系统，服务系统中没有顾客的概率为

$$P_0 = 1 - \frac{\lambda}{\mu}$$

2. 排队长（ L_q ）和队长（ L_s ）

排队长是指系统中排队等候服务的顾客数。队长是指服务系统中的顾客数，包括正在接受服务的顾客数和排队等候服务的顾客数。排队长和队长的分布影响着服务系统的设计。如果知道了排队长和队长的分布，就能确定排队长超过某个数的概率，从而确定合理的等待空间。平均排队长与平均队长是排队系统中的两个重要指标。平均排队长是任一时刻等待服务顾客数的期望值。平均队长是任一时刻所有顾客数的期望值。

服务系统排队长与队长可用以下公式求得

$$L_q = \frac{\left(\frac{\lambda}{\mu}\right)^M \cdot \frac{\lambda}{M \cdot \mu}}{M!\left(1 - \frac{\lambda}{M \cdot \mu}\right)^2} \cdot P_0 \tag{4-10}$$

$$L_s = L_q + \frac{\lambda}{\mu} \tag{4-11}$$

特别地，对于单个服务机构的情况，

$$L_q = \frac{\lambda^2}{\mu(\mu - \lambda)} \tag{4-12}$$

$$L_s = \frac{\lambda}{\mu - \lambda} \tag{4-13}$$

3. 平均等待时间（ W_q ）和平均逗留时间（ W_s ）

平均等待时间是从顾客到达服务系统起到其开始接受服务止的时间间隔期望值。平均逗留时间是从顾客到达服务系统起到其接受服务完成止的时间间隔期望值。平均等待时间与平均逗留时间是排队系统的另外两个重要指标。平均等待时间是任意时刻进入服务系统的顾客等待时间的期望值。平均逗留时间是任意时刻进入服务系统的顾客逗留时间的期望值。

$$W_q = \frac{L_q}{\lambda} \qquad (4\text{-}14)$$

$$W_s = \frac{L_s}{\lambda} \qquad (4\text{-}15)$$

对单个服务机构的情况，

$$W_q = \frac{\lambda}{\mu(\mu-\lambda)} \qquad (4\text{-}16)$$

$$W_s = \frac{1}{\mu-\lambda} \qquad (4\text{-}17)$$

4.4.4　排队论在服务运营能力规划中的应用

1. 与排队有关的两类成本

与排队有关的成本可分为两类：与服务运营能力有关的成本和与服务顾客有关的成本。前者是指因为创建服务运营能力而发生的费用，后者是指为顾客提供服务而给服务系统带来的费用。与服务运营能力有关的成本包括：服务人员的工资；服务设施（如收款台、售票窗口、交通工具等）的折旧费；维修费；管理费等。与服务顾客有关的成本包括：支付给等待服务员工（如等待工具的修理工、等待卸货的卡车司机等）的工资；与预设等待空间（如银行的大厅、机场的候机室等）有关的费用；因顾客在接受服务前离开队列，甚至拒绝等待所导致的业务流失；商誉的降低；因排队对其他业务所造成的干扰。显然，与服务能力有关的成本是服务水平的增函数，而与服务顾客有关的成本是服务水平的减函数，两者之和是一条 U 形曲线，如图 4-4 所示。

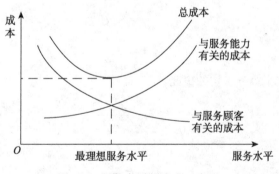

图 4-4　服务水平与成本示意图

2. 排队系统经济分析

服务机构数越多，服务水平越高，与服务能力有关的成本就越高，但与等待服务有关的成本就低；服务机构数越少，服务水平越低，与服务能力有关的成本越低，但与服务顾客有关的成本就高。因此，总成本是服务机构数的函数，并且，存在一个最佳服务机构数，此时，总成本最低。

设目标函数为

$$C(M) = c_M M + c_W L(M) \quad\quad （4\text{-}18）$$

式中，$C(M)$——排队系统平均总费用；c_M——给定时间内与服务能力有关的平均单位成本，可根据服务人员、设施的投资和管理费用估算出来；M——服务机构数；c_W——给定时间内与服务顾客有关的平均单位成本，可根据历史数据统计得到；$L(M)$——平均排队长，是关于服务机构数的函数。

要确定最佳服务机构数 M^*，使得

$$f(M^*) = minf(M) = min[c_M M + c_W L(M)]$$

实际应用中，一般通过仿真方法得到最佳服务机构数，进而确定服务运营能力。

【例题 4-6】　贝壳奶茶店提供各种口味的奶茶。由于其受欢迎的口味和便捷的位置，顾客纷纷前来购买奶茶。奶茶店只有一名服务员负责接受顾客的订单和制作奶茶。根据历史数据分析，顾客到达奶茶店的请求服从泊松分布，平均每小时有 15 次请求，而服务时间服从指数分布，平均每次请求需要 3 分钟。试求：

（1）服务系统利用率；

（2）服务生的空闲时间比例；

（3）等待服务的平均顾客数；

（4）顾客花费在服务系统中的平均时间。

解：

$\lambda = 15$次 / 小时

$$\mu = \frac{1}{\text{服务时间}} = \frac{1\text{次}}{3\text{分钟}} \times 60\text{分钟 / 小时} = 20\text{次 / 小时}$$

（1）$\rho = \dfrac{\lambda}{M\mu} = \dfrac{15}{1 \times 20} = 0.75$。

（2）服务生的空闲时间比例 $= 1 - \rho = 1 - 0.75 = 0.25$，即服务生有 25% 的时间是空闲的。

（3）$L_q = \dfrac{\lambda^2}{\mu(\mu - \lambda)} = \dfrac{15^2}{20(20-15)} = 2.25$（位顾客）。

（4）$W_s = \dfrac{1}{\mu - \lambda} = \dfrac{1}{20-15} = 0.2$（小时）。

综上所述，根据贝壳奶茶店的排队情况，我们计算得到了服务系统利用率、服务生的空闲时间比例、等待服务的平均顾客数和顾客花费在服务系统中的平均时间这些重要指标。这些指标可以帮助奶茶店更好地管理排队和提高顾客体验。

4.5　本 章 小 结

本章首先讲解了什么是服务运营能力、服务运营能力管理的分类和度量。然后，本章围绕服务运营能力规划和决策论分别在第 2 节和第 3 节展开详细介绍。最后，本章结合服务运营能力的排队论，详细介绍了排队论基本特征和指标，从而阐述了排队论在服务运营能力管理和规划的应用。

1. 什么是运营能力？
2. 解释以下五个概念：设计能力、有效能力、实际能力、利用率和效率。
3. 简述规划运营能力的步骤。
4. 决策有哪些基本要素？
5. 一个完整的排队系统由哪几部分组成？
6. 什么是排队系统的利用率？
7. 某普通门诊一次只能诊治一位病人，诊治时间服从指数分布，每位病人平均需要12分钟。病人按泊松分布到达，平均每小时到达4人。试求：
   a. 该门诊的利用率；
   b. 医生空闲时间的比例；
   c. 等待就诊的平均病人数；
   d. 病人花费在门诊的平均时间。
8. 排队系统经济分析的目的何在？

共享平台能力规划

数字经济背景下共享经济迅速崛起，不仅改变了消费者行为，而且也改变了传统就业方式。在这个模式中，独立工作者可以根据自己的时间和兴趣提供服务，如网约车、外卖送餐和自由职业工作。共享经济平台公司需要招募足够的工作者，以满足不断变化的需求。这种灵活性为工作者带来了自由，但也为平台公司带来了运营挑战，需要在高峰时段和低峰时段都能提供适量的服务。

在 2021 年，美国有 5 900 万人参与了共享经济工作，占美国劳动力的 36%，提供从网约车到食品送货再到网页开发等一系列服务。共享经济的独特特点在于就业性质：独立工作者可以自由选择工作时间，并在多个平台之间自由切换以提供服务。这种灵活性吸引了众多工作者加入共享经济，而公司也受益于更高的劳动力灵活性，可以雇用不同技能水平的工作者，以满足不同时间的需求。然而，为了成功在共享经济中获得最大收益，公司需要确保供应与需求的有效匹配。这不仅需要在高需求时提供足够的服务，还需要在需求低谷时避免过度投入资源。这一规划和承诺服务能力的挑战是共享经济平台面临的主要问题之一。在共享经济平台中，如何规划和管理运营能力，即独立工作者，以满足不断波动的需求，确保提供足够的服务？

宾州大学 Wharton 商学院 Allon 教授、麦吉尔大学 Desautels 管理学院 Cohen 教授和加州大学伯克利分校 Haas 商学院 Sinchaisri 教授基于纽约的叫车平台研究零工经济中的独立工作者决策，探讨了如何根据独立工作者行为更好地规划共享平台的服务能力。这是一家提供即时网约车服务的在线平台，覆盖全球许多城市。用户可以通过智能手机应用程序实时请求乘车服务，然后平台将乘客与可用的司机进行匹配。为了提高效率，多名乘客可以共享一辆车，而乘客可以在指定位置附近上车和下车。在这个平台中，大多数司机按工作小时获得报酬。

如表 4-7 所示，每个营运日被划分为六个班次，具体分为：凌晨非高峰、早高峰、上午、下午高峰、傍晚非高峰和深夜。在数据中，司机平均每周工作 2.1 天，每天工作 6.35 小时。虽然司机可以自由决定自己的工作时间表，但他们通常会坚持按照规定的时间工作。例如，30.41%的司机从不在周末工作，91.07%的司机的工作日不与午夜时间重叠。

表 4-7　工作日的轮班细目表

5 am		7 am	9 am		5 pm	8 pm	9 pm		12 pm
非高峰期		am 高峰期	白天		高峰期	pm 非高峰期		深夜	

作为独立工作者，司机根据在平台上活跃的持续时间获得每小时的保证费率，即使在整个小时内没有乘客请求，他们也可能会得到报酬。这一方案与通常使用的按完成的每次乘车报酬司机的佣金制度不同。每名司机的基本费率会在首次加入平台时确定。此外，司机经常会得到促销激励。费率提升是相对于每小时的基本费率的一个乘法奖励（例如，在 2×班次期间，司机可以获得基本费率的两倍），而数据中的 32.71%班次包括费率提升，平均提升率约为基本费率的 50.36%。

在这个公司的案例分析中发现财务激励对工作决策和工作持续时间有显著的积极影响，这证实了标准收入效应所提出的积极收入弹性。此外还发现了独立工作者的行为特征，即展示出以收入为目标的行为（在接近收入目标时工作较少）和惯性（在工作较长一段时间后工作更多）。基于此进行激励优化可以提高服务能力 22%，而不会增加额外成本，或者以 30%的更低成本维持相同的能力。如果忽略行为因素，可能导致低于最佳能力水平 10%~17%的员工不足。

全球范围内，共享经济在劳动力市场中崭露头角。与传统的全职工作不同，共享经济提供了一种短期项目或自由职业工作的机会，以满足实时需求。这种新型的劳动模式吸引了众多工作者，同时也给企业带来了灵活的劳动力，使它们能够根据不同技能水平的工作者以及实时需求来灵活雇用劳动力。然而，共享经济的灵活性也带来了一个巨大的挑战，即如何规划和承诺服务能力。因此，了解什么激励了共享经济的独立工作者非常必要。

这个案例讲述了共享平台中运营能力规划的重要性，特别是在劳动力市场发生变革的情况下。通过深入分析平台中工作者的工作决策和激励反应，以及针对他们的行为和偏好进行优化，平台可以提高服务能力规划，同时降低成本。这对于共享经济平台的成功至关重要，也为政策制定者提供了有关如何管理这一新兴劳动模式的建议。共享经济平台公司不仅需要了解消费者，也必须理解服务提供的独立工作者的动机和行为，以确保他们能够提供消费者所需的服务，满足不断波动的需求，保持竞争力。同时，政策制定者也需要考虑如何制定有效的法规，以保障工作者的权益，同时保持市场的发展。这一案例强调了运营能力规划在共享经济中的关键性，为公司和政策制定者提供了有关如何管理和优化共享经济服务的重要见解。

（案例来源：Allon, G., Cohen, M. C., & Sinchaisri, W. P. (2023). The impact of behavioral and economic drivers on gig economy workers. Manufacturing & Service Operations Management）

思考与讨论：

1. 简述共享平台的供需平衡问题。

2. 简述共享平台与传统出租车公司的服务能力规划区别。

3. 零工经济如何影响共享平台的服务能力规划？

4. 共享平台应采取何种能力规划战略利用零工经济，以加强服务竞争力？

参考文献

[1] K. Donohue, E. Katok, and S. Leider, The Handbook of Behavioral Operations. 2018.

[2] R. W. Buell, "Last-place aversion in queues," Manage. Sci., vol. 67, No. 3, pp. 1430-1452, 2021.

[3] N. Janakiraman, R. J. Meyer, and S. J. Hoch, "The psychology of decisions to abandon waits for service," J. Mark. Res., vol. 48, No. 6, pp. 970-984, 2011.

[4] G. Allon, M. Cohen, and P. Sinchaisri, "The Impact of Behavioral and Economic Drivers on Gig Economy Workers," Manuf. Serv. Oper. Manag., vol. 15, No. 4, pp. 1376-1393, 2023.

即测即练

自学自测　扫描此码

第 **5** 章

服务选址规划与设施布置

【学习目标】

1. 理解选址规划与设施布置的相关概念和重要性
2. 了解进行选址规划和设施布置时要考虑的因素
3. 掌握服务选址方案的评价方法
4. 了解数据驱动下人工智能对服务选址规划与设施布置的影响

沃尔玛的选址决策

对于零售业来说，选择经营地点是一个至关重要的长期决策。地理位置的选择会对企业的多个方面产生影响，比如客流量、品牌认知度和产品分销等。通过精心选择的地理位置，企业可以获得竞争优势，从而改善业务模式。此外，良好的位置选择有助于促进货物的供应和分配，甚至可以通过改变消费者的购物行为来建立零售商的声誉。在面对竞争时，零售商经常需要作出战略决策，例如进入或退出市场，以维持经营。

沃尔玛作为全球最大的零售商之一，为全球消费者提供线下购物和电子商务服务，帮助世界各地的人们随时随地享受购物乐趣。沃尔玛致力于通过创新改善以客户为中心的体验，将电子商务和线下门店无缝集成在全渠道零售中，以节省客户的时间。近年来，沃尔玛投入了大量资金，以提升其在全渠道和电子商务创新方面的表现，通过合理布局线下门店、优化设计电子商务网站，并扩大产品组合和服务，为客户提供更加优质的购物体验。

截至 2022 年年底，沃尔玛在全球拥有 8 000 多个取货点和 6 000 多个配送点。在美国，沃尔玛利用分布在各地的 157 个分销设施，31 个专用电子商务服务中心，实现了直接从 3 500 多家商店运送或交付的能力，为会员用户提供了对符合条件的商品无限制免费送货等服务。在中国，沃尔玛与京东进行合作并利用沃尔玛门店作为配送中心，为客户提供 1 小时送达服务。沃尔玛的国际战略是创建强大的本地业务，这要求在其运营的每个市场都与当地相关并以客户为中心。

沃尔玛在运营管理中非常注重选址及其运营策略的制定。其管理者深知，在正确的地点开设门店并采取有效的运营方式，是实现长期、可持续增长的关键。同时，提供以客户为中心的全渠道购物体验也是沃尔玛在零售业竞争中保持领先地位的重要因素。通过精准的市场定位、客户分析和选址规划，沃尔玛能够更好地满足消费者需求，提升客户满意度，进一步巩固其在零售业的领导地位。

（案例来源：Walmart. 2022 Annual Report. [EB/OL]. [2023-09-30]. https://s201.q4cdn.com/262069030/files/doc_financials/2022/ar/WMT-FY2022-Annual-Report.pdf）

思考与讨论：

1. 电子商务的发展使得以沃尔玛为代表的零售业选址决策发生了哪些变化？
2. 请结合现实情况分析沃尔玛在进行线下选址决策时考虑了哪些因素？

5.1 服务选址规划概述

5.1.1 服务选址规划的概念

服务选址是指如何利用科学的方法确定企业提供服务的地理位置，与企业的整体经营理念结合，以达到高效、经济经营的目标。选址在服务价值链中非常重要。服务设施需要满足顾客的需求，确保顾客感受到便利与舒适。即使没有好的设施设计，但只要是选址好的餐厅一样可以吸引很多顾客。选址包括两个层面的问题：选位和定址。

选位，即选择什么地区或区域设置服务设施，南方还是北方，沿海还是内地，国内还是国外。

定址，是基于所选的地区，决定在该地区具体的某个位置建立服务设施，如 L 精品咖啡店选择在北京某繁华区域写字楼附近的十字路口边设置店铺。

服务型企业经常面临着选址规划问题，例如，随着经营规模的扩大，原来的地址缺乏足够的扩展余地，就必须选择新的地址。服务业市场的转移带来的必然是服务设施的迁移。有时，选址规划是企业的一种战略举措，如银行、快餐店、超市等常把争取区位优势看作是运营战略的一个组成部分。时至今日，随着全球运营的出现，选址问题已经跨越国家、地区界限，可以在全球范围内考虑选址规划问题。

企业在以下 3 种情况下会面临选址问题。

（1）新建。无论是制造业还是服务业，当需要开展新的业务时，就面临为新业务选址问题。新成立企业或新增独立经营单位的设施选址基本不受企业现有经营因素的影响。

（2）保留现址并增加新址。零售业经常作出这样的选择。在保留已有门店基础上，增开新的店面可作为一种保护性策略，以维持市场份额或防止竞争对手进入市场。

（3）放弃现址而迁至新址。企业可能因种种原因需要移动原来所在的经营位置，此时也面对选址问题。市场的转移、原材料的消耗以及原址运营成本过高经常促使公司作出这种选择。

服务选址规划除了具有设置进入障碍和创造需求的作用外，从长期看还将影响企业的定位弹性、竞争位置、需求管理和集中化。

定位弹性是服务选址对经济条件改变的反应程度。因为选址决策是资本密集的长期投入，定位决策需要对未来的经济、人口和竞争变化保持良好的反应，在一线城市定位可以减少因区域经济下滑而造成的金融风险（例如，把咖啡店定位于传统的中心地带）。

竞争位置是指公司与竞争对手的相对地理位置。许多选址可以通过建立公司的竞争位置和市场认知起到设置进入门槛的作用。在市场发展起来之前，获得并保持最佳定位，创造人为的进入障碍（类似于产品的专利），有效地阻止对手进入有利地点。

需求管理是控制服务需求的数量、质量和时间的能力。例如，由于设施的固有属性，旅店不能有效地控制服务能力。然而，旅馆可以通过在不同市场群体的周围定位方法来达到控制需求的目的，这些不同的群体可以提供相对稳定的需求而不受经济条件、日期或季节的影响。

集中化可以通过在众多定位点提供相同范围的、狭小的特定服务而得到发展。许多连锁企业开发一种标准（或正式）设施，该设施可以在许多定位点进行复制。虽然这种"一刀切"的方法有利于企业的扩张，但在相邻的经营单位间可能会相互争抢业务。如果企业对于其多定位扩张建立一种理想的成长模式，这种问题就可以避免。

传统上，定位决策常常建立在直觉的基础上，成功的变数很大。位置选择常常建立在诸如地点的可获性和方便出让这样的因素上，一定的数量分析对于避免严重的错误是有用的。例如，作为废弃商场中唯一的店铺，即使租金再低也无任何优势可言。

麦当劳如何选址

麦当劳作为国际快餐连锁巨头，其最成功之处在于选址。麦当劳每开设一家分店都要事先进行深入的调查研究和取证，并逐步形成了一套科学化的选址程序，其对经营地址潜在商业价值的判断力是保持麦当劳连锁店成功率高的重要原因。让我们看看麦当劳具体是如何进行选位定址的。

麦当劳在进行餐厅选址时，分为两个层次，即商圈选择和点位选择。

（1）商圈选择。可分为以下 3 个步骤：

- 商圈确定，如以商场或大型超市附近、学校附近、医院附近某一点为中心，以 1.5 千米为半径画圆；
- 商圈特征考察，包括人口特征、消费倾向、交通、桥梁、城市规划等；
- 综合以上各种因素，选择最佳商圈。

（2）点位选择。可分为以 4 个下步骤：

- 根据点位基本特征筛选符合条件的点位，考虑地理位置、已有业态转租的可能性、门前是否有坡、门前是否有大树、门前是否有正对的马路等；
- 对选定商圈内不同点位的门前人流量进行分类统计（门前人流量是指从本侧马路经过的行人和骑单车的人，也包括宽度不超过 10 米的马路对面的行人和骑单车的人。按工作日、周末、节假日分别统计不同年龄段的人流量，每天从早 7 点到晚 11 点，每 2 个小时作为一个时段。统计每时段的人流量后，再换算成每 15 分钟的人流量）；
- 销售额估算，计算公式为销售额=人流量×捕捉率×客单价，其中捕捉率是根据行业数据结合自身门店数据确定的；

- 以销售额为主要指标，选择最佳点位。

正因为麦当劳的科学选址策略，通过市场的全面咨询和对位置的评估标准来确定选址点位，使得开设的餐厅始终健康稳定地成长和发展。

5.1.2 服务选址规划的重要性

服务选址规划的重要性表现在以下 3 个方面。

（1）直接影响企业经济效益。地理布局直接决定着服务提供商的销售额、固定地点的顾客流量，而消费水平在一定时间段内是稳定的。古人讲究"天时""地利""人和"，对于商店来说，占有"地利"的优势就可以吸引顾客。实践证明，由于店铺所处的地理位置不同，尽管在商品质量、服务水平方面基本相同，也可能会使经济效益出现很大的差距。

（2）决定企业的可持续性竞争力。选址是一项长期性投资，相对于其他投资项目来说，具有长期性和固定性。当外部环境发生变化时，其他经营因素都可以随之进行相应调整，以适应外部环境的变化，而选址一经确定就难以变动，选择得好，企业可以长期受益。选址规划影响着企业服务的成本、生产效率以及投资收益，并直接对供需关系、员工的情绪甚至公共关系等造成影响。此外，选址规划还影响着企业所在供应链的绩效。

（3）选址是制定经营目标和经营战略的重要依据。商业企业在制定经营目标和经营战略时，需要考虑选址的影响，从而为企业制定经营目标提供依据，并在此基础上按照顾客构成及需求特点确定促销战略。

5.2 服务选址决策

5.2.1 影响服务选址规划的因素

由于服务业具有通过多个分店来与顾客保持密切联系的特点，所以店址的选择与目标市场的确定紧密相关。同时，市场的需求也会影响服务提供商的数量、规模和特征。服务业的选址追求的是利润最大化或运营成本最低化。服务选址的重点是企业要将服务更有效地提供给客户，也就是如何更快更及时地提供，所以选址的原则要以此为方向，比如：要离目标客户近，在目标客户集中的区域，客户容易找到的地方等。

影响选址规划的因素很多，下面介绍其中主要的影响因素。行业不同，或同一行业内企业不同，这些因素对其影响的程度也不同。制造业更多地考虑选址对其运营成本的影响，而服务业则更多地考虑选址对其营业收入的影响。

（1）劳动力。应确保厂址所在地区劳动力的供应，数量和技术水平都要满足企业的要求。对于劳动密集型企业，劳动力成本占总成本的比例较大，还应考虑劳动力的工资水平。正是沿海地区工资水平的逐年大幅度增加使得富士康在中原和西部地区布点建厂，并在境外的印度和越南建厂。

（2）原材料。餐饮等需要大宗原材料的企业，其厂址要尽可能地靠近原材料供应商。

（3）基础设施。便利的基础设施不但可以降低运营成本，而且可以高质量、快捷地为顾客提供服务。基础设施包括交通、信息、市政等基础条件：

- 交通基础设施，如交通网、货运和客运枢纽，仓储运输周转和公共客运平台等；
- 信息基础设施，如闭路视频系统、高速信息网络、5G 基站等；
- 市政基础设施，如电力、燃气、供热、供水、废弃物排放与处理设施和条件等。

（4）自然环境及约束。地势和地质条件影响到投资额度和建设进度。在平地建厂比在丘陵或山区建厂要容易得多，造价也低。在有滑坡、流沙或下沉的地面上建厂，还需有防范措施，增加额外的投资。气候对需要控制温度、湿度和通风的工厂有直接的影响。企业的经营范围应符合该地区环境保护的法令、法规的要求。

（5）生活设施。健全的生活条件为员工及其家属提供良好的生活环境。具体包括：住房、超市、文化娱乐、健身设施、医院、学校、公园等。

（6）科技条件。高新技术企业应建在科技人才聚集之地，中关村地区高校林立，生活水平高、发展机会多，为企业招聘高层次人才提供了便利。

（7）优惠政策。发展中国家或地区为了吸引外商投资，出台了各种优惠政策，如土地使用费和税收的减免或返还等。这些优惠政策为企业先期投入大开方便之门。

（8）当地居民的态度和客流量。服务业因其特殊性，在选址规划时，更多地应考虑客流量、当地居民收入水平和生活习惯等。如果新企业的入驻带来了环境问题或者降低了社区生活水平，当地居民就会极力排斥这类公司。新建小区则对超市和医院的入驻特别期待。

（9）竞争对手的位置。靠近竞争对手可能会损失一些顾客。但是，对某些行业，与对手毗邻而居则会因顾客聚集而受益。例如，旅游胜地的特色商品店就总是聚集在一起。

当涉及境外选址时，除以上 9 个方面的影响因素外，还应考虑文化、关税、汇率、政治局势等对运营管理的影响。在这些因素中文化差别的重要性越来越显著。

服务行业门店选址讲究金角、银边、草肚皮。但是，随着移动互联时代的到来，O2O 商业模式的盛行以及 App 的广泛应用，应重新思考常见的服务业门店的选址问题。

对餐饮业来说，通过完善线上平台的功能，综合考虑租金、餐厅门面装饰、后厨操作面积等，传统的金角未必就是餐厅最好的选择。对以供应团餐为主的餐厅更是如此。

把干洗店、鲜花店、咖啡馆、面包房、打印社等选择在街区黄金地段，确实可以因门前客而带来随机销售机会。但考虑到黄金地段的高租金，如果有功能完善的社群管理平台，相对欠繁华的地段则可能是门店地址最好的选择。

 5.2

医 院 选 址

医院选址是政府和卫生政策制定者关注的最重要的决策之一。在卫生保健方面，优先考虑的是为所有病人提供正确的位置和规范服务，并做到公平。选择最佳的医院位置对卫生服务的有效性和质量至关重要。医院选址要考虑以下 7 个方面的因素。

（1）就医需求。考虑人口数量、人口密度和人口年龄分布。医院的潜在需求与附近地区人口直接相关，大城市的需求会高于农村地区。人口密度是与医院规模和类型需要相对应。此外，医院面临的疾病类型（急性、慢性等）会与人口的年龄分布有关。

（2）成本因素。包括投资成本、劳动力成本和土地使用成本。投资成本指建设医院一系列建筑所需资金。人工成本包括花费在员工身上的成本。土地使用成本与建设医院建筑的经济价值和土地的适宜性直接相关。

（3）管理目标、竞争情况和决策者态度。医院的使命、愿景和政策会影响医院的管理目标，从而影响选址。医院之间的竞争影响新医院投资项目和建筑的选址。

（4）相关支持部门。相关产业和配套产业的存在是影响区位选择的重要因素，主要包括医疗实践和制药部门、医院管理部门和卫生部门。

（5）政府政策。政府为加强医院竞争力而采取的政策措施也会对选址产生影响，包括医院的设立资格和既定标准的规定，促进医疗网络的努力等。

（6）发展前景。如市场需求的急剧变化、生产成本的异常波动（如牛鞭效应）以及金融市场和汇率的突然变化。例如，突然出现并在大范围内传播的重大流行病导致需求突然波动，直接影响到新的医院投资。

（7）选址地点到某些位置的距离。诸如靠近主要道路的距离、到垃圾场的距离、到社会中心的距离、救护车的便利性等也是考虑因素。

5.2.2　服务选址规划步骤

选址规划通常包括以下 4 个步骤。

（1）确定选址总体目标。服务选址的总体目标是通过选址规划给组织带来最大化的收益，符合企业发展目标和战略。只有在此前提下才能开始选址工作。

（2）拟定备选方案。收集与选址有关的信息，分析各种影响因素并进行主次排列，在权衡取舍后拟定初步的候选方案。收集的资料数据应包括多个方面，如区域消费水平、人员流量，运营能力、业务流程、交通便捷程度等。对多种因素的权衡取舍也需要征询多方面的意见，经过分析后将目标相对集中。候选方案的个数根据问题的难易程度或可选择范围的不同而不同。

（3）对候选方案进行分析。采取的分析方法可以通过定性和定量方式相结合，考虑各种影响因素后对候选方案进行比较与分析。

（4）确定最终方案。根据评价结果，选择最佳地址。

5.3　服务选址方案的评价方法

5.3.1　重心法

重心在物理上的意义是物体各部分所受重力的合力作用点。选址规划的重心法就是根据重心在物理上的这种含义，借助重心来辅助选择经济中心（如物流配送中心、仓储中心、销售中心、社区医院等）的地理位置，使得从该经济中心到各个配送目的地的总配送成本最低。

采用重心法的前提条件是：已知目的地的地理位置和配送到各个目的地的经济量。这一经济量可以是重量，也可以是数量。例如，当应用重心法为医院选址时，这一经济量就是入住附近各个小区的居民数。

重心法一般有以下 4 个步骤。

（1）绘制表示配送目的地相对位置的地图。

（2）添加坐标系并标明各个配送目的地的坐标。

（3）计算重心位置的坐标。计算公式为

$$\bar{x} = \frac{\sum_{i=1}^{n} x_i Q_i}{\sum_{i=1}^{n} Q_i}$$

$$\bar{y} = \frac{\sum_{i=1}^{n} y_i Q_i}{\sum_{i=1}^{n} Q_i}$$

（5-1）

其中，$\bar{x}$ ——重心的横坐标，$\bar{y}$ ——重心的纵坐标，x_i ——第 i 个目的地的横坐标，$i=1, 2, \cdots, n$，y_i ——第 i 个目的地的纵坐标，$i=1, 2, \cdots, n$，Q_i ——往第 i 个目的地配送的货物量，$i=1, 2, \cdots, n$。

（4）确定最终位置。根据重心位置周边的具体情况，综合考虑其他因素确定经济中心的位置。

以下举例说明重心法的应用。

【例 5-1】　某服装公司旗下有四家奥特莱斯名品折扣店，分别位于芝加哥、匹兹堡、纽约和亚特兰大，其月平均销售量如表 5-1 所示。这 4 家折扣店由位于匹兹堡的一个仓储中心集中配货。由于现在仓储中心所在的位置即将被政府征用以建设社区医院，所以，必须建设一个新的仓储中心。试利用重心法辅助这家公司进行仓储中心选址规划。

表 5-1　各店月平均销售量

折扣店	月平均销售量（集装箱）
芝加哥	2 000
匹兹堡	1 000
纽约	1 000
亚特兰大	2 000

解：

（1）绘制表示芝加哥、匹兹堡、纽约和亚特兰大相对位置的地图，如图 5-1（a）所示。

（2）添加坐标系，并标明各个配送目的地的坐标，如图 5-1（b）所示。

（3）计算重心位置的坐标，根据式（5-1）求得重心坐标

$$\bar{x} = \frac{\sum_{i=1}^{n}(x_iQ_i)}{\sum_{i=1}^{n}Q_i} = \frac{30 \times 2\,000 + 90 \times 1\,000 + 130 \times 1\,000 + 60 \times 2\,000}{2\,000 + 1\,000 + 1\,000 + 2\,000} \approx 67$$

$$\bar{y} = \frac{\sum_{i=1}^{n}(y_iQ_i)}{\sum_{i=1}^{n}Q_i} = \frac{120 \times 2\,000 + 110 \times 1\,000 + 130 \times 1\,000 + 40 \times 2\,000}{2\,000 + 1\,000 + 1\,000 + 2\,000} \approx 93$$

重心位置如图 5-1（c）所示。

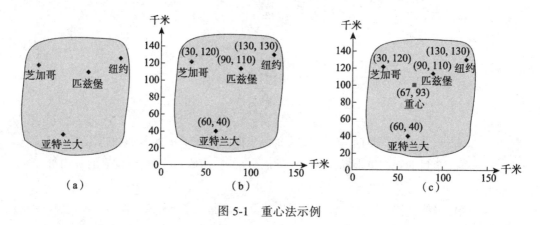

图 5-1　重心法示例

采用欧几里得距离法可求得重心位置到四个城市的负荷，即加权距离

$$L_芝 = 2\,000\sqrt{(67-30)^2 + (93-120)^2} \approx 91\,600$$

$$L_匹 = 1\,000\sqrt{(67-90)^2 + (93-110)^2} \approx 28\,600$$

$$L_纽 = 1\,000\sqrt{(67-130)^2 + (93-130)^2} \approx 73\,100$$

$$L_亚 = 2\,000\sqrt{(67-60)^2 + (93-40)^2} \approx 107\,000$$

于是，重心位置的总负荷为

$$L_总 = 91\,600 + 28\,600 + 73\,100 + 107\,000 = 300\,300$$

根据总负荷和单位距离的运输费用就可以求得从重心位置向四个折扣店配送服装的总费用。

需要指出的是，欧氏距离法对公路运输特别是市区内短途运输并不可行。这时，可采用"折线"距离。本例中，如果采用"折线"距离，重心位置到芝加哥的负荷为

$$L_芝 = 2\,000(|67-30| + |93-120|) = 128\,000$$

到其余三个城市负荷及总负荷可类似求出。

（4）根据重心位置周边的具体情况，综合考虑其他因素确定经济中心的位置。

值得注意的是，重心位置的总负荷并不是最小的。例如，以坐标（64，97）为参照，

用与上述完全相同的方法，可以计算出该位置的总负荷（采用欧氏距离）为 299 240，比 300 300 要小。接下来的问题是，既然重心位置的总负荷不是最小的，为什么还要用重心法去进行选址规划？答案是虽然重心位置的总负荷不是最小的，但总负荷最小的位置一定在重心附近。

为求出总负荷最小的位置，可以用数学分析中求最值的方法。仍利用例 5-1 的数据，设总负荷为

$$L_{总} = 2\,000\sqrt{(\overline{x}-30)^2+(\overline{y}-120)^2}+1\,000\sqrt{(\overline{x}-90)^2+(\overline{y}-110)^2}+$$
$$1\,000\sqrt{(\overline{x}-130)^2+(\overline{y}-130)^2}+2\,000\sqrt{(\overline{x}-60)^2+(\overline{y}-40)^2} \tag{5-2}$$

令

$$\begin{cases} \dfrac{\partial L_{总}}{\partial \overline{x}}=0 \\[2mm] \dfrac{\partial L_{总}}{\partial \overline{y}}=0 \end{cases} \tag{5-3}$$

解这个联立方程组，即可求得总负荷最小的位置。

实际中，总负荷最小的位置往往不具备建厂条件，所以，求出总负荷最小的位置不但烦琐，而且没有必要。

采用重心法可以快速地计算出重心位置，在重心位置附近选择几个具备建设工厂或服务设施的城市或位置，再结合经济技术分析选择理想的地址。

5.3.2　因素评分法

因素评分法就是对影响决策问题的主要因素进行评分，并根据其影响决策问题的重要性对备选方案进行综合评分，在此基础上选择最佳决策方案。因素评分法不但综合考虑了影响选址方案的主要因素，而且考虑了这些因素对选址影响的重要程度，从而使选址建立在科学的基础之上。

因素评分法应用于生活和工作的各个方面，如购房、职业规划、旅游路线选择、新产品评价等。这里介绍其在选址规划中的应用。

因素评分法一般有以下 7 个步骤。

（1）识别影响选址规划的主要因素（为叙述方便，以下简称因素）。如市场位置、原材料供应、基础设施等。

（2）给影响因素分配权重。根据所确定影响因素对选址规划的重要性，给每个因素赋予权重，并做归一化处理，即让所有因素权重之和等于 1。确定权重的具体方法有专家评价法（如德尔菲法）、两两对比排序法等。

（3）确定一个统一的分值（如 100 分）。

（4）对每一个备选地址的每一个因素给出评价分值。

（5）计算每个因素的加权分数。将每一个因素的评价分值与其权重相乘，计算出每一个备选地址的每一个因素的加权评分值。

（6）计算备选方案综合得分。把每一个备选地址的所有因素的加权评分值相加，得到

各个备选方案的综合评价分值。

（7）确定最佳选址方案。综合评价分值最高的地址就是最佳选址方案。实际中，为使决策更加客观，也可以设置最低综合评价分值，对超过最低评价分值的少数几个备选方案再结合经济技术分析进行优选。

以下举例说明因素评分法的应用。

【例 5-2】 一家图片社打算开张一家分店，表 5-2 是两个备选地址的信息。试用因素评分法进行选址决策。

表 5-2 备选地址的信息

主要因素	权重	得分（总分 100）		加权得分	
		地点 1	地点 2	地点 1	地点 2
邻近已有分店	0.10	100	60	0.10 × 100 = 10.0	0.10 × 60 = 6.0
交通流量	0.30	80	80	0.30 × 80 = 24.0	0.30 × 80 = 24.0
租金	0.40	70	90	0.40 × 70 = 28.0	0.40 × 90 = 36.0
发展空间	0.20	70	92	0.20 × 70 = 14.0	0.20 × 92 = 18.4
合计	1.00			76.0	84.4

解：

从表 5-2 可知，地点 1 和地点 2 的综合评价分值分别为 76.0 和 84.4。所以，应把这家分店选在第二个地点。在本例中，如果能够结合其他方法进行评价，会使选址规划更加科学。

5.4 服务设施布置概述

5.4.1 服务设施布置的特点

企业在确定了服务设施的具体位置后，接下来要解决的是设施布置问题。设施布置是指在已确定的空间范围内，对所属工作单元进行合理的位置安排。良好的设施布置可以节省物料搬运费用，缩短生产周期，加快流动资金周转等，不仅是提高生产系统效益的重要源泉和手段，也是改善生产系统整体功能，实现现代化管理和先进生产方式的前提和基础。

设施布置的目标是要将企业内的各种物质设施进行合理安排，使其组合成一定的空间形式，从而有效地为企业的生产运作服务，保证企业内部的物流畅通、内部人员和外部顾客出入便利、工作效率高、运输成本低，以获得更好的经济效果。设施布置是在企业选址之后进行的，需要确定组成企业的各个部分的平面或立体位置，并相应地确定物料流程、运输方式和运输路线等。设施布置影响着企业的运营成本和效率，事关企业长期运营目标的实现。在进行服务设施布置时，可以从多方面进行考量，大致上可分为空间布局、设备数量和优化标准三大类，如图 5-2 所示。

服务设施布置与制造业设施布置有所不同，主要是顾客参与服务过程出现在服务场景中，并与员工发生互动作用。因此，服务企业在进行服务设施布置时，除了考虑效率

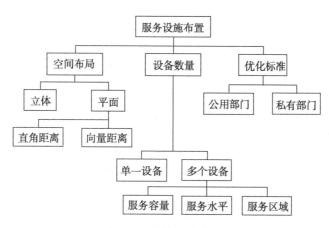

图 5-2　服务设施布置

和成本外，还必须考虑顾客的感受以及员工与顾客之间的互动要求。在服务设施布置时要遵循以下 5 项原则：

- 人员、材料和文件的移动距离应最短；
- 既要充分利用空间，也要考虑日后发展的需要；
- 根据产品、服务和需求规模的变化以及服务发展进行动态调整；
- 为员工提供满意的物质条件，以提高员工的服务质量；
- 为顾客提供舒适的室内环境。

5.4.2　服务设施布置的基本类型

服务设施布置包括 3 种基本类型。

（1）固定位置布局。当服务对象由于体积巨大、移动不便、特定服务方式等原因而固定在特定位置时，服务组织只能将服务提供系统移至服务对象处，并将各种服务设施要素围绕服务对象进行布置。例如，建筑物或大型设备的维修保养，餐馆的餐桌式服务等。

（2）功能分区布局。将功能类似的服务设施布置在一起，形成不同的功能区，然后使各功能区的相对位置达到最优化，最终使各功能区之间的总流量达到最小化。例如，大学校园规划。

（3）服务线布局。服务线即服务生产线，顾客是生产线加工的对象或产品。服务线布局可以借鉴生产线布局的方法。例如，医院体检。

5.5　服务设施布置决策

5.5.1　服务设施布置的影响因素

服务设施布置是指根据服务提供的特性和要求，在时间、成本、技术允许的前提下，确定完成某项服务功能所需的各功能要素（包括工作站、员工、设备、工具、顾客等）在服务场景空间内的具体位置和数量分配，并明确不同位置之间的相对关系。

服务设施的布置是否合理，能否最大限度地为顾客提供方便，已经成为服务企业现代服务运营的核心所在。

在进行服务设施布置时，需要考虑一系列影响因素，针对不同行业的特征，进行差异化设计，这些因素可以概括为 OPQRST。

O——企业目标。指服务设施布置要考虑企业目标的多样性，以及企业今后的发展。

P——人员和服务的素质和质量。

Q——数量要求。服务设施的配置会受到服务提供数量的影响。

R——日常工作。指服务设施配置时要考虑服务流程、物资供给、信息传递以及客户参与等日常工作的内容。

S——空间与服务。指既要考虑可供使用的面积、体积、空间形状，也要考虑所提供的服务类型和服务地点，不同服务类型对服务设施布置有不同的要求。

T——时间，指服务设施的布局应考虑在一段时间后对原有布局进行改造的难易程度，以及增加服务场所空间所需的时间。

零售店布置

零售店布置的目的是使店铺的单位面积净收益达到最大，应尽可能提供给顾客更多的商品，展示率越高，销售和投资回报率越高。零售店布置涉及的问题很多，但空间布局、顾客行走路线的设计以及商品陈列是零售店布置必须考虑的 3 个主要问题。

（1）零售店空间布局。空间布局除了要合理安排不同品类商品的位置，还要考虑款台的规划、展示橱窗设计和摄像头或监视镜布置等。有些面向社区的中小型超市在货架上方的三面墙壁上安装监视镜。其主要目的是在无导购员或导购员很少的情况下，随时观察顾客，当其东张西望寻求帮助时，及时走到他们的身边。

（2）顾客行走路线设计。顾客行走路线设计的目的就是要给顾客提供一条路径，使他们能够尽可能多地看到商品，并沿着这个路径按需要程度安排各项服务。行走路线设计包括决定通道的数量和宽度，它们影响服务流的方向。另外，还可以布置一些吸引顾客注意力的标记，使顾客沿预设的路线行走。

（3）商品陈列。顾客进入商场，将直接面对商品，能不能买到称心如意的商品，能不能增加偶然销售机会都与商品陈列有关。商品陈列的基本要求包括：显而易取；整齐而不缺乏生动；按价格梯度分布。对不同的零售店，在商品陈列上也会有不同的要求。

5.5.2 服务设施布置的方法与程序

1. 设施布置方法

在服务业中，服务设施布置的方法主要包括产品导向布局和过程导向布局。产品导向布局是以固定步骤向大批消费者逐一提供标准化服务的场所设施布局方式，如学生食堂的供餐点、大型超市的结算点等。该方法要求顾客在服务点按序流动，每一个服务点上花费的时间相似，核心是找到理想的平衡点以尽可能减少各工作点的闲置时间。过程导向布局则是对相似的过程、功能进行合理安排的设施布局方法，通过将功能相似的功能设施布置在一起形成不同的功能区，并优化各区域的相对位置使得总流量最小化。过程导向布局允许不同的功能区在同一时间内对需求各异的各种服务内容进行处理，顾客可以根据自身需求确定服务活动次序。大多数服务企业都采用这种布局方法，对咨询公司、医院诊所等服务部门最为有效。

2. 服务设施布置的程序与步骤

产品导向的设施布置一般遵循以下 3 个步骤。

（1）通过物流分析和作业单位相互关系分析得到位置相关图，并确定作业单位的空间位置。

（2）确定每个作业单位的面积，在面积分配完成后对每个部门按面积模板用适当的形状和比例形成面积相互关系图。

（3）最终得到多个可行性的布置方案，采用加权因素对各方案进行评价择优，根据密切程度的不同赋予权重，选择得分最高的布置方案。

从至表是记录各设备间物料运输情况的工具，是一种矩阵式图表，因其表达清晰且阅读方便，因而得到了广泛的应用。一般来说，从至表根据其所含数据元素的意义不同，分为距离从至表、运输成本从至表、运输次数从至表。根据优化目的的不同（运输距离最小化、运输成本最小化和运输次数最小化）可采取相对应的从至表确定方案。

作业单位相关图是根据企业各部门之间的活动关系密切程度布置相互位置。首先将关系密切程度划分等级，然后列出导致不同程度关系的原因。使用这两种资料将待布置的部门一一确定出相互关系，根据相互关系重要程度，按重要等级高的部门相邻布置的原则，安排出最合理的布置方案。

过程导向的设施布置则包括以下 4 个程序：

* 收集功能区之间的流量数据；
* 设计、修正功能区之间的最优位置关系图；
* 形成触式布局；
* 综合考虑其他因素确定最终布局。

3. 服务设施的平面布置

制造业、仓储业和物流配送等大多数的设施是单层的，所以设施布置研究大部分集中在所谓的平面布置问题上。位置问题基于地理模式进行分类，位置的选择和距离可以在平面或者网络上表述。服务设施的平面布置可以概括在一个具有无限扩展性的空间里，设施可以位于平面上的任一区域，并且可以通过笛卡尔直角坐标系来鉴别（或者在一个地球仪中，通过经纬来鉴别），如图 5-3 所示。

不同位置之间的距离可以通过两条途径之中的一条来测量。其一为欧几里得距离或向量，按毕达哥拉斯定理，行进距离定义为

$$d_{ij} = [(x_i - x_j)^2 + (y_i - y_j)^2]^{1/2} \tag{5-4}$$

式中，d_{ij}——点 i 和点 j 之间的距离；x_i, y_i——第 i 个点的坐标；x_j, y_j——第 j 个点的坐标。

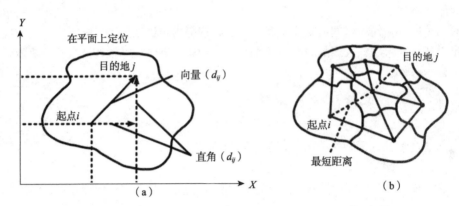

图 5-3　服务选址规划

另一种方法是直角距离，例如，城市中的南北与东西方向距离，其距离定义为

$$d = |x_i - x_j| + |y_i - y_j| \tag{5-5}$$

网络上的位置特征是，所有位置都用网络节点来表示。例如，一个公路系统可视为一个网络，主要的公路交叉点均可看作节点，网络节点之间的弧代表了行进距离（或时间），它是按最短路径法计算出来的。

5.6　数据驱动的服务选址与设施布置

5.6.1　互联网对服务选址规划的冲击

在选址时，会基于空间依存关系来分析消费者特征、竞争特征、产品特征等因素对企业不同选址策略的影响。这些影响进一步导致产品价格、质量和社会福利发生变化。然而，近年来电子商务发展迅速，线上渠道已经形成了对线下实体企业的强势竞争，使得实体企业的空间选址产生了新的逻辑。与传统的选址规划不同，电子商务经济的发展改变了实体企业选址竞争的内涵。

一方面，电商与实体企业的竞争以及均衡位置的确定已经由交通成本均衡转变为交易成本均衡。另一方面，消费者可以在多渠道间进行选择，这使得渠道之间的竞争成为新的焦点，这与传统单一渠道内各企业之间的竞争模式不同。由于渠道之间不同特征和异质性，新的竞争态势进一步体现。

电子商务对消费者分布格局的改变，是影响实体企业选址的重要原因。由于电商膨胀式、爆发式的发展，线下实体企业之间的选址竞争更加激烈。这在一定程度上增加了实体企业重新规划选址的压力，同时也促发了实体企业与电子商务企业的整合，形成线上与线下结合的多渠道营销模式。

实体零售商通过增加电商渠道，利用网络外部性、体验服务等加强与单一渠道零售商的竞争，实现零售市场的跨渠道销售模式。此外，共享平台的大量出现使得选址定位问题发展为重新定位问题。以共享出行为例，对于单向出行共享，一个主要的运营挑战是运营商必须主动优化部署车队，以在空间不对称出行需求的情况下保持一定的服务水平。充电站点位置、停车位分配、车队规模管理和车辆搬迁等问题都属于重新定位问题，共享平台需考虑运营成本和满足客户需求等因素进行选址定位。互联网对服务选址规划既带来了冲击，也提供了赋能的机会。

5.6.2 人工智能在服务选址规划中的应用

随着人工智能的发展，深度学习算法被逐渐应用于各类选址问题，主要包括循环神经网络、生成对抗网络、深度强化学习等经典算法。

循环神经网络呈树状结构，各网络节点根据相应的输入信息依次递归，具有较强的学习能力，对数据的容忍度极强，能够接受不连续的信息，同时在处理时间序列数据方面具有很强的优势，可以解决兼顾成本最小和用户需求的选址问题。但是循环神经网络的算法结构相对简单，在面对更复杂的数据时容易陷入追求局部最优解的陷阱，难以用单一的循环神经网络算法解决复杂的多地点分布式选址问题，如充电桩选址等。

生成对抗网络算法通过对抗训练过程构建生成模型，可以降低数据采集的难度和模型构建所需的工作量，适用于有大量规划方案的选址问题，但也存在难以收敛、不稳定等问题。

深度强化学习算法融合了深度学习和强化学习，提高了决策能力，具有较强的自适应能力和自我调节能力，可以根据环境的反馈自动寻找最优策略，弥补了传统启发式算法复杂度高、泛化性差等不足，更适用于处理大规模地理空间数据下的选址问题，但要求样本量大，训练时间长，并且收敛性容易受到参数影响。

数字经济的冲击使得企业在进行选址决策时要考虑的因素和处理的数据呈指数增长，人工智能的发展使得智能选址成为新的解决方案。智能选址是一种基于人工智能技术，通过分析市场及用户行为等多种指标，以挖掘出最优的选址决策的方法。具体而言，智能选址需要在分析企业市场定位、用户地理分布、竞争对手等多种维度的综合数据基础上，建立实时更新的选址决策模型。在面对不同类型企业时，这种方法还可以根据需求加入企业规模、资本结构、人力资源等个性化的选址条件。在云计算、大数据等新技术支撑下的新一代智能选址技术，通过将人工智能与地理信息系统、遥感影像、互联网和移动互联网等信息技术有机结合，能够为企业提供高效、精准的选址服务。

5.6.3 人工智能在服务设施布置中的应用

设施布置要解决的问题是针对一组相互关联的对象确定一个可行的位置，使得这些对象满足所有布置要求，并根据预定目标来最大化效果，同时最小化与这些设施之间相互作用相关的总成本。设施布置实际是 NP-hard 问题，由于组合的复杂性，并且在现实世界的实践中并不总是需要最优解决方案，因此许多人工智能算法被开发出来用于生成解决方案。算法可以分为布局改进、整体布局和局部布局三类。表 5-3 总结了设施布置分类中采用的人工智能模型和算法。布局改进算法需要基于现有的布局，通过重新安置设施来改进并生成新的布置结构。整体布局算法则是根据预定的选择和分配顺序对设施进行依次布置。局部布局算法将一个特定的设施放置在每一个可能的位置，生成所有可能的局部布局方案，从中选择最佳布局，然后对所有后续设施重复这一程序，直到所有设施都找到为止。

表 5-3　设施布置分类模型与算法

模型	理想的块状布置模型	（1）二次分派模型 （2）二次集合覆盖模型 （3）线性整数规划模型 （4）混合整数规划模型 （5）图论模型	
	扩展模型	（1）动态布置模型 （2）随机布置模型 （3）多准则/多目标、鲁棒性及柔性布置模型	
	特定情形模型	（1）流线、行列及环形布置模型 （2）机器布置模型 （3）单元布置模型	
算法	最优	分支定界法	
		割平面法	
	次优	传统启发式算法	（1）新建法 （2）改进法 （3）混合法 （4）图论法
		人工智能	（1）模拟退火法 （2）禁忌搜索 （3）遗传算法 （4）集群智能

各种各样的人工智能方法已被应用于解决设施布置问题。禁忌搜索（Tabu Search）作为一种局部布局方法，可应用于多层服务设施的布局。模拟退火（Simulated Annealing）是一种解决组合问题的方法，一般应用于多目标设施的布局设计。遗传算法（Genetic Algorithms）则可用于解决服务设施的空间布局。近年来，集群智能（Swarm Intelligence）受到关注，一些模型已经被开发出来对动物群体的智能行为进行模拟，并应用于解决组合型问题。传统的设施布置方法在互联网的冲击下可能不再适用，人工智能技术的发展为服务设施布置提供了新的思路和解决方案。

5.7　本章小结

选址规划对于服务业的长期发展战略有重要影响，需综合考虑多方面因素，采用科学的选址评价方法，并谨慎作出决策。设施布置则是在已确定的空间范围内，对所属工作单元进行合理的位置安排。由于顾客参与服务过程，并出现在服务场景中，所以需要考虑各方面因素。在互联网冲击下，服务选址规划与设施布置面临新的挑战和机遇。

习题

1. 如何进行服务选址规划?
2. 服务设置布置有哪些特点?
3. 简述互联网对服务选址规划和服务设施布置的冲击。
4. 某公司打算开设一个新的温泉浴场。在市郊有 3 个位置可以考虑。表 5-4 罗列了每个位置要考虑的选址因素。该公司应该选择哪个位置开设浴场?

表 5-4　温泉浴场选址因素及权重

因素 (权重)	番禺	海珠	天河
土地面积 (0.30)	60	70	80
土地成本 (0.25)	40	80	30
交通流量 (0.20)	50	80	60
邻近地区收入水平 (0.15)	50	70	40
城市规划法律 (0.10)	80	20	90

5. 某装修公司需要进行搬迁选址,作为候选的两个店铺信息如表 5-5 所示。如何制定科学有效的选址步骤?试用因素评分法分析该装修公司选址时两个备选商铺综合得分,从数据的角度说明哪个位置的商铺更适合该公司的发展?

表 5-5　备选店铺信息

	城东区中惠紫金城	城北万佳家博园
租金	60 万 / 年	20 万 / 年
店铺大小	1 200 m²	300 m²
竞争对手	附近 700 米处有一家装修公司	附近 200 米内有两家装修公司,其中一家公司已经营 7 年
交通状况	店铺在四楼,商场 N 口有停车场,到店需要坐直梯上楼	临街店铺,只需要进入商业区走大约 50 米
客户质量	客户群体分布较为集中,其中大约 60% 是回族 (特点:多数为做生意),剩下的 40% 是汉族和藏族	客户来源集中度不高,有超过 50% 的客户为市内或各州县的职工 (特点:月工资较高、稳定)
客户认可度	店铺之前开设的也是装修公司,因经营不善倒闭;附近居民认可度未知	附近居民认可度未知

案例

<h2 align="center">共享单车的选址定位</h2>

自行车共享系统已经成为城市交通的重要组成部分,在过去十年里,伦敦、纽约、旧金山、北京等城市中流通的共享单车数量不断增长。共享单车是一种环保的交通方式,通过用户之间共享使用自行车,为人们提供了便捷的通勤方式,解决了"最后一公里"问题。

虽然在 21 世纪初，大多数共享单车都是固定站点停靠式的。但随着技术的发展，无固定点位停靠的共享单车越来越多。用户可以在任何有效的地方使用和停放共享单车。这减轻了用户在使用自行车时发现无车可用的担忧，也确保当他们想要归还自行车时可以寻找合适的位置随时停放。然而，共享单车系统的智能管理面临着许多问题。

由于大多数用户的出行方式相似，共享单车的租赁模式导致自行车的不平衡分布。例如，人们大多在早高峰时间从家里骑车去上班。这导致居民区的自行车很少，抑制了潜在的出行需求，而地铁站和商业区则因大量共享单车停放而造成拥堵。对于无固定点位停放的共享单车系统，由于用户的停车位置不受限制，这个问题被进一步放大。这种不平衡不仅会给用户和服务提供商带来不便，也会给城市带来负面影响。因此，有效重新平衡自行车至关重要，这样能更好地为用户服务，避免城市人行道拥挤，造成管理混乱。

共享单车的智能管理属于智慧城市的一部分。智慧城市是近年来发展起来的一个概念，旨在提供改善城市管理的解决方案。城市空间被视为基础设施的复杂叠加，将交通、能源和能源供应或系统通信等市政服务组合在一起。这些基础设施之上建立了一个新的信息层，通过物联网传感器获得实时信息以便优化维护、通知市民以及了解系统功能以便改进它们。智慧城市为居民提供了成为城市管理中负责任的参与者的手段。由于共享单车在进行租赁和归还时是通过系统和平台进行的，因此记录了用户的行动轨迹和车辆停放地点等信息。这些由系统记录的数据能够将共享单车轨迹转换为一个虚拟传感器网络，并可以使用物联网等新技术来检测其移动性。研究发现通过集成用于智慧城市技术的新物联网和机器学习等方法，可以构建一个共享单车智能管理系统，以促进管理、可用性和盈利能力的提高，如图 5-4 所示。还可以根据动态参数预测每小时、每天或每月共享的自行车数量，为共享单车的调度提供依据。

共享单车智能管理系统需要有效地执行三个功能：数据收集、分析和传输。这些系统中嵌入的智能是物联网发展的一部分，几乎所有东西都可以以唯一标识符的形式提供，并允许数据通过网络自动传输，而无须人与人或人机交互。如今，智能系统最重要的因素是包含基于人工智能的先进软件系统，它可以预测并更好地满足用户的需求。这种人工智能是基于机器学习算法的使用。该模型将多种机器学习算法进行集成，以优化智能城市中共享单车的预测，包括图 5-5 所示的几个步骤。

实现最佳预测的第一步是收集和汇总足够的数据。第二步是对收集到的数据进行预处理，即将其还原为所需要的数据，并对其进行清理、转换和标准化。这一步的目标是提高模型的准确性，优化执行时间和学习以及模型的大小。最后一步是建立一个预测模型，通过机器学习可以实现基于数据群体的一组代表性示例设计有效的回归系统。

智慧城市根据市民的需要为他们提供各种各样的出行方式。城市管理者和交通服务提供商需要同时满足用户的出行需求、投资回报和可持续性。这些要求促进了新的城市交通服务的出现，共享单车作为一种可持续的交通方式，有利于满足居民的出行需求。然而，受车空间分布、时间、天气条件、季节等因素的影响，共享单车的数量是动态变化的。通过物联网收集与所有这些因素相关的数据，并使用机器学习算法对其进行分析，将有助于使共享单车系统更具成本效益供用户使用。在大数据的驱动下，以机器学习为代表的人工智能方法为诸如共享单车站点选址和设施布置以及调度问题提供了更多的解决方案。

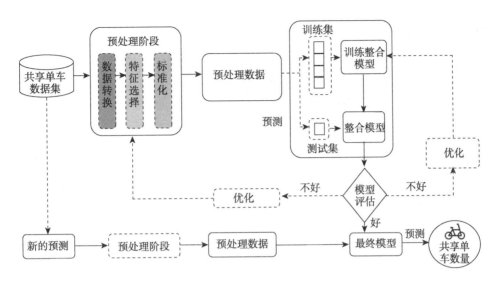

图 5-4　基于全局集成的共享单车平均数量实时预测系统

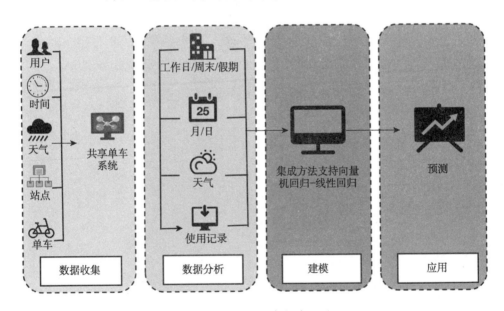

图 5-5　智能共享单车管理系统

（案例来源：Abdellaoui Alaoui, E. A, Koumetio Tekouabou, S C. Intelligent management of bike sharing in smart cities using machine learning and Internet of Things[J]. *Sustainable Cities and Society*, 2021, 67: 102702）

思考与讨论：

1. 共享单车的位置布置和一般的服务选址规划与设施布置有何区别？

2. 如何合理分配共享单车的位置和数量？除了考虑用户的使用需求外，还有哪些因素需要考虑？

参考文献

[1] Chen J, Liang Y, Shen H, et al. Offline-channel planning in smart omnichannel retailing[J]. *Manufacturing & Service Operations Management*, 2022, 24(5): 2444-2462.

[2] Liu S, Shen Z J M, Ji X. Urban bike lane planning with bike trajectories: Models, algorithms, and a real-world case study[J]. *Manufacturing & Service Operations Management*, 2022, 24(5): 2500-2515.

[3] Hajipour V, Niaki S T A, Tavana M, et al. A comparative performance analysis of intelligence-based algorithms for optimizing competitive facility location problems[J]. *Machine Learning with Applications*, 2023, 11: 100443.

[4] Pérez-Gosende P, Mula J, Díaz-Madroñero M. Facility layout planning. An extended literature review[J]. *International Journal of Production Research*, 2021, 59(12): 3777-3816.

即测即练

自学自测　　扫描此码

第 6 章

服务质量管理

Grab 网约车平台扩展食品配送服务后遭遇服务瓶颈

Grab 是一家在亚洲地区广受欢迎的网约车平台,成立于 2012 年。GrabFood 是 Grab 平台上的一个食品配送业务,它允许用户从附近的餐厅和食品供应商订购食物,并由 Grab 的配送员将食物送到用户指定的地址,这项服务使 Grab 从单纯的网约车服务扩展到了更广泛的生活服务领域,与其他食品配送平台进行竞争。随着业务的迅速扩张和用户基数的增长,Grab 开始收到一些关于服务延迟、司机态度和食品配送问题的投诉。为了进一步提升服务质量并确保顾客满意度,Grab 决定进行深入的服务改进。基于调查,Grab 意识到了以下主要问题:

首先,乘客对服务质量的期望与实际提供的服务之间存在差距;

其次,由于高峰时段的需求激增,导致服务延迟和司机态度问题;

最后,食品配送服务中,食品的新鲜度和配送时间成为用户关心的焦点。

为了解决这些问题,Grab 采取了以下 5 项措施:

(1)技术升级:引入了 AI 和大数据技术,优化路线规划,减少乘客等待时间,并确保食品在最短时间内送达;

(2)培训司机:定期为司机提供客户服务培训,强调友好的态度和专业的服务;

(3)与餐厅合作:与合作餐厅建立更紧密的伙伴关系,确保食品在出餐后立即配送,保证食品的新鲜度;

(4)客户反馈机制:建立一个更加高效的客户反馈系统,鼓励乘客和用户提供真实的反馈,并对反馈进行奖励;

(5)会员和忠诚度计划:推出会员制度和积分奖励系统,鼓励用户多次使用 Grab 服务，同时为长期用户提供优惠和特权。

经过这些改进措施，Grab 的服务质量得到了显著提升。乘客等待时间减少了 25%，食品配送的准时率提高了 40%。顾客满意度调查显示，超过 90%的用户对 Grab 的服务表示满意，而且平台的活跃用户数量也持续增长。

（案例来源：Nguyen-Phuoc, Duy Quy, et al. Factors influencing customer's loyalty towards ride-hailing taxi services—A case study of Vietnam[J]. *Transportation Research Part A: Policy and Practice*, 2020, 134: 96-112）

思考与讨论：

1. 如何帮助 Grab 准确识别服务质量问题？
2. 如何通过管理与技术创新来提高 Grab 的服务质量？
3. Grab 应该建立怎样的服务质量管理体系？

6.1 服务质量管理概述

6.1.1 质量、服务质量与服务质量管理的内涵

现代服务业在不断演变和发展过程中逐渐形成基于智力资源的知识水平和创新能力，实现服务过程中的价值增值。受现代社会信息化、经济全球化的影响，服务业也呈现出网络"虚拟化服务""服务全球化"的特征；并且，现代服务业在发展中比制造业更加注重质量竞争。服务是无形的、异质的、不可分割、易逝的，而且顾客对服务具有直观感知，因而顾客在选择某项服务时不仅注重服务结果，对服务过程也有较高要求。服务的改进以及服务业的发展需要质与量的同步提升，才能实现可持续发展。

质量是质量管理的对象，按照 ISO 9000：2015 的定义，质量是"一组固有特性满足要求的程度"。"固有特性"是指事物本身所具有的、可以通过产品、过程或体系设计和开发及其实现过程形成的属性，主要有：物质特性、感官特征、行为特性、时间特性、人体功效性和功能特性。"满足要求"则是应该满足明示的、隐含的或必须履行的需求和期望，只有满足这些需求时才被认为是好的质量。世界著名质量管理专家朱兰从用户的角度出发，认为"质量就是适用性"，从顾客的角度为质量下定义才是最有力的，通过产品或服务满足顾客要求的程度来衡量其适用性。美国质量管理专家戴维·戈文教授将质量的维度具体化为：性能、附加功能、可靠性、符合性、耐久性、维护性、美学性、感受质量 8 个方面。综上所述，本书将采纳美国质量协会对质量的定义："与满足明确或隐含需求能力有关的产品或服务的特性与特性的程度。"

美国、欧盟、日本等发达国家较早认识到质量对服务业发展的关键作用，开展针对服务质量管理的研究，发布服务质量测评，出台相关政策等，积极采取措施促进服务质量提升从而带动服务行业发展。随着第三产业的兴起以及经济全球化的发展，世界各国纷纷进入服务业主导阶段，企业也越来越意识到提高服务质量对增加服务竞争力的重要作用。

服务型企业的质量评估发生在对顾客的服务交付过程中。每一次为顾客提供服务，企

业都面临着顾客满意与否的考验。顾客对服务质量的看法是基于他们对服务的实际体验与他们所期望的服务之间的差异。对服务质量的定义有两种不同标准：以使用者为基准和以价值为基准。依据以使用者为基准的定义，服务质量是"以顾客为导向"，企业把服务质量视为客户服务的成果，并且顾客感知的服务质量受实际服务水平和顾客期望的质量共同影响。以价值为基准的服务质量，是以服务是否满足顾客需求，是否解决顾客问题或增加产品的附加价值来衡量的。结合以上定义，服务质量可以总结为产品生产的服务满足明确或隐含需求的特征和特性的程度，是具有主观性、过程性的顾客感知反应。

　　服务的特殊性给服务管理提出了挑战，要求服务业必须采取不同于传统制造业的管理方法。服务质量管理需要改变长期以来由生产者自我评定服务质量的做法，实现生产者自我监督和顾客监督相结合。依万斯和林德绥在戴维·戈文对质量含义的阐述上，增加了 8 个方面：等待时间、守时、完整性、礼貌、一致性、便利性、精确性和响应性，更加贴合服务管理的特性。瑞典学者诺曼（Norman）和芬兰学者格朗鲁斯（Cronroos）发现，基于一般商品的营销理论和管理方法不能适应服务业，服务质量是服务管理的核心。大量研究数据表明，服务业沿袭一般商品过分强调降低成本和规模经济的管理方式，会造成服务质量下降，进而导致与顾客关系的恶化，最终出现利润下降的结果，即出现服务行业的"治理陷阱"。因此，服务质量管理最重要的是从顾客的角度出发，服务质量管理取决于顾客期望的服务质量同其感知的服务质量水平的对比。如果顾客所体验到的服务质量水平高于或超出预期，则顾客会获得较高的满意度，企业也会收到较高的服务质量评价，反之，企业的服务质量水平会被认为较低。

6.1.2　服务质量管理的意义

　　服务质量管理是企业发展中至关重要的一环，它不仅直接影响着顾客满意度和企业声誉，还与企业的长期盈利能力和市场竞争地位密切相关。近年来，随着全球化和信息化的快速发展，服务质量管理的理念和方法对企业发展的影响成为学术界和产业界广泛关注的研究热点。

　　从短期来看，服务质量管理通过约束企业的生产及运营过程，帮助企业提供更高质量的产品和服务，更大限度地满足顾客的需求和期望。相关研究考虑服务质量管理的有形措施，发现包括消费氛围在内的"环境特征"，诸如：环境设计、装饰等有形因素是影响消费者对服务质量感知的重要因素。

　　从长期来看，高质量服务在提高顾客满意度的同时，也有利于塑造企业声誉，吸引更多潜在顾客并扩大市场规模。当顾客对服务质量有积极的感知时，他们会产生品牌情感，从而提高品牌资产。这凸显了在企业服务品牌的背景下，感知质量的核心作用。

　　良好的企业声誉不仅可以提高消费者的品牌忠诚度，影响消费者购买决策和评价；还将吸引更多的投资者和合作伙伴、增强员工归属感和忠诚度、减少企业风险和成本。服务质量管理体系中通常包括反馈机制，允许企业与其利益相关者进行持续的沟通。这种沟通可以帮助企业及时了解消费者、供应商、股东和其他利益相关者的需求和期望，从而调整其业务策略，帮助企业快速高效地应对危机。提高企业长期盈利能力和竞争力，促进企业的可持续良性发展。

因此，服务质量管理对企业发展的意义重大，它不仅是实现顾客满意和企业盈利的关键，还是企业持续创新和提升竞争力的重要手段。随着科技的发展和市场环境的变化，服务质量管理的理论和实践也将持续演进，为企业的可持续发展提供强有力的支持。

6.1.3　服务质量管理的思想演化

服务质量管理思想的发展经历了质量检验阶段、统计质量控制（SQC）阶段、全面质量管理（TQM）阶段、顾客关系管理（CRM）4 个阶段。18 世纪中叶的质量检验阶段，对质量管理的理解仅限于质量检验，主要是事后的、百分百的检验。而随着生产的发展，人们开始意识到操作者的质量管理可能导致质量标准的不一致性和工作效率的低下，于是逐渐形成了工长的质量管理和检验员（部门）的质量管理。

在统计质量控制阶段，服务质量管理主要集中在质量控制上，引入了数理统计原理和抽样技术，重点是减少错误和缺陷，确保产品和服务满足基本标准。

全面质量管理与服务质量管理思想的结合是现代服务质量管理的新境界。阿曼德·费根鲍姆（A.V.Feigenbaum，1991）提出了"全面质量管理（TQM）"的概念，被称为"全面管理之父"。费根鲍姆认为质量体系应被运用到管理整个企业的过程中，"质量在本质上来说是组织的一种管理方式"。他强调质量是以顾客为中心的组织活动，质量管理必须遵守纪律，才能把产品的质量控制好以满足顾客的期望。全面质量管理主要强调 3 个方面，第一，"全面"是相对于统计质量控制中的统计而言的，想要满足顾客的需求，单纯依靠统计控制生产控制是远远不够的，必须运用综合的手段，充分发挥组织成员的作用，更全面地去解决质量问题。第二，"全面"是相对于控制过程而言的，是全过程质量的管理，质量管理贯穿产品全生命周期。第三，质量形成的决定性因素是人。综上所述，全面质量管理应当是全面性、全过程、全方位、全员参与的质量管理，即"三全管理"。

在全面质量管理阶段，戴明（W. E. Deming）、朱兰（J. M. Juran）等都为全面质量管理的发展作出了不朽的贡献。

现代质量管理大师戴明主张用多种尺度来衡量不同的质量。戴明认为价格也是衡量尺度的一种，服务提供者应该"在使用者支付一定价格的基础上满足他们的需求"。然而，"遵照消费者的需求来行事是不容易的，因为需求总是在不停地变化"。不断的需求变化无疑增加了企业管理的难度。戴明提出、宣传、普及了 PDCA 循环，即将质量管理分为 4 个阶段：P（Plan）计划、D（Do）执行、C（Check）检查、A（Act）处理，4 个过程周而复始，呈现阶梯式上升。

朱兰是美国著名的质量专家，他的质量管理理念偏向于以规划方法来改进质量。强调质量问题大部分是由不充分和无效的质量规划导致的，并认为企业必须调整和精通规划过程。必须建立具体的目标，并且制订如何完成目标的计划。为了完成目标，清楚地分配责任并以结果论功行赏。他定义了三个对质量管理非常重要的基本过程：计划、控制和改进，被称为朱兰三部曲。

随着顾客在服务质量衡量中的地位更加凸显，服务质量管理发展到顾客关系管理

（CRM）阶段，这一阶段重点是通过个性化服务和沟通策略建立和维护与顾客的长期关系。

数字化和大数据技术与服务质量管理的融合是现代服务质量管理的一大趋势，数字化和大数据的应用使服务质量管理变得更加精细化和个性化，极大提升了顾客体验。近年来，可持续性和社会责任也成为服务质量管理的重要组成部分，强调环境友好和社会公正的服务提供。

6.2　服务质量管理方法与工具

6.2.1　服务质量差距模型

服务是企业的形象标签，是苦心经营的软性品牌，是企业全员用真心赢得客户的同心共鸣。顾客对服务质量的满意是对接受的服务感知与对服务的期望之间的比较。当感知超出期望时，认为服务是卓越的；当没有达到期望时则认为服务是不可接受的；当期望和感知一致时，服务是令人满意的。

服务质量有 5 个维度，有形性、可靠性、响应性、保证性和移情性。这些维度是营销人员在对积累不同的服务进行充分研究后识别出来的。

（1）有形性（Tangibles）。有形性包括实际设施，设备以及服务人员的清单等。

（2）可靠性（Reliability）。可靠性是指可靠的，准确地履行服务承诺的能力。

（3）响应性（Responsiveness）。响应性指能够快速地对顾客的要求作出响应。

（4）保证性（Assurance）。保证性是指员工所具有的知识、礼节以及表达出自信与可信的能力。

（5）移情性（Empathy）。移情性是指关心并为顾客提供个性服务。

1985 年，美国营销学家帕拉休拉曼（A.Parasuraman），赞瑟姆（Valarie A Zeithamal）和贝利（Leonard L. Berry）等人在《服务质量的概念模式及其对未来研究的意义》提出了一种用于服务质量管理的理论模型——服务质量差距分析模型（Service Quality Model），也称 5GAP 模型，该模型可以作为服务组织改进服务质量和营销的基本框架，有助于分析服务质量问题产生的原因并帮助管理者了解应当如何改进服务质量，如图 6-1 所示。

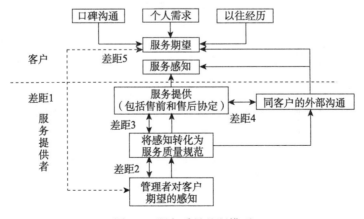

图 6-1　服务质量差距模型

　　企业通过产品或服务向顾客传递价值,顾客在购买和使用过程中,将对比服务期望和实际感知,形成顾客感知价值。在服务质量差距模型中,如果服务过程中顾客感受到的实际体验不及期望的好,就会产生服务质量的差距。如果差距过大,服务质量低于可接受的水平,顾客就会不满。那么,差距产生的原因是什么?什么是对顾客有价值的服务?企业是否真的了解顾客所期望的服务?如何消除这些差距?分析和解决这些问题,正是服务管理的主要任务所在。这个模型指出了服务质量存在的五大差距。

　　服务质量管理必须首先根据差距产生的具体原因进行分析,并在此基础上制定缩小差距的有效策略。

1. 差距 1 认知差距:企业的价值主张与顾客的价值期望之间的差距

　　价值主张是指企业为顾客提供什么价值,反映了企业对顾客的价值承诺,体现了企业对产品的定位。顾客在购买和使用产品之前,会根据自身需求、购买经验、广告宣传、企业形象、市场口碑等信息来源,对企业或产品的功能价值、情感价值和社会价值等形成一种心理预期,即价值期望,它是顾客感知价值判断的重要标准。

　　差距 1 产生的主要原因是企业对顾客的期望缺少了解,导致企业实际提供的服务价值与顾客心理期望存在认知偏差。获取有关顾客期望的准确信息是缩小此差距的前提。通过市场研究,如顾客拜访、调查研究、建立投诉系统、举行顾客座谈会等方式获取信息;同时,建立良好的顾客关系,改善从顾客接触人员到管理层之间的上行沟通,以增进对顾客期望的了解;尽管服务的失误是不可避免的,但公司仍需理解服务失误时期顾客的期望并尽最大努力进行服务补救,这是缩小此差距最关键的战略。

2. 差距 2 设计差距:企业服务设计与感知的顾客期望之间的差距

　　设计差距是指企业没有将感知到的顾客期望转化为有效的服务质量目标和服务质量规范,原因通常在于管理者缺乏对服务质量的承诺或对满足顾客期望的实用性认识不足。

　　缩小差距 2 的途径主要有两个,即有效地开发和设计服务和建立顾客定义的服务标准。开发和设计新服务的最大障碍是不能在概念开发、产品开发和市场测试阶段准确地描绘服务。而使服务说明书与顾客期望相匹配关键之一是能够客观描述关键服务过程的特点并使之形象化,这样员工、顾客和经理都会知道正在提供的服务是什么以及每个成员在服务过程中所扮演的角色。解决在设计和说明无形的服务过程中所遇困难的重要工具是制订服务蓝图。服务的一个最重要的特点是其质量的标准并不取决于服务提供者一方,顾客对服务质量的感知才是衡量服务质量的最重要标准。因此,应该以顾客为中心来制定服务标准。

3. 差距 3 传递差距:企业提供价值与顾客感知的结果价值之间的差距

　　企业提供价值是指企业通过产品或服务真正提供给顾客客观价值;而顾客感知的结果价值则是顾客消费后对服务过程和服务结果等的感受,是一种主观价值。产生差距 3 的原因较复杂,可能由于企业方面缺乏团队合作、员工选择不当、训练不足,也可能由于服务的多样性、专业性与顾客非专业的知识和能力之间的矛盾导致。

　　主要通过人力资源战略来缩小服务传递差距。建立一支以顾客为导向的、以服务为理念的员工队伍，组织必须雇用正确的人员，进行人员开发保证服务质量，提供所需的支持系统，保留最好的人员。增加顾客参与的战略。在服务过程中，顾客的参与水平和特征是战略性的决定，它会影响到组织的生产力、组织相对于竞争对手的位置、组织的服务质量和顾客的满意度。顾客参与战略的总目标是提高生产力和提升顾客满意度，同时降低由于不可预测的顾客行为带来的不确定性。为了使中间商有效提供服务，可采取控制、授权、合伙等战略。

4. 差距 4 沟通差距：企业实现价值与顾客价值评价之间的差距

价值评价是指顾客接受服务后对企业、服务、人员等的整体评价，它极大地影响着顾客满意度。企业与顾客之间缺少良好的沟通和反馈，就会导致差距 4 的产生。差距 4 是前3 个差距的综合反映。如果前 3 个差距均出现，则一定会有第 4 个差距。

由这一差距模型可以看出，顾客感知价值的认知差距在服务过程的不同阶段表现不同，四种差距之间存在因果关系，即前一差距是后面差距形成的原因，后面差距则是上一差距产生的结果。

企业要缩小沟通差距就必须精心整合组织企业内外部的沟通渠道。营销人员对顾客的服务承诺要切合实际，要确实能保证可靠兑现；可以向顾客提供不同价值等级的服务选择，建立服务标准以便顾客对服务价值进行评估；组织在服务提供之前让顾客为服务过程做好准备，应该教育顾客尽量避开需求高峰而选择需求低谷，以减少顾客等待时间，增加顾客的满意度；对内部营销沟通的管理主要是为了保证服务传递与承诺的一致或者做得更好，包括有效的垂直沟通、水平沟通、后台人员和外部顾客的一致性、创建跨职能团队。垂直沟通涉及管理层和员工的向上或者向下沟通，水平沟通则指组织中跨职能边界的沟通，后台支持人员与外部顾客主要是通过互动和评测来协调一致的，而跨职能团队的创建也能有效地提高沟通水平。

5. 差距 5 感知差距：事前期望服务质量与事后认证服务质量之间的差距

感知差距是指顾客所感知的或者实际体验的服务质量与其所预期的不一致而产生的差距。这是差距模型的核心。具体表现为口碑较差、企业或地方形象差、服务失败等。导致顾客感知服务质量差距的原因在于前面提到的 4 个差距。

因此，缩小顾客感知服务质量差距的关键在于减少前面的 4 个差距。差距 5 是差距 1、2、3、4 一起作用的结果，需要说明的是差距 5 并不简单是差距 1、2、3、4 的累加。我们用一个函数来表示这种关系：GAP5 = f(GAP1，GAP2，GAP3，GAP4)。

需要说明的是，由于 5 个方面差距是客观存在的，所以顾客总体上不满意。

6.2.2　SERVQUAL 评价体系

SERVQUAL 英文为"Service Quality"（服务质量）的缩写，首次出现在由 Parasuraman，Zeithaml，Berry 等三位作者合写的一篇题目为《SERVQUAL：一个顾客感知的服务质量多题测量量表的方法》文章中。SERVQUAL 理论是依据全面质量管理理论在服务行业中提出的一种新的服务质量评价体系，其理论核心是"服务质量差距模型"。

服务质量差距模型的发明者开发了一个包含五大维度、22 个项目的服务质量测评量表。通过调查问卷的方式，让用户对每个问题的期望值、实际感受值及最低可接受值进行评分，并由其确立相关的 22 个具体因素来说明。这项工具将期望语句与相应的感知语句配对，利用李克特 7 点量表，将受试者感受、反应及认同程度为评定指标，采用 7 点量表计分方法。其标准为"1"表示非常不同意；"2"表示不同意；"3"表示有点不同意；"4"表示无意见；"5"表示有点同意；"6"表示同意；"7"表示非常同意。记录下顾客的满意与不满意水平。调查表中的 22 个题项分别描述了服务质量的 5 个维度。

计算 SERVQUAL 分数：$SQ = \sum_{i=1}^{22}(P_i - E_i), i = 1, 2, 3, \cdots, 22$

公式表示的是单个顾客的总体感知质量，将此时的分数 SQ 再除以 22（问题数目），就得到了单个顾客的 SERVQUAL 分数，将调查表中所有顾客的 SERVQUAL 分数加总再除以顾客数目，就得到了企业想要的平均 SERVQUAL 分数。简单来说，通过计算问卷中顾客期望与顾客感知之差，可以得到服务质量的得分。这个得分用来表示差距 5。类似方法也可计算出其他 4 个差距的得分。

多种服务情境都已经使用并验证过这种方法。SERVQUAL 有多种用途，但最主要的功能是通过定期的顾客调查来追踪服务质量的变化趋势。多场所服务的管理者可以用 SERVQUAL 判断出得分低、质量差的部分，然后进一步探究造成顾客评分低的原因，并提出解决方案。SERVQUAL 还可用于比较企业与竞争者的服务差异，以发现企业的哪些服务水平高于竞争对手，哪些不如对方。

6.3 服务过程控制与服务质量改进

6.3.1 服务过程控制

由于服务具有提供和消费的同时性，因而顾客在接受服务之前很难评估其质量。如何才能有效提高服务质量，是一个具有挑战性的课题。在呼叫行业中，对各项服务指标的管控始终都是运营的关键，众多呼叫中心致力于研究排班管理、话务预测、人工效能、人员流失率、应急管理等，以期达到 KPI 指标的卓越值，但一个好的呼叫中心不仅仅能接得起电话、确保日常运营，更应注重客户体验，因为客户满意才是呼叫中心的立命之本、发展之源。不近人情的服务、有缺陷的产品都会影响顾客的体验，不合格产品可以通过退换和维修解决，但是一次不满意的服务会导致顾客选择离开。服务能否满足顾客需要、服务的品质如何、服务过程的效率和效益如何决定了企业是否具备持久的竞争力，所以服务过程控制是保证服务质量的最重要工具。

服务过程控制涵盖服务质量的成本控制和服务质量的过程控制两个方面。质量成本控制包括了一切预防质量缺陷的支出、评估及确保产品达到质量标准要求的支出以及针对质量问题的善后工作等各项支出。服务质量包括两大类成本，即满足要求的成本和未满足要求的成本。其中满足要求的成本包括预防成本和鉴定成本；而未满足要求的成本则包括内部损失成本和外部损失成本。服务质量的过程控制是一种反馈控制系统，即将输出结果与标准相比较，把与标准的偏差反馈给输入端，随后进行调整以确保输出在一个可接受的范围内。图 6-2 是用于服务质量过程控制的基本循环。

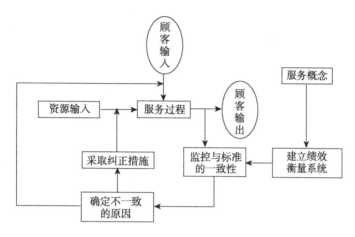

图 6-2　服务质量过程控制循环

1. 统计过程控制

统计过程控制作为重要的质量管理工具，既可以用于生产运营系统的质量管理，也广泛应用于服务运营系统的质量管理。统计过程控制本身是一种预警机制，对活动过程进行实时监控，通过统计分析技术区分过程中产生的缺陷是偶发性因素导致还是系统性因素导致，从而对过程的异常趋势给出预警，这样能够使管理人员快速识别并消除异常原因。

服务绩效通过一系列关键指标来判断。例如，学生的本科升学率可以在一定程度上衡量一所高中的教育质量；每天结账的准确性可以判断超市出纳员的工作绩效。当服务过程的绩效达不到预期水平的情况时就需要对问题进行调查以发现原因，并提供解决方案。但是，绩效的变化通常会由随机事件引起，导致找不出确切原因。只有找出服务质量下降的真正原因才能减少由此造成的成本损失。另外，应尽量避免改动设计良好的系统。

比如，滴滴网约出行为了提升乘客的满意度，提出了司机到达出发点后免费等 5 分钟的规定。但是有时会出现超时仍未接到顾客或者因为不能违规停车无法等待 5 分钟未接到顾客而取消订单的情况。在一个稳定的过程中，如果缺陷在统计过程控制限范围内出现了某一特征的波动，那么根据小概率事件原理，我们就可以判定为出现了异常。而异常通常又分为两种，一种是好的异常；另一种是坏的异常。好的异常是过程中出现了某一因素的变化导致过程变优，缺陷减少。针对这种情况，管理人员也应该积极查找原因，将原因导入过程管理，使过程重新趋于稳定后再监控。对于坏的异常通常是过程恶化，缺陷变多。这种趋势需要相关人员积极解决，使整个过程系统再次恢复正常水平。

表 6-1 展示了质量控制中的两类风险，这些风险以受损害的对象来命名。如果系统运行正常而被认为不正常时，这时会产生生产者风险，称作 I 类错误；如果系统运行不正常而被误认为正常，这时产生消费者风险，则称作 II 类错误。

表 6-1　质量控制决策风险

服务真实状况	质量控制决策	
	采取纠正措施	不采取措施
过程受控	第 I 类风险（生产者风险）	正确决策
过程失控	正确决策	第 II 类风险（消费者风险）

　　在统计过程控制中，常常采用控制图来监控过程性能，以明确何时进行干预。1924
年休哈特提出控制图的概念，用于绘制性能测量值随时间变化的平均值，以确定过程是否
受到了控制，这种控制通过不变的性能均值和方差来体现。

　　以网约车服务为例，一个重要的衡量指标是顾客的等待时间。按照系统的计算，派车
时会选择最近的车辆进行接单。网约车下单后 3～7 分钟会到达接驾地点。图 6-3 中显示
了用于监控网约车从接单到抵达上车点的反应时间控制图，它描绘了网约车的平均反应
时间，可以用来监控那些偏离标准的不正常情况。当测量值落在高于控制上限（UCL）
或低于控制下限（LCL）的控制外区域时，就认为出现过程失控。

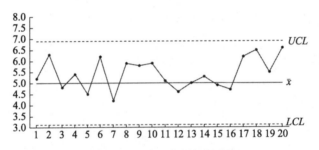

图 6-3　网约车反应时间控制图

　　构建控制图类似于确定样本平均值的置信区间。在统计学中，根据中心极限定理，样
本平均值趋向正态分布。从标准正态分布表中可知，正态分布的 99.7% 落在 3 倍标准差之
内。利用一些代表性历史数据可以得出系统绩效的平均值和标准差。这些参数被用来构建
99.7% 的绩效测量平均值所处的置信区间。如果随机收集的样本均值落在这个置信区间内，
那么就说明过程得到了有效控制。

　　可依据以下 7 个步骤绘制和使用质量控制图：

　　（1）确定测量指标；

　　（2）收集有代表性的历史数据来计算系统绩效测量的总体平均值和方差；

　　（3）决定样本数量，使用上一步骤的数值计算 3 倍标准差的控制范围；

　　（4）绘制控制图——样本平均值时间的函数；

　　（5）标出随机收集的样本平均值，如果平均值落在控制区域内，则表明过程在控制中；
如果平均值落在控制区外或连续 7 个点落在平均值同侧，则表明过程失控，此时需要认真
评估现状、采取纠正措施并重新测量评估纠正后的结果；

　　（6）不断加入最新数据以便及时更新控制图。

2. 七种基本的质量控制工具

质量控制的目的是维持某一特定的质量水平，以控制服务运营的系统性缺陷。基本质量控制工具有 7 种：检查表、帕累托图、趋势图、直方图、流程图、因果图和控制图，这些工具可以有效协助数据分析并为决策制定提供依据。

随着人们生活方式改善，网约出行方式越来越受到欢迎。网约车是指以互联网技术为依托构建服务平台，接入符合条件的车辆和驾驶员，通过整合供需信息，提供非巡游的预约出租汽车服务的经营活动。网约车如今已拥有庞大的用户群体和司机群体，但行业的规范完善从未停止。下面以网约车的发展和问题解决的顺序来介绍各种质量工具。

（1）检查表（check sheet）。检查表记录历史观察数据，是一种常用的数据收集、分析表格，在工作中有广泛的应用。检查表有助于将数据收集工作标准化，常被用于创建帕累托图中所示的柱状。表 6-2 记录了上海市网约车在 2020 年面临的投诉问题。通过检查表，可以直观地看到，上海网约车投诉最多的是多收费问题，其次是服务态度问题。

表 6-2　检　查　表

时间	多收费	服务态度	未履行订单	"马甲车"
第一季度	502	71	64	21
第二季度	787	110	56	70
第三季度	903	383	400	228
第四季度	567	678	251	142
总计	2 759	1 242	771	461

（2）帕累托图（Pareto chart）。帕累托图按照相对发生的频率以降序条形图的形式为各类问题排序，以便找到少数关键问题。使用时需要把一个问题分解成几部分，以找出导致大部分问题的那些少数原因。图 6-4 可以发现网约车司机行驶绕道，同样行程价格不一以及重复收费等与顾客最为严重的问题，需要重点解决。

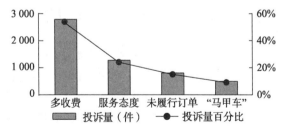

图 6-4　司机被投诉的原因

（3）趋势图（run chart）。它是用一段时间中收集的数据来反映趋势，以探求绩效变化的趋势、方向和周期。运行图非常直观，可以用来预测未来趋势。如图 6-5 所示，网约车多收费问题的投诉量呈现总体上升趋势。

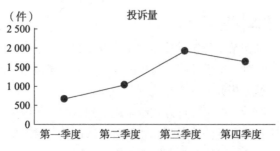

图 6-5　网约车多收费问题投诉量趋势图

（4）直方图（histogram）。它以条形图的形式表示了一段时间内收集数据的频率分布。如果分布图有两个波峰或其他异常分布就表明这些数据是两个具有不同均值的分布。图 6-6 显示了多收费问题在当期季度的占比情况，随着政府的监管和企业的整改，在下半年此问题有所缓解。

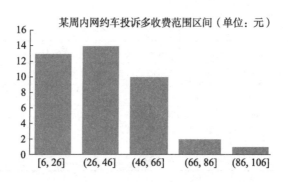

图 6-6　网约车多收费投诉问题直方图

（5）流程图（flow chart）。流程图是对服务流程的直观图形表示，以帮助决策者识别问题发生的节点或解决方法的关键点。图 6-7 是网约车司机后台接单流程图，从图中可以发现流程图中的流程接口和流程判断处经常出现问题，此时系统需要判定条件是否满足后才能进行到下一步。例如，网约车出现多收费的问题潜在原因很可能是系统预警机制不足导致司机可自行规划路线。

（6）因果图（cause-and-effect diagram，C & E）。因果图主要用于对缺陷根本原因的查找，也用于对策研究及归纳总结，表示潜在原因和研究问题之间的假设关系。因为形状似鱼骨，也被称为鱼骨图（fishbone diagrams）。因果图的构建有助于分析并找出造成这些问题的潜在原因。从结构上说，该图以鱼头的问题为出发点，沿着脊柱追溯造成各类问题的主要原因。对于服务类企业通常可以通过提问"谁、什么、哪儿、何时、为什么、如何"等问题来发现原因。如图 6-8 所示，借助鱼骨图，就可以讨论网约车司机非法收费的原因。

（7）控制图（process control charts）在统计过程控制中已有介绍，它是通过针对过程质量特性进行测定、记录、评估，从而监察过程是否处于控制状态的用统计方法设计的图。例如，从学校到机场的费用大概为 64～78 元之间，包括了过路费等，图 6-9 中可以看到该乘客一年中接送机价格处于受控状态，其中价格受到打车时间或者优惠券的影响而有所浮动。

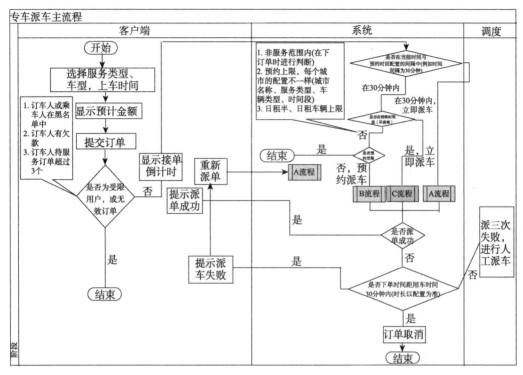

图 6-7　网约车司机后台接单流程图

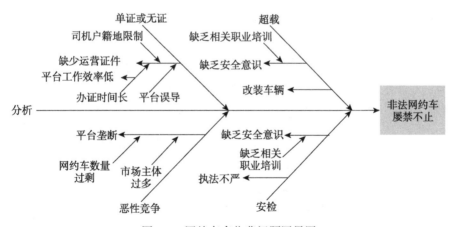

图 6-8　网约车多收费问题因果图

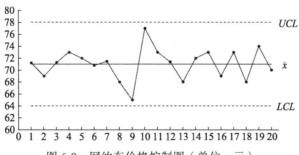

图 6-9　网约车价格控制图（单位：元）

6.3.2 服务质量改进

当今大多数管理者都已经认识到，很多致力于改进质量的努力都会带来生产率的提升。但这种效果有时需要从长期来看。例如，防止缺陷不仅是一种花费最少的改进质量的方法，也最有利于生产率的提高。

1. PDCA 循环

戴明环（PDCA 循环）是一个不断重复的循环，质量上的改进来自持续上升的戴明环的运转。PDCA 循环由 4 个阶段 8 个步骤构成。

P（Plan）计划：包括确定方针和目标，制订活动规划。

D（Do）执行：基于已有信息，设计具体的方法、方案和计划；再根据设计和布局，具体操作以完成计划。

C（Check）检查：对计划执行的结果进行分析，找出有效的运作行为，剔除不好的，明确效果，找出问题。

A（Act）处理：处理总结检查的结果，吸取并标准化成功经验；重视失败，总结教训。未解决的问题留待下一个 PDCA 循环中去解决。

以上四个过程运行过后还需周而复始地进行，上一个循环解决部分问题，未解决的问题进入下一个循环，总体呈阶梯式上升。

2. 标杆管理

1979 年施乐公司最先提出了"Benchmarking（标杆管理）"的概念，一开始只在公司内部实施，到 1980 年扩展到整个公司，取得了显著的改善效果。随后，GE、丰田等世界一流企业及中粮、华润、通用等公司相继采用，西方管理学界更是将标杆管理、企业再造、战略联盟一起并称为 20 世纪 90 年代三大管理方法。标杆管理法是一项有系统、持续性的评估过程，通过不断地将企业管理流程与世界一流企业相比较，以获得协助改善营运绩效的方法。

国外研究专家将标杆管理概括为八个步骤，也称为标杆管理"八步法"，包括确定范围、选择标杆、设立项目、收集信息、分析差距、制定方案、实施改进和成果推广。八个步骤各有侧重，紧密衔接，共同形成有机整体。

确定范围。要明确进行标杆管理的原因、是为了解决什么问题、通过改进要达到什么目标。实现标杆管理的关键在于能够正确把握什么是影响企业成功的核心要素，从而对症下药地解决问题。

选择标杆。即用绩效指标体系评估，识别设立标杆的具体对象。选择的对象最好与本企业或部门的性质相似并在本企业要改进甚至赶超的领域方面实力足够强劲。选择范围包括国内外竞争者、国内外领先者、行业内的企业、行业外的企业。例如有些公司仅仅把行业内最好的公司视为目标，而有些公司则选择世界范围内经营状况最好的公司。

设立项目。设定具体的改善目标，识别可测定的绩效变量。要设计一套科学的指标体系，该体系能系统地反映所要改进内容的绩效水平，并能鉴定改进的结果，这是进行标杆管理的基础。例如拓展新品牌时，进行标杆管理的绩效变量包括新品牌开发成功率、新品牌的销售百分比、新品牌开发的盈利能力、技术成功率、相对竞争对手盈利能力、总体成功程度等。

收集信息。测量和描述标杆，主要包括测量所选企业的绩效数据以及分析实现优良绩效的方法、措施和手段。取得标杆对象的全面准确的信息资料非常重要，主要可从统计部门、咨询公司、各种协会学会、期刊、实地考察、顾客、供应商、分销商、对象企业雇员等渠道收集信息。测量和描述本企业，主要测量本企业的绩效数据以及分析和描述企业的管理现状。

分析差距。即对比分析本企业与标杆企业的绩效，找出绩效水平上的差距和管理措施、手段、方法的差异，进而分析差距因何产生，确定影响企业在某方面居弱势的关键因素。

制定方案。围绕关键因素制定行动方案，针对造成差距的因素，制订详细的工作计划，以缩小差距。行动方案包括实施责任单位、实施方法和技术、实施进度要求、阶段性绩效考评及奖惩措施等。

实施改进。企业应派专职人员建立组织保证体系，让与标杆管理内容相关的工作人员参与其中，以保证顺利实施计划方案。在构建体系期间，可请专家提出专业建议进行指导。方案实施过程中采取跟踪控制法。当方案完成后，分析改进的结果，总结方案的优缺点，找出可改进之处，实施优化工作。

成果推广。总结收获与不足，建立机制保障，全面进行成果复制推广。

持续学习与改进已经成为现在大多数服务型企业的常态，更加卓越的质量目标是企业的永恒追求，这也要求企业更加关注顾客的需求。标杆管理战略无疑是服务型企业实现让顾客更加满意，让企业发展更加繁荣的良策。

3. 田口方法

田口方法是由日本田口玄一博士创立的，强调产品质量的提高不是通过检验，而是通过设计来实现的。田口倡导产品要"超强设计"，以保证在不利的条件下，产品具有适当的功能。田口方法的基本思想是把产品的稳健性设计融入产品和制造过程中，通过控制源头质量来抵御大量的下游生产或顾客使用中的噪声以及不可控因素的干扰。在日本和欧美等发达国家和地区，尽管拥有先进的设备和优质原材料，依然严把质量关，应用田口方法创造出了许多世界知名品牌。

减少变异提升质量是一种普遍认知的观点。然而，零变异性是不可能存在的。因此，专业人员建立了标准，定义了目标值和可接受的波动范围。例如，如果一个尺寸的目标值是 10 英寸①，那么设计标准可以是 10±0.02 英寸。这意味着制造过程中追求的目标标准是10 英寸，但是落在 9.98～10.02 英寸范围内也可以。这些设计界限通常被称为规范上限和下限（upper and lower specification limits）。如图 6-10 所示，是传统意义上的认知，即标准的参数落在可接受的范围内，那么就认为这些零件的质量在同一优良水平；如果是落在可接受范围之外，则认为这些零件的质量不好。有一个前提，产品参数在可接受范围内的质量损失成本为 0，一旦超出这个范围就会产生质量损失成本。

---

① 英寸：英国的长度单位，1 英寸等于 2.54 厘米。

但是田口指出图 6-10 所示的传统认知并不合理，图 6-11 是他描述得更为合理的图。依据他的观点，成本是一条平滑的变化曲线。几乎所有可以被测量的事物在顾客眼里都不是突然转折的直线，而是一条随着偏离目标值的距离渐变的曲线。相比图 6-11，图 6-12 能更好地反映顾客眼中的损失函数。

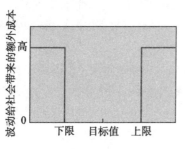 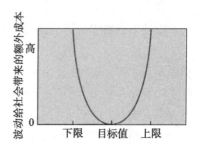

图 6-10 传统的波动成本的观点   图 6-11 田口原一的波动成本的观点

如今，田口方法倡导的"超强设计"观念不仅可以应用于制造业产品质量的提升，也可以用于通过超强服务设计提升服务质量。比如，排队等待可能导致餐厅失去一些潜在的顾客，如果将顾客进入等待队列就开始进行服务设计，以改变顾客等待波动带来的额外成本曲线，则可优化服务质量进而提高效益水平。

6.3.3 服务补救

由于服务和服务质量的固有特性，对于所有的服务企业而言，无论是企业对个人的服务还是企业对企业的服务，在服务人员提供服务和顾客接受服务的过程中，都不可避免地出现服务失误或者未达到顾客要求而导致的顾客投诉现象。但是，顾客投诉对于服务业来说却是一笔难得的财富，因为投诉提供了帮助企业改进质量的免费信息。企业要做的就是找出服务失误的原因并对服务失误进行补救。

目前，日常生活中绝大部分服务都是由人来提供的，加之服务过程涉及大量步骤和细节，客观上出现服务失误在所难免。遭遇服务失误后，顾客的反应有两大类：抱怨和不抱怨。服务失败后顾客的反应过程如图 6-12 所示。

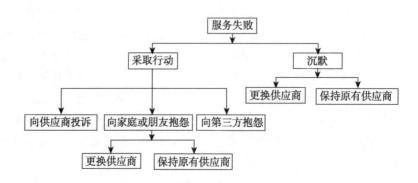

图 6-12 服务失败后顾客的反应过程

根据统计，遭遇服务失败后，不抱怨的顾客中下次还来购买的只占 9%；抱怨了但企业未解决的顾客，下次还来购买的比例有 19%；抱怨了企业也解决了的顾客，下次还来购买的比例有 54%；而企业快速解决了顾客抱怨的，下次还来购买的比例达到 82%。

所以存在一个服务补救悖论。服务补救悖论是指当公司纠正了自身的服务问题后，客户对公司的评价比在提供无问题的服务时更高。由此可见，如果顾客抱怨了其实就是个机会。只要能处理好顾客的抱怨，积极补救，这个顾客还有很大可能会再次光顾。而如果这个不满意的顾客也不抱怨，那么他下次几乎就不再来了。

服务补救是一个公司解决消费者不满意问题的方式。其最终目的是将不满意的客户转化为忠诚的客户。它是服务提供者为应对服务失败而采取的行动。服务补救是一个持续的质量改进过程，它不仅仅停留在对一次服务问题或服务失败的纠正上，更重要的是找出问题或失败原因，对服务程序或相关方面进行重新设计和改善。服务补救的流程如图 6-13 所示。首先，发现服务失误，确认服务失败并分析失败的原因，其次，在定量分析的基础上，对服务失败进行评估，采取恰当的管理措施予以解决并补偿顾客的损失，再次，总结整理失败的信息并为最后一步的提高和改善做准备，最后，改善服务系统并确保其有效运行，保持并发展与顾客的忠诚关系。

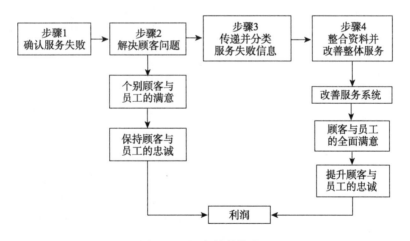

图 6-13 服务补救的流程

对顾客投诉进行及时和主动处理只是服务补救的第一步，或者称为狭义的服务补救。广义的服务补救不仅包括失败的实时弥补，也涵盖了对服务补救需求的事前预测与控制，以及对顾客抱怨和投诉的处理。

一项研究确定了 7 个顾客在经历了严重问题时会去寻找的补救方法，其中 3 个是修理产品或服务补救、全部退款、退还部分，其他 4 个，包括公司道歉、公司的解释、保证问题会被解决和顾客可以发泄愤怒的渠道，而这些补救方法并不会花费公司太多的成本，服务补救的框架如图 6-14 所示。

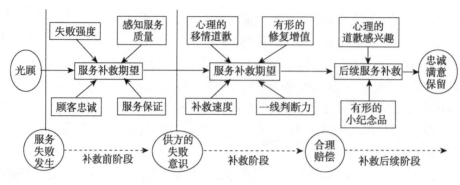

图 6-14　服务补救框架

（1）补救前阶段。预测顾客需求，预测意味着在消费者光顾的关键点上了解和准备客户的期望。未能理解和管理期望是导致顾客不满的原因。成功的关键是能够预测客户每一步的需求，并努力确保流程到位，满足并超越他们的期望。

（2）补救阶段。服务补救从认识到客户的期望没有被满足的那一刻开始。心理上的移情道歉、承认问题和了解顾客的感受是至关重要的；在判断出能进行有形的修复时则需要提高补救速度尽快完成补救。

（3）补救后续阶段。提供补偿作为纠正错误的一种手段，可以是简单的，如真诚地道歉，发送一封后续信件和一个小礼物或感谢信。但要记住，与根本性解决问题相比，这只是一个小的动作，根本性解决问题应该包括改变公司相关的系统和运作，这是个很好的机会，以防止未来相同问题的发生。

服务补救可以在以下几个方面帮助一个企业：提高客户满意度、通过改变服务流程减少服务失败、增加客户忠诚度、增加客户终身价值总量。因此，服务补救对创建卓越服务文化很重要，当客户投诉时，企业有一个短暂的机会窗口，可以使所有的问题得到满意的解决，并最终达到客户忠诚度。

但是真正的服务补救需要什么？培训是服务补救计划成功的关键。投入时间和资源，在企业标准的领域内培训员工至关重要。建立客户服务标准，并利用公司的入职培训过程来帮助新员工了解服务期望；进行持续的客户服务培训，加强企业对客户互动的期望；以身作则，确保展示企业希望从员工那里看到的行为。

创建一个投诉流程，以实现一致的执行方式和改进步骤。在企业的员工团队中找到最好的沟通者，并让他们对客户作出回应；追踪企业的投诉数据，从这次服务补救时学到的东西中收集关于卓越服务的智慧；创建一个改进计划，对企业的政策和程序进行修改，以进行确定的改正。

6.4　6σ　管　理

6.4.1　6σ 管理理念概述

20 世纪 80 年代中期，摩托罗拉提出"六西格玛"（Six Sigma）的管理方法用以通过解决质量问题来推动过程改善，节省了百亿美元的成本。随后，通用电气首席执行官杰克·韦尔奇将"六西格玛"的管理方法引入通用电气公司，使财务结果的改善远远超过预期。六西格玛也因此成为杰克·韦尔奇创造商业传奇的奠基石。六西格玛不断随时间发展，不再仅仅被视为一个单纯的质量体系，而是成为一种经营方式，代表了一种愿景、一种哲学、一个标志、一个度量标准、一个目标和一种方法论。

六西格玛最初应用于制造业，用以消除生产中的产品和过程缺陷。生产中的每个步骤或者活动都可能导致偏差，而六西格玛的目的就是通过减少过程偏差来避免缺陷。六西格玛的倡导者认为波动是影响质量的关键，因此六西格玛的主要目标是解决波动问题。

六西格玛思想使得管理者能用过程的波动反映生产绩效，不同过程的绩效也能在统一度量标准下进行比较。这个度量是百万机会缺陷数（Defects Per Million Opportunities，DPMO）。它的计算需要三部分数据：

- 单位——已生产的产品或者已提供的服务的计量单位；
- 缺陷——任何不符合顾客要求的事项；
- 机会——缺陷发生的可能性。

采用以下公式可以直接计算出结果：

$$单位缺陷数（DPU）= \frac{缺陷数（在所有检查点发现的缺陷数）}{单位数（通过该检查点的单位数）} \tag{6-1}$$

$$DPMO = \frac{DPU \times 1\,000\,000}{每单位出错机会} \tag{6-2}$$

六西格玛作为一种管理方法，同样适用于服务质量管理。我们用一个例子来说明六西格玛的标准。以外卖订餐服务为例，一个月内，商家向外送出了 1 000 份外卖，只有一份出现送错菜品的情况，即成功送达率为 99.9%。看似质量水平很高。但如果餐厅的连锁规模不断壮大，一个月向外送出 10 万份外卖，则会有 100 份菜品送错。当从 DPMO 的角度来看，这 100 份菜品的服务过程中 DPMO 为 250，也就是有 250 个环节发生了错误。但六西格玛要求组织中各个层次的员工都有持续改进的愿望，其最终目的是获得每 100 万份中仅有 34 个错误出现的实质性的完美结果。可见，99.9%的准确配送率对比六西格玛的质量要求还远远不够。

因此，六西格玛的管理理念将服务质量管理的重心从最终服务的结果转移到服务的过程，一方面为企业完善服务过程、降低服务过程中的缺陷、减少成本浪费提供支持，另一方面也使不同类型服务的质量水平对比成为可能。

6.4.2　6σ 管理应用于服务质量管理的步骤与方法

六西格玛项目的标准过程是通用电气发明的 DMAIC 方法论，主要包含以下 5 个步骤。

（1）定义（D）。定义阶段需要明确顾客的需求；基于商业目标、顾客需要及反馈确定适合实现六西格玛的项目；确定关键质量特征（Critical-to-Quality Characteristics，CTQ），即顾客认为对质量影响最重要的因素。

（2）测量（M）。测量当前的绩效水平，需要确定合适的测量方法和实施步骤，确定影响 CTQ 的关键内部过程，并测量目前这些过程中相关的缺陷率。

（3）分析（A）通过分析确定当前问题的成因。在分析环节中，企业需要确定可能性最大的缺陷发生的原因，明确最可能导致过程波动的关键变量，理解缺陷产生的原因。

（4）改进（I）。改进则是需要确定消除缺陷产生原因的措施，确定关键变量并量化它们对 CTQ 的影响，确定关键变量的可接受变化范围，同时确定一个测量变量偏离情况的系统，最后改进过程，使其保持在可接受范围内。

（5）控制（C）。控制阶段的主要任务是确认改进成果的应用，通过有效的措施保持改进成果的稳定，并推广应用改进成果。

六西格玛的成功实施依赖于可靠的人员实践和技术方法的应用，六西格玛的实施的要点有 4 点。

首先是领导的责任。领导（executive leader）要对整个项目的六西格玛管理过程负责；倡导者（champion），来自执行者和管理者群体，主要负责过程的修改，并需要在项目前期制定合适的衡量标准以确保改进工作可以带来业绩改善。

其次是进行企业内部培训。对员工进行有关六西格玛思想和工具的普及培训。通用电气花费了 10 亿美元培训其专业员工关于六西格玛思想的知识，确保每个专业人员在六西格玛技术方面都是合格的。除此之外，专业人员被授予武术中常用的等级头衔来反映他们的技术和角色：黑带大师（master black belt）具备有关统计工具和过程改进方面的知识，他们所做的工作大部分和黑带（black belt）相同，同时领导多个团队；黑带负责指导或实际领导六西格玛改进团队；绿带（green belt）接受了足够的六西格玛培训，他们是团队里的成员，或者能独立完成与他们自身工作直接相关的小项目。在团队中有不同数量不同头衔的人的组合，公司会给团队配备发起人和倡导者进行团队的工作指导。

再次是设定改进的延伸目标。设定更具有挑战性的目标，鼓励突破界限并激发更高水平的绩效表现。

最后是持续地加强和反馈。在通用电气，负责项目的黑带人员必须确保问题已经被永久解决，才能宣布该项目节省了多少成本。

六西格玛分析工具在传统的管理改善项目活动中已经有很多年的使用历史，运用这一管理方法的独特之处在于对检查表、帕累托图、流程图、因果图和控制图等质量管理工具的综合运用。，这些工具在 DMAIC 方法论的不同过程阶段发挥着重要作用。

6.5　服务质量管理的新发展

产品和服务的质量关乎顾客的需求，同时也与企业的营收、社会的发展息息相关，通过各种质量管理手段，降低组织成本，减少和防止缺陷，提高顾客对产品和服务的信任十分重要，这也是为什么企业和各方始终致力于提高服务质量管理水平。在当今大多数企业中，商品和服务的交付根据其行业要求必须符合 ISO 9001 等质量管理体系标准要求，以确保达到最低质量标准。

数字化正在彻底改变服务质量管理的格局。为了提高管理质量和效率，各种先进技术手段逐渐融合到服务质量管理中，越来越多的工厂进行数字化转型。传统的质量检测可以通过各种智能化的在线检测仪代替，质量数据的收集与分析也渐渐被各种流程管理软件替代，传统的质量管理模式正面临越来越大的挑战。

在技术融合方面，随着大数据、云计算、人工智能等新兴技术的广泛应用，服务质量管理正在经历革命性的创新。这些技术使企业能够更精准地把握客户需求，提高服务效率和质量，并为服务质量的持续改进提供支持。数字技术提供了全流程的质量管理，帮助企业实现绿色物流和智慧供应链以及风险的实时监控。在大数据与服务创新方面，大数据技术不仅用于监控和评估服务质量，还助力于服务创新，为组织提供关于市场需求的深入洞察，帮助提高服务的响应性和创新性。

互联网技术在医疗领域的应用最为引为注目，如"互联网+医疗监管"，展示了全球化趋势下服务质量管理的新思路。这种全球性的思考方式使得各行业特别是医疗行业，能够跨越传统的地理和行业界限，实现更广泛、更高效的服务质量监管。

随着大数据、人工智能、互联网和云计算等先进技术的融合应用，各行业正在积极探索和实践，以提升服务质量和满足日益多样化的客户需求。这些技术不仅为服务质量管理带来了新的工具和方法，更为服务创新和个性化服务提供了无限可能。总的来说，服务质量管理正站在一个新的起点上。数字化、全球化以及"制造+服务"的趋势都为其带来了前所未有的机遇。企业和组织需要紧密跟随这些趋势，持续创新，以确保在日益激烈的市场竞争中保持领先地位。

6.6　本　章　小　结

本章首先讲解了服务质量管理相关的概念内涵和思想演化，之后介绍了服务质量管理的方法与工具、服务过程控制与服务质量改进的重要性，最后对 6σ 管理在服务质量管理中的应用和现代信息技术支持下服务质量管理的新发展进行了阐述。

习题

1. 通常我们可以从哪 5 个方面衡量服务质量？
2. 如何看待服务质量提升对于企业的意义？
3. 简述服务质量差距模型。
4. 简述 SERVQUAL 评价体系。
5. 简述服务质量过程控制循环。
6. 尝试绘制机场登机口的服务流程图。
7. 简述戴明 PDCA 循环的框架及内容。
8. 简述服务补救的流程与措施。
9. 简述六西格玛管理应用于服务质量管理的步骤与方法。
10. 请举例说明数字经济时代下服务质量管理的新问题或新手段。

台湾高端购物中心 U shopping mall 线上线下导购服务模式的创新

Ching-Hung Lee 和 Yu-Chi Lee 以及 Xuejiao Zhao 提出一个整合 SERVQUAL 模式与服务 TRIZ 的 RISE 服务设计方法，以探讨如何为中国台湾高端购物中心 U shopping mall 开发一种线上线下相结合的、根据不同购物情景针对性提升服务质量的导购服务模式。

1998 年，Parasuraman，Zeithaml, and Berry 提出了使用服务质量差距模型来测评服务质量，被称为 SERVQUA。而 TRIZ 是由俄罗斯研究员 Altshuller（2000）提出的，这是一种系统的思维方法，以有用的知识库及数据为基础，产生突破性的想法和解决方案。RISE 服务设计方法是"零售服务质量测量、发现问题和消除矛盾、制定具体的零售解决方案和评估顾客体验"的缩写，为了提升服务质量，学者们基于 RISE 模型的四个阶段为 U shopping mall 设计了一个新的导购服务系统——WIPS（行踪识别个性化服务）。

U shopping mall 是一家大型购物中心，位于台北的信义区，是中国台湾零售业的领导者之一。它拥有超过 300 家品牌商店。由于它主要是为女性顾客尤其是年轻的办公室女士设计，U shopping mall 推出了"Beauty Café"在线服务，向女性顾客提供各种品牌的顶级时尚信息、个性化风格定制和有吸引力的折扣。U shopping mall 的 B2 层与中转站相连，这为从邻近城市乘坐公共交通工具的顾客提供了便利。此外，在每一层都布置了不同主题的咖啡厅，以便顾客在购物之余可以喝杯咖啡，愉快地交谈。每层楼都有带电子密码锁的储物柜和免费 Wi-Fi 提供给顾客。由于受到网上搜索机制的影响，U shopping mall 在给客户的响应能力上投入力度更大，比如它会给顾客提供详细的楼层介绍并且指引方便顾客规划购物的路线。

线上零售的快速发展，给线下门店带来了不小的冲击，但是通过客户满意度评估，找到客户关注的问题，针对性进行解决与突破，就能发挥线下门店独有的服务响应能力。因此，测量 U shopping mall 在线下零售领域的服务质量是非常重要的一步。以 SERVEQUEL 为基础，针对 U shopping mall 服务进行顾客购物行为调查，结果如表 6-3 所示。

表 6-3　客户反馈调查结果

事件	顾客的不方便	百分比（%）
找地方	没有停车位	34.40
	找不到特定品牌的商店	10.60
找/买商品	柜台员工过于激进的介绍	13.30
	购物后需要提着沉重的物件	13.10
	找不到合适的品牌商品	11.40
作出购物决定	没有折扣的时候不愿意购物	21.30
	朋友推荐	13.20
看电影	买票时要长时间排队	10.60
用餐体验	在美食广场点完餐后找不到座位	43.30
	不能提前知道有空余座位	27.60
	担心丢失物品	22.40

"找地方"的问题尤为突出，顾客经常找不到停车位或者特定品牌的门店位置，由此可以看出，商场中心及店铺的商业定位与客户需求之间存在一定的信息壁垒，客户难以从商场入口、客户服务柜台、客户服务电话、其他自助服务亭以及移动的服务应用程序了解特定店铺的信息。

针对此，为了提高购物中心的顾客忠诚度，了解客户并为其提供个性化的服务或营销策略是非常重要的。

综上分析，行踪识别个性化服务（WIPS）系统被开发出来，主要分为三个板块内容。

首先，顾客可以通过"你的 AR 口袋"服务指引到商业区购物中心，身临其境地被 3D 画面指引到自己感兴趣或者满足自己购物需求的门店中，大大减少了"找地方"浪费的时间，并且顾客不会因为迷路而失去耐心或者购物的兴趣。

其次，顾客可以通过"智能信息"服务了解自己偏好的个性化商品和流行商品。例如，即时自适应兑换、特别优惠通知、更多种类的奖励功能，让顾客可以轻松使用优惠券或在购物区获得特别优惠。在顾客被"你的 AR 口袋"引导到购物中心后，他们可以被引导到他们想要的商店。

最后，顾客可以通过"智能购买"服务，获得离自己位置较近门店的优惠券，可以促使消费者从较低的楼层转移到较高的楼层，或者在受欢迎的角落和特定商店使用各种 NFC（近场通信）优惠券，大大增强了顾客流量和购买动机。这是一种智能服务，具有基于计时器和基于位置的近似营销服务概念。

三个服务模块之间相辅相成，如图 6-15 所示。"你的 AR 口袋"模块可以使用 AR 吸引和引导人们进入购物中心。然后，"智能信息墙"模块可以给出汇总的购物促销和有限的特价优惠，让人们了解商场的概况。该模块还提供了每个商店的容量，以帮助人们安排自己的购物路线。"智能购物"模块可用于通过提供组合促销活动来提高从 A 店转移到 B 店的效率。整个个性化系统服务系统的实施与应用是围绕着提高满意度与忠诚度设计展开的。

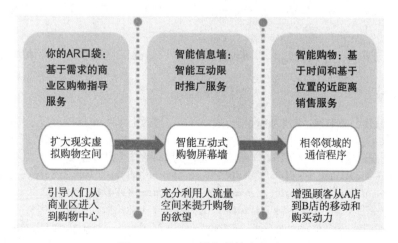

图 6-15　WIPS 服务的综合概念

U shopping mall 在 2014—2015 两年间开发并推出了行踪识别个性化服务（WIPS）。根据 U shopping mall 在系统上线后提供的实证数据，每月平均有超过 1 600 次通过手机扫描的互动标牌，以获得智能信息墙上 120 个产品项目的优惠券或特价优惠。而且智能信息墙的大屏幕数据显示，客户拍照的频率在每月 480 次以上。新系统带来了购物中心服务的多样性，吸引了众多流量，客户满意度和忠诚度相比之前也有了显著提升，如图 6-16 所示。

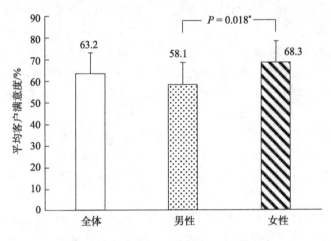

图 6-16　每组平均顾客满意度

基于不同情景针对性地提升线下购物的服务质量是非常重要的。网络时代，智能服务系统的开发对于提升线下购物中心的顾客满意度与忠诚度非常有帮助，能充分发挥线下购物的优势与独特魅力，减少线上零售的冲击，为客户提供更高的购物体验。由此也丰富了服务质量的内涵，即联系场景与服务质量共同驱动的创新式服务。

（案例来源：Lee C H, Zhao X, Lee Y C. Service quality driven approach for innovative retail service system design and evaluation: A case study[J]. Computers & Industrial Engineering, 2019, 135: 275-285）

思考与讨论：

1. U shopping mall 如何通过服务质量差距模型改进服务质量，给其他类型的企业提供了哪些启示？

2. 你认为如果 U shopping mall 采用六西格玛项目提供卓越服务，应该如何实施？

参考文献

[1] 朱兰, 德费欧, 焦叔斌. 朱兰质量手册：通向卓越绩效的全面指南 [M]. 北京：中国人民大学出版社, 2014.

[2] 段永刚, 全面质量管理（第四版）[M]. 北京：中国科学技术出版社, 2022.

[3] Dotchin J A, Oakland J S. Total Quality Management in Services: Part 2: Service Quality[J]. *The International Journal of Quality & Reliability Management*, 1994, 11(3): 27-42.

[4] 里斯廷·格罗鲁斯. 服务管理与营销[M]. 北京：电子工业出版社出版, 2018.

[5] Gronroos, Christian. A Service Quality Model and Its Marketing Implications[J]. *European Journal of Marketing*, 1984, 18(4): 36-44.

[6] Rust R T, Oliver R L. Should We Delight the Customer? [J]. *Journal of the Academy of Marketing Science*, 2000, 28(4): 86 94.

[7] Baker J, Parasuraman A, Grewal D. The Influence of Multiple Store Environment Cues on Perceived Merchandise Value and Purchase Intentions[J]. *Journal of Marketing*, 2002, 66(2): 120-141.

[8] 李海芹, 张子刚. CSR 对企业声誉及顾客忠诚影响的实证研究[J]. 南开管理评论, 2010, 13(1): 90-98.

[9] Michaell, Orenr. The effect of price on firm reputation[J]. *Management Science*, 2021, 67(7): 4408-4419.

[10] Sierra V, Iglesias O, Markovic S, et al. Does Ethical Image Build Equity in Corporate Services Brands? The Influence of Customer Perceived Ethicality on Affect, Perceived Quality, and Equity[J]. *Journal of Business Ethics*, 2017,144(3).

[11] 马庆明. 绿色供应链在钢材工程物流中的应用与影响[J]. 商展经济, 2023(19): 117-120.

[12] 陈建安, 陈明艳, 金晶. 支持性人力资源管理与员工工作幸福感——基于中介机制的实证研究[J]. 外国经济与管理, 2018, 40(1): 79-92.

[13] 蔺雷, 吴贵生. 服务管理[M]. 北京：清华大学出版社, 2008 年 7 月第一版.

[14] Chen H, Chiang R H, Storey V C. Business intelligence and analytics: From big data to big impact[J]. *MIS Quarterly*, 2014, 36(4): 1165-1188.

[15] Parasuraman A, Zeithaml V A, Berry L L. A conceptual model of service quality and its implications for future research[J]. *Journal of Marketing*, 1985, 49(4): 41-50.

[16] Parasuraman A, Zeithaml V A, Berry L L. SERVQUAL: A multiple-item scale for measuring consumer perceptions of service quality[J]. *Journal of Retailing*, 1988, 64(1): 12–40.

[17] Tao F, Zhang L, Venkatesh VC, et al. Cloud manufacturing: a computing and service-oriented manufacturing model[J]. *Proceedings of the Institution of Mechanical Engineers, Part B: Journal of Engineering Manufacture*, 2011, 225(10): 1969-1976.

[18] Trigeorgis L. Real options: Managerial flexibility and strategy in resource allocation[J]. MIT press, 1996.

[19] Yan J, Xin S, Liu Q, et al. Intelligent Supply Chain Integration and Management Based on Cloud of Things[J]. *International Journal of Distributed Sensor Networks*, 2014, 10(3): 1-15.

[20] Wu L, Yue XH, Jin A, et al. Smart supply chain management: a review and implications for future research[J]. *The International Journal of Logistics Management*, 2016, 27(2): 395-417.

[21] 金江军, 郭英楼. 互联网时代的国家治理[M]. 北京：中共党史出版社, 2016: 127.

[22] 谷佳伟, 李瑞芳, 孙艳, 等. 我国互联网医疗高质量发展实现路径与重点策略研究[J]. 中国医院, 2022, 26(6): 33-35.

即测即练

自学自测  扫描此码

第 **7** 章

服务库存管理

【学习目标】

1. 理解库存管理的含义和库存管理的特征
2. 掌握常见的库存控制方法
3. 掌握经典库存管理模型
4. 了解数据驱动下库存管理的机遇和挑战

Zara 的新产品库存管理

对于销售短生命周期产品的零售商来说，最初将新产品分配到商店具有重要的战略意义，尤其是具备快时尚商业模式的服装零售商 Zara。Zara 每年需向其商店推出约 8 000 款新品，且初始货运量约占发送给商店的总量的 50%，远远超过其他阶段的货运量。因此，新品前两周内的销售量与该商品在其整个生命周期内的盈利能力之间存在很高的相关性。

对于 Zara 而言，由于新商品刚引入时客户需求往往占据整个季度需求的相当大比例，且最初发往门店的新品需求具有很强的不确定性，因此新品的库存设定尤为重要且极具挑战性。如果库存不足，新品过早售罄不仅会损害其早期销售，还会影响以后的需求。然而，如果一开始就设定过高的新品库存，那么 Zara 的仓库中就会剩下较少的库存，这会使 Zara 更难以在需求最大的商店中保持持续的供应。等到初期销售数据出现并且需求模式更清楚时，纠正之前不佳的最初决策可能已经为时过晚。此外，考虑到 Zara 拥有 1 500 多家线下商店且门店间具有异质性，这进一步增加了库存决策的复杂性。

Zara 通过设计初始发货的库存管理方案在确保其以较少折扣出售的情况下，每个季度推出的产品种类比竞争对手更多，使得其母公司 Inditex 于 2008 年成为世界上最大的服装零售商，并继续以惊人的速度增长，仅在 2012 年就新增了 482 家商店。

（案例来源：Gallien J, Mersereau A J, Garro A, et al. Initial shipment decisions for new products at Zara[J]. Operations Research, 2015, 63(2): 269-286）

思考与讨论：

1. 如何在新品上市前有效预测和管理客户需求的不确定性，以避免因库存不足导致过早售罄？

2. 在考虑销售短生命周期产品的情境下，零售商应如何利用初期销售数据和需求模式的变化来灵活调整库存策略，以最大化销售收益？

3. 面对销售短生命周期产品的挑战，零售商如何通过人工智能或机器学习等先进技术和数据分析手段，来提高对新商品需求的准确性和库存管理的效率？

有关库存有两个"显而易见"的结论：必不可少，多了不好。事实上，任何企业都离不开库存，库存有其存在的理由。问题的关键是要在给定的服务水平下，使与库存有关的成本达到最低。有效库存控制有赖于软硬件条件的创建。经济订货批量模型以其简明的假设、广泛的应用展现了其旺盛的生命力，使得管理者在权衡订货批量时找到了科学依据。数量折扣的作用不仅在于使采购商增加了订货批量，而且科学地设计数量折扣区间和价格策略可使供货商增加收益。现实中，需求和提前期更多地呈现出不确定性。随机库存要解决的问题是：在给定的缺货水平下，订货批量应该多大，订货点应该多少才能使包括缺货费用在内的总成本最小。

7.1　库存及其作用

7.1.1　库存问题的提出

早在 1915 年哈里斯（F. W. Harris）就对银行货币的储备进行了详细的研究，建立了一个确定性的库存费用模型，并确定了最优解，即最佳批量。后来，威尔逊（R. H. Wilson）在把这一结果纳入存储管理系统方面做了积极的工作。所以，人们常把经济订购批量（Economic Order Quantity，EOQ）的计算公式称为 Wilson-Harris 模型。经济订购批量研究了如何从经济的角度确定最佳订货数量，从根本上改变了人们对库存问题的传统认识，是对库存理论研究的一个重大突破，可以说是现代库存理论的奠基石。

第二次世界大战之后，由于运筹学、数理统计等理论与方法的广泛应用，特别是 20 世纪 50 年代以来，人们开始应用系统工程理论来研究和解决库存问题，从而逐步形成了系统的库存理论，亦称"存储论"。随着计算机在管理中的普遍应用以及供应链管理理论的发展，库存理论不断完善与成熟起来。

7.1.2　库存及其分类

1. 库存的概念

在服务运营管理下，库存（Inventory or Service Capacity）指的是暂时处于闲置状态，以备将来服务需求之用的所有资源、能力和准备措施的总和。这些资源不仅包括物理空间中的物品，还涵盖了人力资源的预备状态、技术能力的储备、知识资源的可及性，以及为应对未来服务需求而预留的时间窗口和容量。服务运营管理下的库存主要源于服务供需双方在时间、空间、能力需求及服务质量期望上的不确定性或差异。通过有效管理这些库存资源，服务组织能够灵活应对市场波动，确保服务的连续性、质量和客户满意度。这种库存管理的核心在于优化资源配置，提升服务响应速度，减少等待时间，同时控制成本，实现资源的高效利用和服务价值的最大化。

2. 库存的分类

可从不同角度对库存进行分类，以下从 4 个方面介绍库存的分类。

（1）按在输入—转换—输出过程中所处的状态。可划分为原材料库存、在制品库存、维修库存、成品库存。原材料库存包括原材料和外购零部件。在制品库存包括处在产品生产不同阶段的半成品。在服务业中，如软件开发或建筑设计，正在进行的项目可以被视为一种在制品库存，因为它们代表了尚未完成的服务产出。维修库存是为了保障设备、机器或系统正常运行而储备的维修备件、工具和材料。成品库存是准备销售给用户的产成品所形成的库存。在服务行业中，成品库存还包括已完成的服务项目或可交付的服务成果，但这些通常不以实物形式存在。

（2）按库存的作用。可划分为周转库存、安全库存和调节库存。周转库存是指为保证正常经营必须保有的库存。安全库存（Safety Stock，SS）是为了应对需求的不确定性、生产周期或供应周期内可能发生的不测变化而设置的一定数量的库存。调节库存是用于调节需求或供应的不均衡、生产速度与供应速度不均衡、各个生产阶段的产出不均衡而设置的。如为满足季节需求而设立的库存。

（3）按物品需求的重复程度。可划分为单周期库存和多周期库存。单周期库存用于满足单周期需求。单周期需求的特征是物品的时效性很强，因而很少重复订货。有两种情况：一种是偶尔发生的某种物品或服务的需求，如某些大型活动的纪念章或节日贺卡等；另一种是时效性很强物品的需求，如杂志、报纸等。对于单周期需求物品或服务的库存控制称为单周期库存问题，如报童问题。多周期库存用于满足会反复变化的多周期需求。对多周期需求物品的库存控制称为多周期库存问题。与单周期库存相比，多周期库存问题更为普遍。

（4）按对库存的需求特性。可划分为独立需求库存与相关需求库存。独立需求库存是指用户对某种库存物品或服务的需求与其他物品或服务无关，表现出对这种库存需求的独立性。从库存管理的角度来说，独立需求库存是指那些随机的、企业自身不能控制而是由市场所决定的需求。独立需求库存无论在数量上还是在时间上都有很大的不确定性，但可以通过预测方法粗略地估算。相关需求库存是指与其他需求有内在相关性的库存，根据这种相关性，企业可以精确地计算出它的需求量和需求时间，是一种确定型需求。例如，顾客对某一商品（如汽车）的需求，对于生产该产品的企业来说就是独立需求，因为这种需求与其他种类物品的需求无关，而且是随机的且企业不能控制的。对于汽车厂商，构成汽车的零部件及原材料（如轮胎、车门等）的需求，则是相关需求，一旦这种产品需求确定了，生产该产品所需的零部件及原材料的数量就确定了。本章主要介绍独立需求库存管理问题。

7.1.3 库存的作用

一般来说，库存是维持正常运营、保持连续性、应对不测需求所必需的。库存的作用至少表现在 6 个方面。

（1）满足不确定的顾客需求。顾客对产品的需求在时间与空间上均有不确定性，库存可以满足随时发生的顾客需求。这种情况在超市最为常见，特别是对大路货，总会上架足够数量的货物，以满足随时到来的需求。

（2）平滑对生产能力的要求。当需求与生产能力不平衡时，企业可以利用库存来调节需求的变化。特别地，对于季节性需求，如中秋月饼、圣诞树、新年贺卡，开学时的学生用品等可以在淡季建立库存，以供旺季时销售。这样通过预设库存使生产能力保持均衡，更好地利用生产能力。

（3）缓解运营过程中不可预料的问题。供应商缺货、运输中断、系统故障、质量问题等都可能造成生产中断。为此，需设置一定的安全库存来缓解运营过程中这些不可预料的问题。

（4）降低单位订购费用或生产准备费用。订购一批物资或一套服务的订购费用与订购物资的数量或服务的规模无关或关系不大。生产一批产品的生产准备费用与生产的数量无关或关系不大。因此，增大订购批量会降低单位产品的订购费用。增加生产批量会降低单位产品的生产准备费用。同时，大批量生产还会减少单位产品的生产准备时间，从而使生产能力得到充分利用。这一点对于瓶颈环节尤为重要。

（5）利用数量折扣。供应商为了刺激需求，对于达到一定采购量的采购方会提供一定的价格优惠。一次订货量越大，折扣幅度越大。这种情况在大宗原料的供销中最为常见。作为采购方，当数量折扣带来的好处大于增加的保管费用时，就会利用这种数量折扣。

（6）避免价格上涨。企业会存储价格即将上涨的物资。因避免价格上涨而保有的库存称为投机性库存。这种情况常见于稀缺资源，如石油、铁矿石等。当然也有相反的情况，如1996 年春季，美国的石油公司预计伊拉克的石油会重新进入国际市场，从而抛售了大量石油储备。

7.2　有效库存管理系统

7.2.1　库存控制的目标

库存管理主要考虑两个基本指标：一个是服务水平，即确保在适当时间、适当地点、以适当数量供应所需的物资；另一个是与库存有关的成本，包括订货成本、持有成本、缺货成本。

库存管理的目标是在既定的服务水平下，将与库存有关的成本达到最低。为实现该目标，必须确定库存水平、库存补充时机与订货量。

7.2.2　有效库存控制的必要条件和基本思路

1. 适当的库存盘存系统

（1）定期盘存系统。定期盘存系统是每隔一个固定的时间间隔，就发出一次订货请求，每次的订货量是预设的目标库存与实际库存差额的库存盘存系统，如图 7-1 所示。从图中可以看出，发出订单的时间间隔相同，但每次订货量不同。定期盘存系统的优点是可以在一次订货购得许多物资或服务，以降低订货处理成本与运输或沟通成本。定期盘存系统的缺点是无法对盘存间隔期内的物资进行控制，为防止缺货，通常需要保持额外的库存。

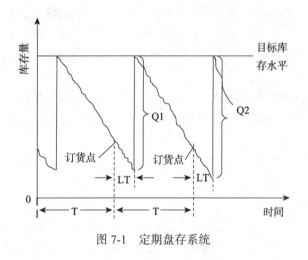

图 7-1　定期盘存系统

定期盘存系统比较适用于价值比较低的物资或服务。

（2）定量盘存系统。定量盘存系统是每次以相同的订货点和订货量发出订货，但订货间隔不固定的库存盘存系统，如图 7-2 所示。在这种盘存系统下，需要设置订货点并持续跟踪物资或服务的库存情况。所谓订货点是指必须发出下一次订货订单时的库存水平。这种系统的优点是持续监控库存，有利于库存控制，及时发现缺货，减少缺货风险；此外，固定批量一般采用经济订货批量。这种系统的缺点是连续记录库存水平，增加了成本，而且仍然需要定期盘存实际库存水平。

定量盘存系统比较适用于价值比较高的物资或服务。

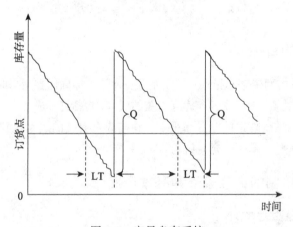

图 7-2　定量盘存系统

定量盘存系统可采用双堆法或两仓法进行控制。用两个"容器"存放库存，先从第一个"容器"领用，当第一个"容器"用完时，就发出订货请求。第二个"容器"的库存满足订货期的需求。这种方法的优点是不必记录每笔库存领用情况。双堆法是一种简单的即时库存记录系统。更准确地可以采用 RFID 和二维码技术记录物资出入库情况，以便随时提供现有库存情况，从而大大改善库存管理质量。

2. 需求预测与提前期信息

库存是用来满足需求的，所以科学地预测需求数量至关重要。此外，还需要掌握订货提前期信息。所谓订货提前期是指订单发出与物料或服务到达之间的时间间隔。提前期越长，潜在的变化越大，为减少物料或服务资源到达之前发生缺货的风险而需要的额外库存就越多。事实上，掌握提前期信息也是确定订货点的前提条件。订货点就是需要下达订单时的库存水平。

尽管需求数量和提前期都是随机变量，难以准确预测，但应该把握它们的变化规律，以使库存管理更加有效。

3. 成本信息

与库存有关的成本有以下 4 项。

（1）持有费用。持有费用包括因库存资金占用而发生的资金费用、保管费用和保险费用。其中，资金费用可以按平均资金利润水平来估算。保管费用具体包括材料（如防腐剂、杀虫剂等）费、动力（如供热、供电、供水）费、人工费、修理费、折旧费（或租金）、移仓费等。保险费包括为防止老化、变质、损坏或被盗的发生而支付的。在库房等固定资产折旧所占比重较低的情况下，总的持有费用与平均库存水平成正比。

（2）订货费用。订货费用包括信息通信费、商务洽谈费、运输费、检验费等。每次订货费用受订货批量的影响不大，总的订货费用与发生的订货次数有关。

（3）缺货费用。缺货费用是因需求量大于持有的库存量，失去了销售机会或导致供应中断而造成的损失，包括替代品与原有产品比较超出的费用和因不能按合同交付产品支付的罚金以及失去的销售机会造成的损失等。

（4）库存资源成本。库存资源成本与资源价格和订货数量有关，代表了所采购资源的价值。

4. 库存 ABC 分类管理法

20/80 原则在库存管理中也有体现，表现为 20%左右的少数资源占用了 80%左右的库存资金。库存 ABC 分类管理法就是依据 20/80 原则，以库存资源单个品种的库存资金占整个库存资金的累积百分比为基础，把库存资源分为 A、B、C 三大类，然后进行分类管理。

A 类资源是指品种少、占用资金多的重要资源。A 类资源的品种占 10%～20%，却占用了全部库存资金的 70%～80%。

C 类资源是指品种多、占用资金少、采购较容易的次要资源。C 类资源的品种占 40%～50%，但只占用全部库存资金的 5%～10%。

B 类资源则介于 A 类和 C 类之间。B 类资源的品种占 30%～40%，占用了全部库存资源的 15%～20%。

表 7-1 总结了 ABC 三类资源的特点与管理重点。

表 7-1 ABC 三类资源的特点与管理重点

类别	占总数量的百分比（%）	占总金额的百分比（%）	安全库存水平	订货策略	管理要求
A	10~20	70~80	低	经常检查，按需订购	全面、及时、精确
B	30~40	15~20	中等	正常订货	一般
C	40~50	5~10	高	周期订货，保有余量	简化

库存 ABC 分类管理方法的步骤如下：

- 列出所有资源及其全年使用量，将年使用量乘以单价求得其金额。按金额从高到低排序；
- 按金额从高到低的顺序，计算累计年使用金额和累计百分比，累计百分比为 70%~80%对应的资源即为 A 类资源，使累计百分比达到 80%~95%的资源即为 B 类资源，使累计百分比达到 95%~100%的资源即为 C 资源；
- 根据企业的实际，制定 ABC 三类物资的管理办法。

【例 7-1】表 7-2 是一家小型企业 10 种常用物资的资金占用情况，试对其进行 ABC 分类。

表 7-2 某小型企业 10 种常用物资资金占用情况统计表

物资编号	年使用量（件）	单价（元/件）	年金额（万元）
001	10 000	4.8	48 000
002	10 000	1.4	14 000
003	14 000	28.0	392 000
004	7 000	8.0	56 000
005	8 000	32.5	260 000
006	10 000	3.4	34 000
007	10 000	1.5	15 000
008	2 000	4.5	9 000
009	1 000	3.0	3 000
010	10 000	3.2	32 000
合计			86 300

解：

将 10 种物资进行 ABC 分类，得到表 7-3 的结果。

表 7-3 某小型企业 10 种常用物资 ABC 分类结果表

物资编号	年金额（万元）	累计年金额（万元）	累计金额百分比（%）	分类
003	392 000	392 000	45.42	A
005	260 000	652 000	75.55	
004	56 000	708 000	82.04	B
001	48 000	756 000	87.60	
006	34 000	790 000	91.15	

续表

物资编号	年金额（万元）	累计年金额（万元）	累计金额百分比（％）	分类
010	32 000	822 000	95.25	
007	15 000	837 000	96.99	
002	14 000	851 000	98.61	C
008	9 000	860 000	99.65	
009	3 000	863 000	100.00	

上述分类结果可用图形方式直观表示出来，如图 7-3 所示。

库存的 ABC 分类管理方法简单实用，通过这种方法可以达到压缩库存总量，减少资金占用，简化库存管理流程以及提高库存管理水平的效果。

5. 规范的库存资源收发存管理流程

库存资源一般经过验收入库、保管盘存、领料出库 3 个主要环节。这 3 个环节构成了库存资源的收发存管理。收发存管理是有效库存管理系统的基础。

（1）验收入库。办理资源验收入库的主要依据是验收入库单，其中登载的主要内容有：供货单位、资源的品名、代号、规格型号、供货单位、运输方式、数量、质量检验结果、拟存放仓库等。仓库管理人员对上述内容进行核对，确认登载信息无误后在验收入库存单上签字，确定收货，登录收发存台账，并安排资源存放的库位。

（2）资源的保管与盘存。物料或服务资源入库后要安全、经济地保持好物资原有的质量水平和使用价值，防止因保管不善所引起的物资破损、变质或者流失。

除日常保管工作外，还要经常或定期盘点清查，随时掌握每种资源的库存水平，并按要求进行报亏或报盈操作。当库存量降到订货点时，通知采购部门订货。当开始动用安全库存时发出警报，以便物料或服务资源供应部门和生产单位及早采取措施，避免因缺料而影响生产进度。

此外，仓库管理人员还要对物资使用情况进行分析，掌握超储和短缺资源需求与供货的变动规律。保障供应并压缩不必要的库存，加速物料或服务资源和资金的周转。

目前，在装配线上普遍采用开放式仓库，节约了存储空间，缩短了运输距离，但应防止配件的损坏与丢失。

（3）调拨出库。办理调拨出库的主要依据是内部转移单或对外调拨单。内部转移单用于内部单位如分厂或车间领用物资；对外调拨单则用于外部单位，如其他公司或子公司调拨物资。这些调拨凭证登载的主要内容有：调拨单位、资源品名、代号、规格型号、数量、验收入库时的质检结果等。在办理资源调拨出库时，资源库存管理人员核对调拨凭证上的全部内容，准确无误时，配货出库，登录收发存台账。

某小型企业库存物资 ABC 分类如图 7-3 所示。

6. 二级库库存资源的调配

对大宗原材料或小低值易耗品，一般设置二级库，以方便用料单位领料。二级库库存水平是进行资源采购决策的重要信息之一。为节省采购资金，应在一级库和所有二级库之

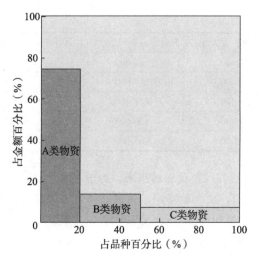

图 7-3　某小型企业库存物资 ABC 分类图

间对资源进行资源平衡。但是，由于要对二级单位生产责任制进行考核，经常会出现二级库实物库存与账面库存不一致的情况。例如，在医院住院部的被褥管理中，二级库的设置是为了方便快速调配和使用。在住院部，护士长或者医务人员负责管理被褥等物资的二级库存。一般来说，他们会根据住院部的实际情况和需求，定期进行被褥数量的盘点和调配。假设某医院的住院部设有二级库存，用于存放被褥等物资。每隔一段时间护士长会进行一次库存盘点，记录实际库存量，并与账面库存进行比对。如果发现实物库存与账面库存不一致，护士长会进行调查和核实，找出库存差异的原因，并进行相应的调整。

7. 闲置服务资源及其处理

（1）闲置服务资源发生的原因。闲置服务资源是指超过规定时间不流动的物料。归纳起来，呆滞物料的发生不外乎外部和内部两个原因。外部原因包括：顾客退货或更换订单、供应物料质量问题；内部原因包括：过量采购或错误采购、试生产余材、设计变更或产品终结。

（2）闲置服务资源的处理方案。应根据发生呆滞的原因分别处理。对订单变更导致的呆滞，按以下类别进行统计造表：在库、WIP、在途、外委。对此类呆滞优先在其他客户订单中消化，无法消化的则分类统计造表，提出变卖申请。对供应商原因造成的呆滞协调退换货。对采购过量或错误采购造成的呆滞，造表并提出退换货申请。对试生产、设计变更或产品终结导致的呆滞，提出替换使用或改造（拆分、修整等）后使用的方案。

（3）闲置服务资源的预防。为最大限度地减少闲置服务资源，应着重做好以下几个方面的工作：

- 基于信息共享的科学需求预测分析；
- 缩短订货或生产提前期；
- 对客户专用料，在供销合同中明确退换货条款；
- 对新订单分析其与已有订单的关联性；
- 对 A 类资源，实施精准化采购；

* 加强产品生命周期（PLC）管理。

8. 快速消费品（快消品）供应链协同制造

（1）快消品行业的典型特征。快消品（Fast Moving Consumer Goods，FMCG）即时效性强的快速消费品。归纳起来，FMCG 行业具有以下 10 个典型特征：

* 单价低；
* 总销售收入高；
* 产品同质化程度高；
* 可替代品多；
* 购买频次高；
* 销售终端数量巨大；
* 时效性强；
* 需求更具不确定性；
* 顾客黏性低；
* 最小存货单位（Stock Keeping Unit，SKU）种类繁多。

以下以调味品为例，介绍快消品行业 SKU 的复杂性。假如某企业生产 5 种口味、2 种规格的调味品。这样就有了 10 种基本组合。但是考虑到单瓶、三联装、标准箱、组合箱、促销装、礼盒装、家庭装等包装形式，就有了近百种 SKU。再考虑如果有上百个零售商，在终端零售环节就可能会有上万个 SKU。

（2）快消品行业通常的做法及其他后果。快消品行业通常的做法并不科学，导致了不良后果。

①通常做法。由于快消品行业具有上述典型特征，制造商总是处于强势地位。在供需上通常的做法是制造商通过铺货把库存或库位推向终端零售。

②后果。上述做法的结果是制造商的出货量大。但这种推式的铺货方式必然会加大终端持有的库存与实际销售量之间的差距。加上牛鞭效应的影响，在供应链的下游，商品要么积压，要么缺货。积压时，终端零售承受了巨大的库存压力，这种库存压力可能是库存资金的占有，也可能产生了更多的保管费用。缺货时，消费者的体验欠佳。无论何种情况，最终的后果是出货量大，但收益指标不理想。

（3）解决方案与可期待的收益。创新快消品管理可获得良好的收益。

解决方案。为破解快消品行业绩效低下的难题，实施快消品供应链的协同制造尤其必要。快消品供应链的协同制造方案具体表现在以下 7 个方面：

* 引入供应商管理库存、联合管理库存、第三方物流、第四方物流等库存管理模式；
* 实施多批次、小批量补货；
* 最大化缩短提前期；
* 基于历史数据的理性化、上下游协同地预测；
* 对客户实施分级管理，为白金客户优先配置货品；
* 降低终端销售环节的安全库存水平；
* 实现基于需求拉动的需求管理、设计、采购、制造、仓储、配送的协同。

可期待的收益。通过上述快消品供应链协同制造方案的实施，将会带来以下 3 个方面的预期收益：

- 可更好地满足终端客户对快消品及服务越来越多的个性化需求；
- 可减少牛鞭效应的影响；
- 最终可提升包括库存成本在内的供应链整体绩效。

（4）实现条件。当然，为实施快消品供应链协同制造方案，必须创造一些条件。

第一，终端消费的深度数据挖掘。以调味品为例，一方面，对终端零售店的细分市场进行深入分析；另一方面，基于关联食材供需分析来预测餐饮客户的需求。

特别地，还可以在深度数据挖掘的基础上，向顾客推介创新产品方案。以孜然粉为例，根据顾客的喜好，既可以向顾客推介孜然粉，也可以向顾客推介香辣孜然粉。这样，就可以在保证快消品供应链供需关系协调的前提下，更好地满足顾客的个性化需求。

第二，供应链全链条信息共享。为顺利实施快消品供应链的协同制造，供应链全链条的信息共享是必要条件。

第三，利益共享与风险分担机制的建立。快消品供应链实现协同制造，必然带来更可观的整体收益，但收益总是与风险相伴相生的。所以，为激励成员企业实施快消品供应链的协同制造，不但要建立利益共享机制，还要建立风险分担机制。

7.3 经济批量模型

7.3.1 经济订货批量模型

所谓经济订货批量就是使与库存有关的成本（以下简称总成本）达到最小的订货批量。经济订货批量模型最早由哈里斯（F. W. Harris）于 1915 年提出。该模型有 6 个基本假设：

- 总需求量已知；
- 对库存的需求率为常数；
- 提前期不变；
- 订货费用与订货批量无关；
- 持有费用是库存量的线性函数；
- 全部订货一次交付；
- 无数量折扣。

在以上假设条件下，库存量的变化如图 7-4 所示。

图 7-4 所示的库存系统的特点是：系统的最大库存量为订货批量，最小库存量为 0；对库存的需求率为常数；库存系统不存在缺货；当库存量降到订货点时，按固定批量 Q 发出订货；经过一个固定的订货提前期（Lead Time，LT），刚好在库存变为 0 时，新的一批数量为 Q 的订货到达。

与库存有关的成本包括：持有费用和订货费用。持有费用随订货批量 Q 增加而增加，是 Q 的线性函数；订货费用与 Q 成反比，Q 越大，订货次数越少，订货费用越小。

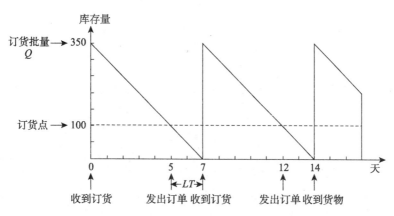

图 7-4　库存量变化示意图

设总成本为 T_C、持有费用为 T_H、订货费用为 T_O，单位库存资源的持有费用为 H，每次订货费用为 S，年总需求量为 D，基于对库存的需求率为常数和全部订货一次交付的假设，库存管理周期内平均库存水平为 $Q/2$，则总成本为

$$T_C = T_H + T_O = \frac{Q}{2} \times H + \frac{D}{Q} \times S \tag{7-1}$$

把式（7-1）以图形表示就得到库存成本曲线，如图 7-5 所示。其中总成本曲线是持有费用曲线与订货费用曲线的叠加。

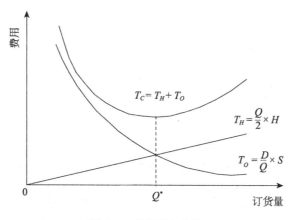

图 7-5　库存成本曲线

从图中可以看出，存在一个订货批量 Q^*，此时，总成本最低，Q^* 即经济订货批量。为求得经济订货批量，对式（7-1）中的 Q 求一阶导数，并令一阶导数等于零，可得

$$Q^* = \sqrt{\frac{2DS}{H}} \tag{7-2}$$

把式（7-2）代入式（7-1），可得经济订货批量下的总成本

$$T_C(Q^*) = \sqrt{2DSH} \tag{7-3}$$

订货次数为

$$n = \frac{D}{Q^*} = \sqrt{\frac{DH}{2S}} \qquad\qquad （7\text{-}4）$$

在经济批量模型中，订货点只与年需求量 D、全年制度工作日 m 和提前期 LT 有关，计算公式为

$$ROP = \frac{D}{m} \times LT \qquad\qquad （7\text{-}5）$$

【例 7-2】 一家餐厅某种食材的年需求量为 15 000 千克。每次订货费用为 200 元，单位库存持有费用为 1.5 元。又知该餐厅工作日为 300 天，订货提前期为 20 天。试计算经济订货批量、相应的全年总成本、订货次数和订货点。

解：

（1）根据式（7-2），可得经济订货批量

$$Q^* = \sqrt{\frac{2DS}{H}} = \sqrt{\frac{2 \times 15\,000 \times 200}{1.5}} = 2\,000（千克）$$

（2）根据式（7-3），可得全年总成本

$$T_C = \sqrt{2DSH} = \sqrt{2 \times 15\,000 \times 200 \times 1.5} = 3\,000（元）$$

（3）根据式（7-4），可得订货次数

$$n = \sqrt{\frac{DH}{2S}} = \sqrt{\frac{15\,000 \times 1.5}{2 \times 200}} = 7.5（次），取整数，为 8 次。$$

（4）根据式（7-5），可得订货点

$$ROP = \frac{D}{m} \times LT = \frac{15\,000}{300} \times 20 = 1\,000（千克）$$

7.3.2　经济生产批量模型

实际上，企业经常会采用成批生产方式。成批生产的特点是轮番生产少数几种产品。每次重新生产前，都要进行生产准备工作。因此会产生生产准备费用。生产准备费用包括设备清理与调整费用、停机损失、因切换品种致使产品不合格或质量下降等带来的损失等。

成批生产方式的一个关键问题是确定生产批量的大小。批量越大，库存水平越高，持有费用越高，但一定时期内生产准备的次数越少，生产准备费用低；反之，批量越小，库存水平越低，但一定时期内生产准备次数越多，生产准备费用越高。为确定合理的生产批量，可采用经济订货批量的思路，即建立经济生产批量模型（Economic Production Quantity，EPQ，或 Economic Production Lot，EPL）。所谓经济生产批量，是使持有费用和生产准备费用之和最小的生产批量。

经济生产批量模型的基本假设如下：

- 产品按生产速率逐渐生产出来，用以连续补充库存；
- 生产准备费用替代订货费用；
- 其他假设条件与经济订货批模型相同。

成批生产方式下库存量变化示意图如图 7-6 所示。

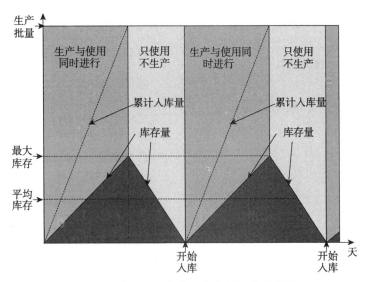

图 7-6　成批生产方式下库存量变化示意图

设生产速率为 p，使用速率为 u（显然 $p>u$），生产批量为 Q，则把批量为 Q 的产品生产出来需要 Q/p 天。其间，库存量以 $p-u$ 的速率递增。在最后时刻达到最大库存，记为 I_{max}。生产停止后，库存水平按使用速率 u 递减。假设生产提前期为 LT，当库存水平降低到 $RPP=u\times LT$ 时，就要下达新的生产指令。RPP 即再生产点。这样，当库存减少到 0 时，就开始了新一轮的生产。

设总成本为 C_T，单位产品的持有费用为 H，每次生产准备费用为 S，年使用量为 D，则总成本为

$$C_T = \frac{I_{max}}{2}\times H + \frac{D}{Q}\times S = \frac{\dfrac{Q}{p}\times(p-u)}{2}\times H + \frac{D}{Q}\times S = \frac{Q}{2}(1-\frac{u}{p})\times H + \frac{D}{Q}\times S \qquad （7-6）$$

用求经济订货批量相同的方法，求得经济生产批量

$$Q^* = \sqrt{\frac{2DS}{H}}\sqrt{\frac{p}{p-u}} \qquad （7-7）$$

此时，总成本为

$$C_T(Q^*) = \sqrt{2DSH}\sqrt{\frac{p-u}{p}} \qquad （7-8）$$

生产次数为

$$n = \frac{D}{Q^*} = \sqrt{\frac{DH}{2S}}\sqrt{\frac{p-u}{p}} \qquad （7-9）$$

当生产速率 p 趋于无穷大时，EPQ 模型与 EOQ 模型一样，可将 EOQ 模型看作 EPQ 模型的特例。

【例 7-3】一家大数据分析公司，通过市场预测得知，其某种大数据处理或存储服务的年需求量为 18 000 个服务单元。该公司采用批量处理与优化的方式，工作制度为 300 天。

服务处理速率为每天能处理或优化 100 个服务单元,每次处理或优化的准备费用为 100 元,每个服务单元在单位时间内的持有或维护费用为 4 元/天。试根据上述条件计算经济生产批量、总成本、全年生产次数。

解:

(1)从已知条件可知,使用速率为 18 000/300=60(个/天),根据式(7-7),可得经济生产批量

$$Q^* = \sqrt{\frac{2DS}{H}}\sqrt{\frac{p}{p-u}} = \sqrt{\frac{2 \times 18\,000 \times 100}{4}}\sqrt{\frac{100}{100-60}} = 1\,500(\text{个})$$

(2)根据式(7-8),可得全年总成本

$$C_T(Q^*) = \sqrt{2DSH}\sqrt{\frac{p-u}{p}} = \sqrt{2 \times 18\,000 \times 100 \times 4}\sqrt{\frac{100-60}{100}} = 2\,400(\text{元})$$

(3)根据式(7-9),可得生产次数

$$n = \frac{D}{Q^*} = \sqrt{\frac{DH}{2S}}\sqrt{\frac{p-u}{p}} = \sqrt{\frac{18\,000 \times 4}{2 \times 100}}\sqrt{\frac{100-60}{100}} = 12(\text{次})。$$

7.3.3 经济订货(生产)批量模型的应用

尽管 EOQ 和 EPQ 模型是在理想假设前提下提出的,但在实际应用中,仍可借助这种模型找到近似解。此外,应用这些模型,可帮助企业找到降低总成本的着力点。

减少订货(生产)批量,会直接减少持有费用,但会增加订货(或生产准备)次数,从而导致订货(或生产准备)费用增加。如果企业能够通过采取先进的生产组织方式并采用先进的技术手段,把订货(或生产准备)费用降下来,那么减少订货(生产)批量将是优先选项。而且减少批量也是满足顾客多样化需求的必然趋势。例如,准时生产制强调持续改进,减少库存、减少持有费用,甚至追求零库存的目标。为消除因此而带来的生产准备费用,提出了"三分钟换模"方案,而这正是经济生产批量模型的应用。

实际应用中,或多或少要对利用经济批量模型计算出来的订货或生产批量进行调整。特别地,在 3 种情况下,需要对计算出来的批量作出较大的调整。

(1)战略性产品或服务,特别是容易受到外部环境影响或者因缺货而造成严重后果的物料或产品或服务,如高端核心芯片和涉密区块链服务等。

(2)订货或生产准备费用受订货或生产批量影响比较大的物料或产品。

(3)因技术规范,运输批量或仓储空间有特殊规定的物料或产品。

7.3.4 数量折扣模型

1. 数量折扣模型的假设与推导

在物料或服务资源采购与供应过程中,供货商为扩大销售量往往会给大量采购者一定的优惠,即数量折扣。这种情况在买方市场环境下的大宗原料采购或批发业务中更为常见。

因为有数量折扣存在,与没有数量折扣的情况相比,经济订货批量会有增加的趋势。

对于采购商，得到数量折扣的结果是享受了价格优惠，减少了订货次数和订货费用，但增加了库存水平和持有费用；而放弃数量折扣的结果是放弃价格优惠，减少了库存水平和持有费用，但增加了订货次数和订货费用。因此，采购商需要在这两种利害关系中找到平衡点，确定合理的订货批量。

在没有数量折扣时，价格是一常数，在年需求量已知的前提下，资源自身的价值也是一个常数。因此，在总成本函数中是否考虑资源本身的价值都不影响经济订货批量的计算。但在有数量折扣的情况下，资源的单价不再是一个常数。因此，在总成本函数中需要加上资源本身的价值，记为 C_P。于是，总成本为

$$C_T = C_H + C_O + C_P \tag{7-10}$$

数量折扣模型又分两种情况，即持有费用是常数，不随价格而变，如劳动含量比较高的资源多属于这种类型；另一种是持有费用是价格的线性函数，如技术和资金含量比较高的资源多属于这种类型。

（1）持有费用是常数。图 7-7 表示了持有费用是常数时的总成本曲线。

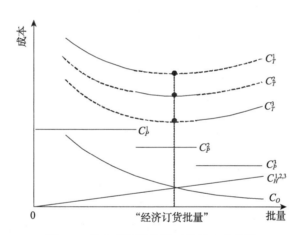

图 7-7　持有费用是常数时的总成本曲线

当持有费用是常数时，各个数量折扣区间的"经济订货批量"相等，求解经济订货批量的步骤如下。

第一，计算公用的"经济订货批量"。在图 7-7 中，三个数量折扣区间对应的"经济订货批量"相等。

第二，确定"经济订货批量"的可行域。在图 7-7 中，"经济订货批量"的可行域为第二个数量折扣区间。在第一个数量折扣区间，采购商不愿意按"经济订货批量"采购；在第三个数量折扣区间，采购商不能够按"经济订货批量"采购。

第三，计算可行的经济订货批量所对应的总成本和所有更低的数量折扣区间的起折点所对应的总成本。

第四，比较上述总成本，最低总成本所对应的采购批量即为经济订货批量。

（2）持有费用是价格的线性函数。图 7-8 表示了持有费用是价格的线性函数时的总成本曲线。

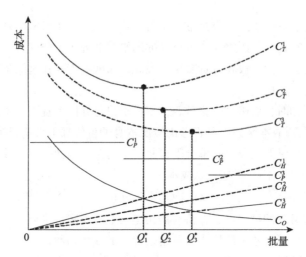

图 7-8　持有费用是价格的线性函数时的总成本曲线

当持有费用是价格的线性函数时，各个数量折扣区间的"经济订货批量"不等，求解经济订货批量的步骤如下。

第一，计算价格最低的数量折扣区间的"经济订货批量"，如果可行，则该"经济订货批量"即为所求。否则，转入下一步。在图 7-8 中，价格最低的数量折扣区间对应的"经济订货批量"不可行，采购商就不能按"经济订货批量"采购。

第二，向上找到可行域。在图 7-8 中，第二个数量折扣区间即为可行域。

第三，计算可行域的"经济订货批量"所对应的总成本以及所有价格更低的数量折扣区间的起折点所对应的总成本。

第四，比较上述总成本，最低总成本所对应的采购批量即为经济订货批量。

【例 7-4】一家数字服务供应商采购某种云服务订阅量，年需求量为 10 000 个 DPU（数据处理单元）。供应商给出的价格策略及成本结构如表 7-4 所示。如果已知每次订阅调整的费用为 100 元，服务未充分利用或闲置的成本为单价的 10%，试计算经济订阅批量、全年总成本和全年订阅调整次数。

表 7-4　某种云服务的订阅价格折扣策略

订阅批量（DPU）	每单位价格（元）
1～899	30
900～1 199	25
1 200 以上	20

解：

（1）计算经济订阅批量。

计算最低价格的数量折扣区间的"经济订阅批量"

$$Q^*(20) = \sqrt{\frac{2 \times 10\,000 \times 100}{20 \times 10\%}} = 1\,000\,(\text{DPU})$$

每次订购 1 000 箱不能享受 20 元/DPU 的优惠，所以，该"经济订阅批量"不可行。向上找到可行域：

$$Q^*(25) = \sqrt{\frac{2 \times 10\,000 \times 100}{25 \times 10\%}} \approx 894.4 （DPU），取 895DPU。895 不在本折扣范围之内。$$

$$Q^*(30) = \sqrt{\frac{2 \times 10\,000 \times 100}{30 \times 10\%}} \approx 816.5 （DPU），取 817DPU。817 在本折扣范围之内，找到$$

可行域。

计算可行域的"经济订阅批量"所对应的总成本以及所有价格更低的数量折扣区间的折扣点所对应的总成本：

$$C_T(817) = \frac{817}{2} \times 30 \times 10\% + \frac{10\,000}{817} \times 100 + 10\,000 \times 30 \approx 302\,450（元）$$

$$C_T(900) = \frac{900}{2} \times 25 \times 10\% + \frac{10\,000}{900} \times 100 + 10\,000 \times 25 \approx 252\,236（元）$$

$$C_T(1\,200) = \frac{1\,200}{2} \times 20 \times 10\% + \frac{10\,000}{1\,200} \times 100 + 10\,000 \times 20 \approx 202\,033（元）$$

比较上述三个成本，可知经济订阅批量为 1 200DPU。

（2）全年总成本为：202 033 元。

（3）全年订阅次数为

$$n = \frac{10\,000}{1\,200} \approx 8.3（次），取整数，为 9 次。$$

2. 数量折扣策略的制定

考虑顾客并不是单一的，他们在制订采购策略时，并非只考虑成本，供应商需要针对不同采购商制定不同的数量折扣方案，以实现收益最大化。在制定数量折扣策略时，应着重解决好以下 3 个关键问题：

- 折扣区间数量，供货商通常设置两个折扣区间，即一次订货在某一数量以内不打折，超过一定数量给一定的价格优惠。为了实施精准化销售，有些商家可能会设置更多的折扣区间；
- 折扣区间的跨度，如果设置的折扣区间不止一个，就涉及折扣区间的跨度问题；
- 折扣幅度，对于每一个折扣区间，是象征性地给一个折扣幅度，还是进行大幅度的折扣，需要供货商给出具体的方案。

在制定数量折扣策略时，应考虑以下 5 个方面的影响因素。

（1）产品的需求价格弹性。不同产品，需求价格弹性系数不同；同一产品对不同顾客需求价格弹性系数不同；同一产品对同一顾客，在不同的环境，需求价格弹性系数也不同。因此，应针对不同的采购商，制定不同的数量折扣策略。特别地，如果产品本身的需求价格弹性小，采购商对价格又不敏感，折扣区间的数量要少、折扣区间的跨度要大，折扣幅度要小。

（2）持有成本。包括资本成本、保管费用等。对某类资源，持有成本越高，折扣幅度就应越大。

（3）历史数据。应参考一定时期的历史数据，分析不同数量折扣策略下的收益情况。

实施动态调整。

（4）竞争对手的价格策略。对同质产品，还应充分考虑竞争对手的价格策略。以便在盈利的情况下，争取更多的市场份额。

（5）心理因素。对高端客户，过度折扣绝不是一个聪明的选择。

7.4 随机库存问题的订货量和订货点

7.4.1 随机库存问题描述

1. 需求率和订货提前期的随机性

前面介绍的几种库存模型都是确定型库存模型，即假定需求率和订货提前期都是确定的。大多数情况下，需求率或提前期是随机变量，这就是随机库存问题。

2. 要解决的问题

随机库存问题要确定的仍然是订货批量和订货点。但是，由于需求或提前期变化的不确定性，不可避免地会发生缺货。因此，随机库存要解决的问题是：在给定的缺货水平下，订货批量应该设定多大，订货点应该设定为多少个才能使包括缺货费用在内的总成本值最小。

3. 假设条件

随机库存问题的假设条件有以下 6 个：

- 年平均需求量（D）已知；
- 对库存的需求率 d 和提前期 LT 为已知分布的随机变量；
- 订货费用与订货批量无关；
- 持有费用是库存量的线性函数；
- 全部订货一次交付；
- 无数量折扣。

4. 库存量的变化

在上述假设条件下，随机库存问题的库存量变化可用图 7-9 来表示。

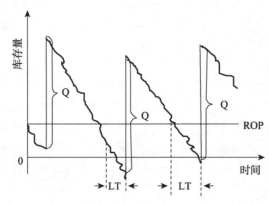

图 7-9 随机库存问题的库存量变化

从上图可以看出，库存的需求率和提前期都是随机变量。在第一次提前期内没有出现缺货情况，但在第二次和第三次提前期内都发生了缺货现象。

5. 总成本及订货批量

由于缺货的存在，在总成本函数中必须考虑缺货费用。缺货费用反映了由于需求大于现有的库存而导致失去销售机会的损失、信誉的降低以及使生产过程中断所造成的损失。缺货费用也是一个随机变量。

设缺货费用为 C_S，则总成本为

$$C_T = C_H + C_O + C_S \qquad (7\text{-}11)$$

此时，持有费用为单位持有费用与周期内库存量期望值之积，缺货费用为单位缺货费用与提前期内缺货期望值之积。根据式（7-11）求解经济订货批量十分复杂，难以在实际中应用。而且实际数据并不一定很精确，用精确的方法去处理不精确的数据，必然得出不精确的结果。实际中，直接用 EOQ 公式计算经济订货批量。下面主要介绍如何根据服务水平和安全库存确定订货点。

7.4.2 服务水平与安全库存

1. 服务水平

服务水平是衡量随机库存系统的一个重要指标，是指提前期内的库存需求不超过库存供给的可能性。如98%的服务水平就表示提前期内库存需求不超过库存供给的可能性为98%，也即有2%的缺货风险。服务水平关系到库存系统的竞争能力，在服务业中尤其如此。例如，对零售商店，考虑到竞争因素和顾客等待的耐心程度，冰镇啤酒的服务水平可能需要99%，而新鲜面包的服务水平可能95%就足够了。服务水平的设定还取决于运营管理策略，例如，对同一种资源，管理者可能会提高或降低其下一个时期的服务水平。

服务水平有很多的表示方式，如整个周期内供货数量占需求量的百分比；提前期内供货量占需求量的百分比；顾客订货得到满足的次数占整个订货次数的百分比；现有库存可供应的时间占总服务时间的百分比等。

2. 安全库存

安全库存是为应对需求的不确定性及其他潜在风险而设置的库存。图 7-10 说明了安全库存的概念。值得指出的是即使设置了安全库存，仍然可能发生缺货。在图 7-10 中，在第二个订货提前期内，实际需求率大于预测需求率，导致了缺货的发生。

3. 服务水平与安全库存之间的关系

安全库存取决于需求波动的大小、提前期的长短、服务水平的高低。具体而言，需求波动越大，提前期越长，所要求的服务水平越高，就越需要规避未来需求意外变化所带来的风险，从而设置的安全库存量也会增大。图 7-11 说明了订货提前期内服务水平与安全库存之间的关系。

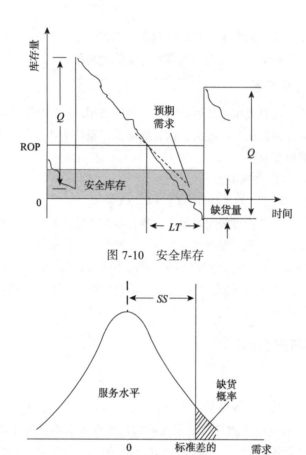

图 7-10　安全库存

图 7-11　服务水平与安全库存之间的关系

7.4.3　订货点的确定

以下只围绕需求变化的情况，讨论如何确定订货点。

所确定的订货点要满足提前期内预期的需求和安全库存的需求。提前期内预期的需求即平均需求 d 与提前期 LT 的乘积。需求在多数情况下服从正态分布，确定安全库存的前提是需求变化的标准差已知，不妨设为 σ_d，为使订货点满足安全库存的需求，需事先设定一个服务水平，然后根据服务水平确定标准差的分位数 z。表 7-5 是标准正态曲线下从 $-\infty$ 到 $+z$ 的累积概率，从中可以查到给定服务水平下的分位数。例如，如果设定了 95% 的服务水平，那么，查表可知标准差的分位数 $z=1.64$。

表 7-5　正态分布累积概率　$\left(\Phi(z)=\int_{-\infty}^{z}\dfrac{1}{\sqrt{2\pi}}e^{-u^2/2}du\right)$

z	0.00	0.01	0.02	0.03	0.04	0.05	0.06	0.07	0.08	0.09
+0.0	0.500 00	0.504 00	0.508 00	0.512 00	0.516 00	0.519 90	0.523 90	0.527 90	0.531 90	0.535 90
+0.1	0.539 80	0.543 80	0.547 80	0.551 70	0.555 70	0.559 60	0.563 60	0.567 50	0.571 40	0.575 30

续表

z	0.00	0.01	0.02	0.03	0.04	0.05	0.06	0.07	0.08	0.09
+0.2	0.579 30	0.583 20	0.587 10	0.591 00	0.594 80	0.598 70	0.602 60	0.606 40	0.610 30	0.614 10
+0.3	0.617 90	0.621 70	0.625 50	0.629 30	0.633 10	0.636 80	0.640 60	0.644 30	0.648 00	0.651 70
+0.4	0.655 40	0.659 10	0.662 80	0.666 40	0.670 00	0.673 60	0.677 20	0.680 80	0.684 40	0.687 90
+0.5	0.691 50	0.695 00	0.698 50	0.701 90	0.705 40	0.708 80	0.712 30	0.715 70	0.719 00	0.722 40
+0.6	0.725 70	0.729 10	0.732 40	0.735 70	0.738 90	0.742 20	0.745 40	0.748 60	0.751 70	0.754 90
+0.7	0.758 00	0.761 10	0.764 20	0.767 30	0.770 40	0.773 40	0.776 40	0.779 40	0.782 30	0.785 20
+0.8	0.788 10	0.791 00	0.793 90	0.796 70	0.799 50	0.802 30	0.805 10	0.807 90	0.810 60	0.813 30
+0.9	0.815 90	0.818 60	0.821 20	0.823 80	0.826 40	0.828 90	0.831 50	0.834 00	0.836 50	0.838 90
+1.0	0.841 30	0.843 80	0.846 10	0.848 50	0.850 80	0.853 10	0.855 40	0.857 70	0.859 90	0.862 10
+1.1	0.864 30	0.866 50	0.868 60	0.870 80	0.872 90	0.874 90	0.877 00	0.879 00	0.881 00	0.883 00
+1.2	0.884 90	0.886 90	0.888 80	0.890 70	0.892 50	0.894 40	0.896 20	0.898 00	0.899 70	0.901 50
+1.3	0.903 20	0.904 90	0.906 60	0.908 20	0.909 90	0.911 50	0.913 10	0.914 70	0.916 20	0.917 70
+1.4	0.919 20	0.920 70	0.922 20	0.923 60	0.925 10	0.926 50	0.927 90	0.929 20	0.930 60	0.931 90
+1.5	0.933 20	0.934 50	0.935 70	0.937 00	0.938 20	0.939 40	0.940 60	0.941 80	0.942 90	0.944 10
+1.6	0.945 20	0.946 30	0.947 40	0.948 40	0.949 50	0.950 50	0.951 50	0.952 50	0.953 50	0.954 50
+1.7	0.955 40	0.956 40	0.957 30	0.958 20	0.959 10	0.959 90	0.960 80	0.961 60	0.962 50	0.963 30
+1.8	0.964 10	0.964 90	0.965 60	0.966 40	0.967 10	0.967 80	0.968 60	0.969 30	0.969 90	0.970 60
+1.9	0.971 30	0.971 90	0.972 60	0.973 20	0.973 80	0.974 40	0.975 00	0.975 60	0.976 10	0.976 70
+2.0	0.977 30	0.977 80	0.978 30	0.978 80	0.979 30	0.979 80	0.980 30	0.980 80	0.981 20	0.981 70
+2.1	0.982 10	0.982 60	0.983 00	0.983 40	0.983 80	0.984 20	0.984 60	0.985 00	0.985 40	0.985 70
+2.2	0.986 10	0.986 40	0.986 80	0.987 10	0.987 50	0.987 80	0.988 10	0.988 40	0.988 70	0.989 00
+2.3	0.989 30	0.989 60	0.989 80	0.990 10	0.990 40	0.990 60	0.990 90	0.991 10	0.991 30	0.991 60
+2.4	0.991 80	0.992 00	0.992 20	0.992 50	0.992 70	0.992 90	0.993 10	0.993 20	0.993 40	0.993 60
+2.5	0.993 80	0.994 00	0.994 10	0.994 30	0.994 50	0.994 60	0.994 80	0.994 90	0.995 10	0.995 20
+2.6	0.995 30	0.995 50	0.995 60	0.995 70	0.995 90	0.996 00	0.996 10	0.996 20	0.996 30	0.996 40
+2.7	0.996 50	0.996 60	0.996 70	0.996 80	0.996 90	0.997 00	0.997 10	0.997 20	0.997 30	0.997 40
+2.8	0.997 40	0.997 50	0.997 60	0.997 70	0.997 70	0.997 80	0.997 90	0.997 90	0.998 00	0.998 10
+2.9	0.998 10	0.998 20	0.998 30	0.998 30	0.998 40	0.998 40	0.998 50	0.998 50	0.998 60	0.998 60
+3.0	0.998 65	0.998 69	0.998 74	0.998 78	0.998 82	0.998 86	0.998 89	0.998 93	0.998 96	0.999 00
+3.1	0.999 03	0.999 06	0.999 10	0.999 13	0.999 15	0.999 18	0.999 21	0.999 24	0.999 26	0.999 29
+3.2	0.999 31	0.999 34	0.999 36	0.999 38	0.999 40	0.999 42	0.999 44	0.999 46	0.999 48	0.999 50
+3.3	0.999 52	0.999 53	0.999 55	0.999 57	0.999 58	0.999 60	0.999 61	0.999 62	0.999 64	0.999 65
+3.4	0.999 66	0.999 67	0.999 69	0.999 70	0.999 71	0.999 72	0.999 73	0.999 74	0.999 75	0.999 76
+3.5	0.999 77	0.999 78	0.999 78	0.999 79	0.999 80	0.999 81	0.999 81	0.999 82	0.999 83	0.999 83

标准差对应的分位数与标准差的乘积即为安全库存水平，于是

$$SS = z\sqrt{LT}\sigma_d \tag{7-12}$$

加上提前期内的需求，即得订货点

$$ROP = \bar{d} \times LT + z\sqrt{LT}\sigma_d \qquad (7\text{-}13)$$

【例 7-5】一家连锁酒店近期抽取了有关客房清洁用品（以"套件"为单位，包含床单、被罩、枕套及毛巾等）需求的样本数据，统计结果表明：在提前期内对客房清洁用品套件的需求服从日平均值为 15 套件、标准差为 5 套件的正态分布。考虑清洁用品的订货到货时间为 4 天（即订货提前期）。如果管理者希望将因缺货导致的客房服务中断风险控制在不超过3%的范围内，试计算这家连锁酒店对客房清洁用品套件应设置的安全库存和再订货点。

解：

缺货风险不超过 3%意味着服务水平为 97%，查表（见所附正态分布累积概率表）可得，z=1.88。

根据式（7-12），安全库存为

$$SS = z\sqrt{LT}\sigma_d = 1.88 \times \sqrt{4} \times 5 \approx 19(套)。$$

根据式（7-13），订货点为

$$ROP = \bar{d} \times LT + z\sqrt{LT}\sigma_d = 15 \times 4 + 18.8 \approx 79(套)。$$

7.5 单期库存管理模型

7.5.1 单期库存管理问题描述

有些物品是易腐的，如新鲜水果、蔬菜、海鲜、鲜花等。有些物品的时效性很强，如报纸、杂志、比赛用的物品等。对于这类物品，如果未能及时售出，将会给卖方带来损失腐烂的果蔬和过期的面包只能丢弃，过期的报刊只能降价处理；同时，保管和处置这些剩余的物品还会发生相关的费用。这类问题就是单期库存管理问题。报纸的销售是典型的单期库存问题，所以单期库存问题常被称为报童问题。

单期库存管理要解决问题是一次订购多少才是最合适的。由于未来的需求总是存在着不确定性，为了确定单期库存问题的最优订货量，必须对未来的需求作出预测。

7.5.2 单期最优订货量的确定

显然，对于报童问题而言，最理想的情况是订货量正好等于需求量。但是，需求总是不确定的。需求的不确定性可能是近似于离散的，例如大型演唱会上用的激光棒数量。此时，可用均匀分布（等概率分布）来描述。有些需求的不确定性是近似于连续的，例如充填大型活动用气球的气体量。此时，可用正态分布来描述需求的变化。

因为需求的不确定性，为了确定报童问题的最优订货量，可以采用边际经济分析的方法。基本思路是在对未来需求进行预测的基础上，对欠储成本与超储成本进行估算，然后分析少订购一件物品所带来的损失或多订购一件物品所带来的损失。

欠储成本是指因为订货量少于实际需求而带来的损失。具体包括因错过销售机会所造成的直接损失和因信誉降低所带来的间接损失。欠储成本通常用 C_s 来表示。

超储成本是指因订货量超过实际需求而带来的损失。具体包括购买成本与残值的差额和处置过量物品所发生的费用。超储成本通常用 C_e 来表示。

现假设 $P(Q)$ 为需求量小于 Q 的概率，那么，超储成本的期望值为：$P(Q) \times C_e$，而欠储成本的期望值为：$[1 - P(Q)] \times C_s$。现在尝试逐步减少 Q，直到超储成本的期望值等于欠储成本的期望值，即

$$P(Q) \times C_e = [1 - P(Q)] \times C_s$$

此时的 Q 用 Q^* 来表示，于是，

$$P(Q^*) = \frac{C_s}{C_e + C_s} \tag{7-14}$$

报童问题的最优订货量就是满足式（7-14）的 Q^* 的值。$P(Q^*)$ 即为超订的概率。

利用式（7-14）寻找最优订货量的思路其实是一种"减法"思路，即通过逐步减少批量来寻优。照此可推出寻优"加法"思路。

下面以算例说明在需求呈现均匀分布的情况下，如何确定最优订货量。

【例 7-6】 还有不到 3 个月就是中秋佳节了。一家超市开始订购月饼。对于这种典型的单期消费食品，根据超市往年的销售经验，顾客一般会在中秋节到来之前 20 天左右购买月饼。但是一过中秋节当天的中午，月饼的价格将会大幅下降。

往年，这家超市会订购多种规格的月饼。其中，有一款几年来顾客一直心仪的中档月饼的订购量会占到总量的 80%。这款月饼今年的进价为 100 元/盒。经过市场调查，在中秋节当天中午之前的热销价可定为 200 元/盒。对当天中午之前没有销售出去的月饼，超市就得大幅降价才能销售出去。经过调查，顾客在中秋当天午后的购买意愿为 50 元/盒。

顾客对这款月饼的需求呈均匀分布，波动范围为 200～500 盒，期望需求为 350 盒。

试确定这款月饼的最优订购量。

解：

（1）计算超储成本与欠储成本。若过高估计顾客对这款月饼的需求将会导致订购过量。订购过量将导致因为中秋节当天午后大幅降价销售而带来的损失，即超储成本。在本例中，超储成本为进价与倾销价之差，即 $C_e = 100 - 50 = 50$ 元/盒。

过低估计顾客对这款月饼的需求将会导致订购不足。订购不足将会因为有需求但没有存货而造成损失，即欠储成本。在本例中，欠储成本为正常销售价格与进价之差，即 $C_s = 200 - 100 = 100$ 元/盒。

（2）计算最优订购量对应的概率。利用式（7-14），最优订货量必须满足以下条件：

$$P(Q^*) = \frac{C_s}{C_s + C_e} = \frac{100}{100 + 50} = \frac{2}{3}$$

（3）确定最优订货量。因为顾客对这款月饼的需求服从均匀分布，Q^* 的值是从 300 到 500 的 2/3 处，即 $Q^* = 200 + (500 - 200) \times (2/3) = 400$（盒）月饼。所以，最优订购量为 400 盒月饼。此时，超订的概率为 2/3。

这一求解过程及结果如图 7-12 所示。

图 7-12　月饼最优订货量求解过程及结果示意图

注意到，在本例中，$C_s > C_e$，按最优订货量进货将导致更高的超储风险。如果 $C_s < C_e$ 则正好相反，按最优订货量进货，将导致更高的欠储风险。

此外，在本例中，假设顾客对这款月饼的需求服从均匀分布。如果需求不是均匀分布，也可用同样的方法确定最优订货量。即最优订货量 Q^* 仍然必须满足 $P(Q^*) = 2/3$ 这一条件。

下面以算例说明在需求呈现正态分布的情况下，如何确定最优订货量。

【例 7-7】某视频平台向观众推出一部剧集的 VIP 服务。根据往年该类型剧集的购买情况，观众对这类剧集的需求近似于正态分布，均值为 $\bar{d} = 200$ 万，标准差为 $\sigma_d = 10$ 万。根据测算 C_s=4.2 元/万，C_e=1.4 元/万。试计算该剧集的最优订阅量。

解：

根据式（7-14），最优订阅量必须满足以下条件

$$P(Q^*) = \frac{C_s}{C_s + C_e} = \frac{4.2}{4.2 + 1.4} = 0.75$$

查表 7-5 可知，0.75 对应的 z 值在 + 0.67 与 + 0.68 之间。且更接近于 + 0.67，取 z = +0.67，则最优订货量为

$$Q^* = \bar{d} + z \times \sigma_d = 200 + 0.67 \times 10 = 206.7$$

订阅量为 206.7 万时，超订的概率为 0.75。

7.6　数据驱动的库存管理

在过去的十年中，数据在商业决策中发挥着越来越重要的作用。随着公司更多地依赖于收集或获取的数据来指导商业决策，这给库存管理带来了机遇和挑战。一方面，由于许多传统的库存管理模型不会自动合并数据组件，行业趋势需要创新的数据驱动的模型、框架、算法和策略。因此，数据驱动的库存管理领域蓬勃发展。另一方面，研究数据管理的研究人员经常发现很难清楚地定义该区域。从方法论的角度来看，许多学科之间的界限如运筹学、统计学、计量经济学和计算机科学，在处理数据驱动的研究时从未如此模糊过。

数据、模型和决策是构成数据驱动的库存管理的重要元素。公司收集数据，以提高对市场或决策质量的理解。根据具体的设置，公司或研究人员可获得的数据形式通常是不同的。例如，在库存管理中，交易或销售数据是一种常见的数据形式，它记录了产品的销售情况、所提供的分类产品的价格和可用的促销活动。最近，客户的个人信息数据，如年龄和过去的交易，也被用来进行个性化的推荐和设置个性化的促销活动。模型通常涉及以下

两个类别显著的重叠：效用最大化经济框架解释消费者的行为，如竞争模型和战略行为，或统计框架解释数据是如何生成的，如需求函数和离散选择模型。有了数据和模型，公司最终关心的是作出在短期或长期内对自己有利的合理决策。最近，受到新的商业模式和可用的数据源的启发，出现了一些新的决策机制，如产品排名和个性化推荐。根据数据、模型和决策三个核心元素间的关系，数据驱动的服务库存管理可划分为以下 5 个部分：统计推断（数据到模型）、预测优化（数据建模到决策）、在线学习（数据建模再循环）、端到端决策（数据直接到决策）和实验设计（数据到建模的决策）。

1. 统计推断

统计推断是通过样本推断总体的统计方法。其中，总体是通过总体分布的数量特征（如期望和方差等参数）来反映的。统计推断可根据带随机性的观测数据以及问题的条件和假设模型，对未知事物作出以概率形式表述的推断。该方法常用于对总体的未知参数进行估计、对关于参数的假设进行检验、对总体进行预测预报等。综上所述，统计推断下数据和模型之间的关系如图 7-13 所示。

图 7-13　统计推断

大数据驱动下基于复杂模型的统计推断有效提高了服务业的库存管理能力。这些复杂模型能够更好地解释消费者行为并且可辅助决策者高效地得到最优决策。这些复杂模型包含但不限于以下模型。

（1）离散选择模型。离散选择模型是在实验设计的基础上，通过模拟所要研究产品或服务的市场竞争环境，来测量消费者的购买行为，从而获知消费者如何在不同产品或服务属性水平下进行选择。在库存管理领域中，离散选择模型主要用于分析缺货对于消费者选择的影响，以及分析未观测到的损失。

（2）因果推断。因果推断是根据某一结果发生的条件对因果关系作出刻画的过程。因果推断和相关性推断的主要区别在于因果推断分析的是当原因发生变化时结果变量的反馈。在库存管理领域中，因果推断常被用于校准估计的需求函数。如果基于观察得到的历史价格和需求数据来估计需求函数，而未考虑到所观测到的价格和需求的相关性，那么根据估计需求函数得到的最优价格可能会被扭曲。

（3）贝叶斯推断。贝叶斯推断是一种基于贝叶斯定理的统计推断方法。不同于其他统计推断方法，贝叶斯推断可以不需要客观证据先估计一个值，然后根据实际结果不断修正。因此，贝叶斯推断需要基于足够多的数据进行大量的计算。在实践中，存在许多统计量是无法事先进行客观判断的情况，大型数据集和数据分析技术的发展促进了贝叶斯推断的计算效率。

2. 预测优化

预测优化由学习预测和优化决策两个独立的任务组成，常应用于解决库存管理的实际问题。在预测任务中，该方法采用机器学习工具来生成预测模型，进而预测优化模型的关键未知参数。在优化决策任务中，该方法采用优化模型来生成决策。预测优化方法有助于决策者作出由预测模型支持的高质量决策。综上所述，预测优化下的数据、模型和决策之间的关系如图 7-14 所示。

图 7-14　预测优化

3. 在线学习

在线学习是机器学习的一种模型训练方法，可以根据线上数据的变化，实时调整模型。因此，在线学习模型能及时反映线上数据的变化，通过提高线上预测的准确率，进而提升决策水平。相较于预测后优化，在线学习可以更好地处理缺少历史信息下的最优决策问题。比如，在缺乏对市场价格弹性的了解且没有历史需求数据的情况下，公司决策者需收集实时数据来在线学习市场价格弹性，从而不断逼近最优库存决策。这是一个动态的过程，因为数据的收集、模型的推理和决策都是相互依赖的，必须以迭代的方式进行。该过程如图 7-15 所示。

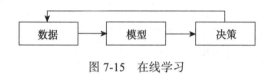

图 7-15　在线学习

此外，在线学习的常见应用还包括个性化推荐。个性化推荐使用大数据为每位消费者提供具有针对性的建议或产品推荐。这些推荐可以基于各种标准，包括过去的购买记录、搜索历史、人口统计信息和其他因素。个性化推荐是基于在线学习对最优分类的主要拓展之一。最优分类的特点是一个离散优化问题，即公司需要决策如何向客户推荐产品子集进而最大化其期望收入。通常，每个客户都遵循一个离散的选择模型。当公司最初没有该客户的离散选择模型信息时，就必须使用在线学习：推荐系统首先需要收集用户信息，比如你在视频 App 上搜索了哪些电影，你对这些电影的打分和评论，你的购买记录，以及产生的其他行为。所有这些信息都将汇聚到大型数据中心，这些数据非常大而且会一直增长。基于这些用户行为反馈数据训练得到推荐模型，将模型预估结果返回用户展示，再收集用户对展示结果的行为反馈并进一步调整推荐模型。

4. 端到端决策

端到端决策是一种通过将问题定义与历史数据输入深度学习模型就可直接输出最终决策结果的方法，该过程如图 7-16 所示。相较于预测后优化方法，基于深度学习的端到端决策方法具有以下两方面优点：一方面，端到端决策方法通过整合预测和优化两个阶段，实现了单步输出结果，缩短了决策流程，提升了决策效率；另一方面，这种整合也避免了预测结果误导优化决策的风险。

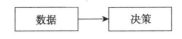

图 7-16 端到端决策

在实际库存管理中，当需求函数未知时，卖方只需从未知的分布中观察到大量的样本，通过端到端决策方法将样本直接映射到一个合适的库存量，而不再估计需求函数。在未来，端到端决策方法还可以推广到更多更具挑战性的领域，如多级库存系统管理、订单数量与订单时间协同决策等。

5. 实验设计

实验设计是一系列有意图性的对过程要素进行改变并观察其效果，并对这些结果进行统计分析以便确定过程变异之间关系的设计。该过程可以用图 7-17 来表示。近年来，实验设计引起了许多库存管理研究者的关注，部分原因是 A/B 测试在行业中的广泛采用。实验设计是基于历史数据的生成，以便能够有效地进行模型推断。在库存管理的背景下，公司可能会对最近推出的产品吸引力感兴趣。当客户查询相关关键字时，公司可以展示各种产品，并记录购买行为。

图 7-17 实验设计

7.7 本 章 小 结

本章首先介绍了什么是库存、库存的分类和作用。其次，本章分别从库存盘存系统、需求预测与提前期信息、成本信息、库存 ABC 分类管理法、库存资源收发存管理流程、闲置服务资源及其处理以及快速消费品供应链协同制造七个方面来介绍什么是有效的库存管理系统。再次，本章介绍了经济批量模型、随机库存管理和单期库存管理三个经典的库存管理问题。最后，本章根据数据、模型和决策三个核心元素间的关系将数据驱动下的服务库存管理归纳为 5 个部分。

习题

1. 试述库存的作用。
2. 库存控制的目标是什么？
3. 试述定期盘存系统与定量盘存系统的区别。
4. 简述需求预测和提前期信息在库存控制中的作用。
5. 试述如何通过规范物资的收发存管理流程来提高库存控制的有效性。
6. 经济订货批量模型要解决的核心问题是什么？
7. 试分析服务水平与安全库存之间关系？

8. 简述单期库存模型要解决的管理问题。

9. 数据驱动的服务库存管理主要有哪些方法，这些方法的特征是什么？

 案例

Rue La La 的数据驱动库存管理策略

哈佛大学 Ferreira 教授、麻省理工学院 Lee 教授和 Simchi-Levi 教授基于在线零售平台 Rue La La 的研究成果充分说明了零售商应如何运用丰富的数据来提升服务库存管理能力。Rue La La 是一家在线时尚样品销售企业，为服装和配饰提供了仅在极短时间内有效的折扣。Rue La La 这种销售策略通常被称为"闪卖"（Flash Sales）。这种在线时尚样品销售企业于 2000 年兴起，到 2015 年其市场价值约为 380 亿美元，且过去 5 年年均增长率达到了 17%。在这个竞争激烈的市场中，Rue La La 占有约 14%的市场份额，仅次于 Zulily（39%）和 Gilt 集团（18%）。

顾客在访问 Rue La La 网站（http://www.ruelala.com）时将看到多个系列，每个系列都包含一组在某种程度上相似的待售产品。例如，一个系列可能包括来自同一设计师的服饰产品，而另一个系列则可能包含多款男士毛衣。图 7-18 展示了网站上三个系列的活动页面。每个活动页面底部都设有一个倒计时计时器，提示顾客距离活动结束还剩下多少时间，通常这些活动会持续 1～4 天。

The 100: Men's Sweaters That Demand a Hot Toddy▶
CLOSING IN 2 DAYS, 20:32:43

Lazy Sunday Uniform: Leggings, Sweaters, & More▶
CLOSING IN 1 DAYS, 20:32:43

Belle by Sigerson Morrison▶
CLOSING IN 1 DAYS, 20:32:43

图 7-18　Rue La La 活动页面

当顾客浏览网站并发现感兴趣的系列时，通过点击该系列被引至一个全新的页面，其中展示了对应系列的所有产品，这些产品都拥有统一的风格。举例来说，如图 7-19 所示，

sofiacashmere Blue Merino Wool Crew Sweater
$150.00 $54.90

sofiacashmere] H eather Grey Cashmere Polo Sweater
$295.00 $84.90

Cullen Orange M erino Wool V-Neck Sweater
$130.00 $49.90

图 7-19　Rue La La 男士毛衣款式

如果是男士毛衣活动，该页面将呈现出几种不同的款式。如果顾客对某一特定款式情有独钟，只需点击该款式，就能进一步了解有关它的详细信息，包括可用的尺码。这里特定尺寸的产品通常被称为"商品"或"SKU"（库存单位）。值得注意的是，每个商品的价格都是根据样式级别进行设定的，其中样式本质上代表着所有尺码相同的商品集合，这些价格在整个活动期间都保持不变。

图 7-20 详细呈现了 Rue La La 运营的多个关键方面，这些方面对于理解本案例中的库存管理至关重要。首先，Rue La La 的零售商们从设计师处采购商品后，这些商品会立即运送到 Rue La La 的仓库。然后，商家们定期评估可用库存的风格和客户需求等信息，以制定未来的销售活动。当一个活动开始时，顾客下订单，Rue La La 则会从仓库将商品运送给他们。当一个系列的活动结束或某一商品的库存售罄时，顾客便不再下单购买。如果在活动结束时还有库存剩余，商家会计划后续的活动，按相同的风格销售。这些首次销售的款式通常被称为"首次曝光风格"，而 Rue La La 的大部分收入都源自这些被称为"首次曝光风格"的商品。值得注意的是，Rue La La 每天需处理数百种不同的"首次曝光风格"。

图 7-20   Rue La La 运营流程

综上所述，Rue La La 面临的主要挑战之一是如何合理定价和精确预测首次曝光风格的需求。如图 7-21 所示，Rue La La 的首次曝光产品销售额占已售出库存的百分比分布直方图（相对于已售出数量）。以 Department 1 为例，有 51%的首次曝光产品在活动结束前就已售罄，而有 10%的产品的库存销售不到 25%。为了保护数据的机密性，本案例已对 Department 具体名称和数据信息进行了脱敏处理。鉴于大部分首次曝光产品在销售期结束前就已售罄，因此 Rue La La 有可能在销售过程中提高价格；然而，许多首次曝光产品在销售期结束时的销售量不到库存的一半，这可能意味着 Rue La La 价格定得太高。这些观察结果说明开发定价决策支持工具以协助 Rue La La 利用现有数据最大限度地提高首次曝光销售收入的重要意义。

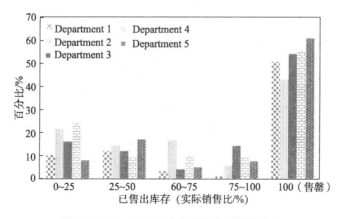

图 7-21   Rue La La 首次曝光产品销售占比

　　提高 Rue La La 销售收入的方法涉及两个关键步骤，首先是构建第一次曝光产品的需求预测模型，随后将这些需求预测数据用作价格优化模型的输入，进而最大化销售收入。在构建需求预测模型时面临两大主要挑战：一是估算由于库存不足而导致的销售损失，二是预测那些缺乏历史销售数据的需求。上述挑战可以运用机器学习技术来解决，并基于该技术进行未来需求的预测。具体来说，回归树作为一种直观且非参数的回归模型，在预测需求方面被证明既有效又具可解释性。第二个步骤是通过为 Rue La La 制定价格优化模型，旨在最大化首次曝光风格的收入，将来自回归树的需求预测用作输入。此时面临的巨大挑战是每种风格的需求都受到竞争风格价格的影响，这使得独立处理每种风格的价格优化问题变得异常复杂，导致了指数级的变量。此外，回归树的非参数结构也增加了问题的难度。哈佛大学 Ferreira 教授、麻省理工学院 Lee 教授和 Simchi-Levi 教授通过利用特定的参考价格指标开发全新的价格优化模型，设计并实施了一种高效的算法可使 Rue La La 能够每天为第二天的销售制定最佳价格。基于实际数据的实验结果表明，Rue La La 销售额并没有因为实施工具推荐的价格上涨而减少，反之，测试组的收入增加了约 9.7%。这一结果在 90% 的置信区间内，范围在 [2.3%, 17.8%]。综上所述，通过有效使用数据驱动的库存管理方法能够显著提升 Rue La La 的销售业绩。

　　（案例来源：Ferreira K J, Lee B H A, Simchi-Levi D. Analytics for an online retailer: Demand forecasting and price optimization[J]. Manufacturing & service operations management, 2016, 18(1): 69-88）

　　思考与讨论：

　　1. Rue La La 采用"闪卖"销售策略，将首次曝光产品的销售额与已售出库存的百分比联系起来。在制定价格优化模型时，你认为应该如何更精确地考虑销售量与库存的关系，以提高销售收入？

　　2. 在构建需求预测模型时，面临着估算销售损失和预测无历史销售数据需求的挑战。你认为机器学习技术在解决这些挑战方面有哪些优势和局限性？

参考文献

[1] Anupindi R, Dada M, Gupta S. Estimation of consumer demand with stock-out based substitution: An application to vending machine products[J]. *Marketing Science*, 1998, 17(4): 406-423.

[2] Musalem A, Olivares M, Bradlow E T, et al. Structural estimation of the effect of out-of-stocks[J]. *Management Science*, 2010, 56(7): 1180-1197.

[3] Vulcano G, Van Ryzin G, Ratliff R. Estimating primary demand for substitutable products from sales transaction data[J]. *Operations Research*, 2012, 60(2): 313-334.

[4] Abdallah T, Vulcano G. Demand estimation under the multinomial logit model from sales transaction data[J]. *Manufacturing & Service Operations Management*, 2021, 23(5): 1196-1216.

[5] Bertsimas D, Kallus N. The power and limits of predictive approaches to observational data-driven optimization: The case of pricing[J]. *INFORMS Journal on Optimization*, 2023, 5(1): 110-129.

[6] Qi M, Shi Y, Qi Y, et al. A practical end-to-end inventory management model with deep learning[J]. *Management Science*, 2023, 69(2): 759-773.

即测即练

自学自测　　扫描此码

拓展阅读：人工智能驱动的服务运营管理

一、人工智能驱动服务运营管理概述

1. 人工智能的概念和发展历程

人工智能（Artificial Intelligence）是一种由人类设计并开发的智能系统，其运作基于环境感知、数据解析和知识推理等核心要素。在面对复杂的目标设定时，人工智能能够通过自动化和智能化手段，实现目标导向的决策制定和行动实施。它涵盖了计算机科学、逻辑学、生物学、心理学和哲学等多个学科领域，并已在不同应用领域取得了显著成果，如语音识别、图像处理、自然语言处理、大语言模型及智能机器人等。

自1950年图灵实验开始，人们对于机器是否能够具备人类思维的问题进行了广泛的探讨。1956 年，美国科学家 John McCarthy 在达特茅斯会议上首次提出了"Artificial Intelligence"这一术语，并明确了人工智能的发展方向与目标，这标志着人工智能这门学科的正式诞生。在随后的几十年中，人工智能经历了多个阶段的发展和变革，从最初的专家系统、图像和语音识别，到后来的机器学习、自然语言处理和计算机视觉等技术。

随着人工智能理论和技术的不断进步，其应用领域也不断扩展。如今，人工智能已经渗透到企业运营决策的各个环节，为管理决策研究带来了新的挑战和机遇。在实践中，人工智能的应用已经取得了显著成果，如自动化生产线、智能客服、自动驾驶等，为企业降低了成本、提高了效率，同时也为消费者带来了更好的体验。

人工智能的发展也面临着一些挑战和问题。首先，数据质量和完整性可能会影响人工智能系统的性能和准确性。其次，人工智能的算法和模型通常是基于历史数据进行训练的，这可能会导致模型过拟合和泛化能力不足的问题。最后，人工智能的决策过程往往缺乏透明度和可解释性，这使得人们难以理解和信任人工智能的决策结果。

未来人工智能将在理论和实践中持续发展和进步。随着技术的不断革新和应用场景的不断扩展，人工智能将会在更多领域发挥重要作用。同时，我们也需要关注人工智能发展过程中可能出现的问题和挑战，如数据隐私、伦理道德等问题，并积极寻求解决方案和技术创新。

总之，人工智能是一门涉及多个学科的前沿科学，其在理论和实践中展现出了巨大的潜力和价值。随着技术的不断进步和应用场景的不断扩展，人工智能将会为解决复杂的管理问题提供新的视角和方法。

2. 数字化环境下的变革和管理特征

人工智能的重大突破不仅能提升自身的技术能力，为管理提供更高效的技术工具，同时也能更深入地剖析人工智能的内在机制，对于研究人类自身行为规律和解析以人类为核心的复杂社会系统运行规律具有重要意义。

新一代信息技术已经在管理中发挥了重要作用，但总体上仍处于管理信息化阶段。基于数据的人工智能将为管理带来颠覆性的变革，对管理思想、管理对象、管理方法产生质的巨大变化。管理思想已经从强调"分工、分权、分利"转变为"共建、共治、共享"，管理对象已经从"物理空间＋人类社会"扩展到"物理空间＋人类社会＋信息空间"，管理方法已经从实验观测、理论推演、计算仿真到数据驱动。因此，人工智能可以通过多种形式融入服务运营管理中。

随着技术的不断发展，人工智能技术已经具备了投入实际应用中的能力。与人类相比，人工智能在面对简单、海量、泛在、快速、精准的数据分析与决策任务时具有得天独厚的优势，因此必将成为一类实用化的管理技术与管理工具，帮助决策者分析与管控管理对象。

人工智能对管理类人才的能力结构提出了新的要求。当人工智能能够较好地解决一些实际任务时，管理人才应该将相应的工作交由人工智能来完成，而将主要精力投入人工智能无法进行准确决策的管理任务中，这会使得管理类人才的工作重心发生转变，对能力结构提出全新的要求。我们可以利用人工智能模拟人类个体的社会活动，并结合快速构建元宇宙的技术，创造虚拟的社会系统。在该系统中，个体、组织、环境等参数可以自由调整，由此管理理论的研究范式与研究方法将发生根本性的改变。

通过这种方式，我们可以更深入地探索人类行为和复杂社会系统的运行规律，从而更好地理解和解决管理问题。同时，这也将为人工智能的发展和应用开辟新的领域和可能性，推动人工智能在未来的持续进步和发展。

二、对服务运营管理中人工智能的感知

人工智能驱动服务运营管理使得人与人工智能的互动愈发频繁，这给人们带来了新的思考：人类如何看待基于人工智能的机器和系统？人们是否愿意接受人工智能作为同事或服务提供者？人们认为人工智能更公平还是更不平等？人类对人工智能的感知是偶然形成的还是普遍一致的？以下总结了人们在服务运营管理中对人工智能的不同感知和态度。

1. 信任

尽管公众对人工智能技术的巨大潜力持普遍乐观态度，但对其可能带来的隐私和安全问题以及取代人类工作的担忧仍然存在。随着人工智能在各个领域的广泛应用，人类对算法决策的依赖逐渐增强，如何设计出更公平、更易于接受的人工智能算法，并增加其采用率，已成为数据科学家和企业亟待解决的问题。在这个数字化时代，必须重新审视人类和算法的角色，深入探究人们对算法决策的态度，以最大限度地利用人类和人工智能各自的优势。

人们在某些算法应用场景下可能更乐意接受算法和人工智能。这使得人们更愿意接受算法的建议，认为算法决策比人类决策更公平。例如，当人们预期会受到歧视时，相较于人的歧视，算法导致的歧视更为准确或情绪化程度更低，因此人们更愿意接受算法评估。此外，与人类的错误相比，针对算法错误导致的品牌损害危机情况，消费者的负面反应更少。随着人们对算法使用次数的增加，他们更能评估自己的预测能力，同时对算法的抵触程度也显著降低，更愿意使用算法预测而不是自己预测。然而，当算法出错时，人们可能会丧失对算法的信心，但随着使用次数的增加，这种信心可能逐渐得到恢复。

为了评估人工智能系统是否值得信赖，需要在 6 个关键维度进行评估，即：安全性与

稳健性、非歧视与公平、可解释性、问责性与可审计性、隐私性和环境福祉。当人工智能在这些方面都满足人们的需求时，人们才能够充分信任人工智能技术并实现人机交互的协调。这种信任的建立需要人工智能开发者、政策制定者和公众共同努力。例如，开发人员需要确保算法的准确性和安全性，政策制定者需要制定公平和透明的人工智能政策，而公众则需要了解并接受人工智能的应用和限制。

为增加算法的使用，企业需要关注用户体验和反馈。要了解用户对算法的态度和需求，以便根据用户的需求来优化算法的设计和应用。同时，还要建立有效的用户反馈机制，以便及时了解用户对算法的建议和意见，并据此进行改进。此外，企业还需要通过教育和培训来提高用户对算法的认识和使用能力。例如，可以开展相关的课程、讲座或培训活动，帮助用户了解算法的基本原理和应用方法。

在这个数字化时代，人机交互已经成为不可避免的趋势。因此，重新审视人的角色并不是要削弱人工智能的地位，而是要找到一种平衡点。我们在充分利用人工智能优势的同时，也要考虑到人类的需求和价值观。通过深入探究人们对算法决策的态度和行为动态变化趋势可以发现更多可能性并加以利用。只有在人和算法之间找到平衡点才能够更好地应对各种挑战并实现共同发展。

2. 厌恶

尽管数字化转型促使人工智能的应用范围不断扩大，但在当前广泛的人机交互应用场景中，人们可能会拒绝使用人工智能。即使在意识到算法具有优越性能的情况下，他们仍然可能持抵触态度，这种倾向被称为"算法厌恶"。算法厌恶可以被看作一种有意或无意地忽视算法决策转而支持自己或他人决策的行为。

许多调查和研究都揭示了人们对算法的厌恶态度。例如，用户在发现对话对象不是人类而是聊天机器人时出现负面情绪并降低购买意愿。此外，与接受健康专家的建议相比，人们不太可能因为人工智能的建议而改变自己的行为。尽管人工智能会提供更合理有效的建议，但人们可能因为算法厌恶而拒绝使用人工智能，这可能会在实际情景中导致更糟糕的结果。例如，审计师在面对人工智能系统和专家建议相互矛盾的情况时会对管理层的评估作出调整，而这种敏感性可能会给使用相关财务报表的用户带来高昂的代价。

拟人化的人工智能代理（如 Siri 和 Cortana）已经成为人们日常生活的一部分。营销人员认为人工智能服务代理对消费者更具吸引力，拟人化的设计可以促进代理与消费者之间的互动。然而，这种效果在不同的服务环境中存在差别。当企业提供的产品或服务比预期的差时，消费者在与人工智能代理进行沟通的反应更好。这是因为与人工客服相比，人工智能代理在做决策时被认为有更弱的个人意图。此外，当人工智能决策相较于人类决策更有利于消费者时，消费者的反应并不总是积极和明显，而当人工智能决策相对不利时，这种差异会有所减轻。

尽管算法通常表现得更好，但消费者依旧不愿意依赖算法来完成通常由人们自己完成的任务，因为他们认为算法缺乏执行主观任务所需的能力。因此，在人工智能中结合类似人类情感的感知性对于增加算法在主观任务中的使用是有效的。这意味着，为了促进消费者对人工智能的接受度，开发人员需要在算法设计中考虑人类的情感和主观性需求。同时，管理人员也需要考虑如何减轻消费者对算法建议的抵触心理，设计一个"协助者"身份的人工智能代理可以促进消费者认同这种技术。这样的代理可以更好地融入消费者的日常生活，并为其提供更自然、更便捷的服务体验。

在人机交互愈发普遍的今天，人们对人工智能的态度和接受程度仍然受到各种因素的影响。尽管人工智能在许多方面都表现出卓越的性能和潜力，但人们的算法厌恶和对人类决策的偏好限制了其应用范围。因此，为了提升人们对人工智能的接受度并促进其广泛应用，开发人员和管理人员需要深入了解这种厌恶情绪的原因和表现形式，并采取相应的措施来缓解其影响。同时，也需要进一步研究如何将人类情感和主观性需求有效地融入人工智能系统中，以增强其应用的广泛性和效果。

3. 复杂变化

事实上，人们对人工智能的态度是复杂的，由于情境的不同，使用者对人工智能的接受程度存在异质性。研究发现，功利与享乐主义属性的权衡决定了人们偏好或抵制人工智能的推荐，进而导致不同场景下人工智能决策效果存在差异。在功利主义属性的决策中，人工智能的推荐比人类的推荐更有吸引力；而在享乐主义属性的决策中，人工智能的推荐则不如人类的推荐。

在金融投资方面也有类似的发现。例如，那些遭遇违约次数越多的投资者采用人工智能顾问服务的可能性越低。投资者往往会根据人工智能顾问最近的表现来调整他们对这项服务的使用，但这种干预通常会损害他们自己的投资业绩。

人们对人工智能的认知问题从根本上源于算法的不透明性，其运作机理对大多数人而言像是一个"黑匣子"。由于人工智能技术的不透明性会影响专业人士使用该技术的态度，因此相关管理者和研究人员需要设计和采用更透明、更易理解的人工智能工具。通过给予人们一定的控制权，让他们对不完美算法的预测结果进行调整，可以减少其对算法的厌恶情绪。

为了解决这个问题，未来的研究可以进一步探讨如何设计和实施更透明和可解释的人工智能系统。此外，还可以研究如何通过教育和培训来增强公众对人工智能的认知和理解，以推动其更广泛的应用和接受。同时，对于管理者来说，了解用户对人工智能的态度和行为模式对于设计更有效的人工智能应用至关重要。

三、人工智能的偏见

1. 产生偏见的来源

尽管基于人工智能的新技术的出现改善了人们的生活质量并提高了社会效率，但其潜在的歧视偏见问题也引发了人们的深切担忧。一项关于 Facebook 的现场实验研究发现，基于算法投放的广告可能会导致性别歧视。人工智能算法对在 Facebook 社交网络上投放的广告进行分类并推广给不同的人群。该广告预计将平等地向男性和女性展示，然而结果显示，Facebook 向男性展示该广告的可能性比女性高 20% 以上，这体现了人工智能带来的歧视问题，阻碍了人工智能在更广泛领域的应用。当人类意识到自己可能受到歧视时，对人工智能的看法可能会从接受转变为抵制。因此，找出人工智能商业应用开发的算法偏差原因至关重要。解决问题的最好方法是挖掘导致问题的根源。以下是导致机器学习算法产生有偏差预测的 4 个主要原因。

（1）有偏差的训练样本。几乎所有的人工智能应用程序都是基于机器学习技术，其中算法从现有模式中学习并进行统计驱动的预测。然而，如果训练数据本身存在偏差，那么算法也会学习到这些偏差。这种偏差可能源于现有人类社会的偏见，算法反馈循环也会放大这些偏差。例如，有色人种申请人在所有类型的贷款（包括传统抵押贷款和政府贷款）中被拒绝的比率是非西班牙裔白人申请人的两倍多。基于现有数据进行训练的人工智能会吸收数据中体现的人类社会本就存在的偏差，并输出带有偏差的结果。

（2）有偏见的算法。即使我们克服了"有偏见的训练样本"的问题并获得了完美且无偏见的数据，人工智能仍然可能由于有偏见的算法而出现某些类型的歧视现象。即使在训练过程中使用几乎没有性别偏见的谷歌新闻文章，流行的机器学习框架在一定程度上表现出女性/男性的性别刻板印象。这种带有偏差的算法可能是人类程序员无意中创建的。虽然开发算法的工程师并没有有意识地存在偏见，但他们的生活经历可能会影响开发算法的方式。

（3）标签选择偏差。机器学习对结果的预测实质就是对标签的预测，例如，死亡率或再入院率被用作预测医院绩效的标签，收入或就业被用作预测信用评分的标签。选择方便、看似合理的标签进行预测可能是算法偏差的重要来源。例如，在给定的风险评分下，有色人种患者比白人患者病情严重得多，但产生这种偏差的原因是算法将医疗费用作为预测变量，而不是将患病情况作为患者健康需求的标签。

（4）人类操纵。人工智能的使用者可能会受益于有偏差的预测，从而刻意操控导致人工智能算法发生偏见。例如，申请人可能会故意更改申请内容以"欺骗"机器学习筛选算法。即使通过"对抗性训练"来优化机器学习算法，考虑到机器学习训练的每一个可能的输入仍然是具有挑战性的。

总而言之，由于内部操作过程的复杂性，算法偏差的来源多种多样，人工智能技术生成的预测似乎是从黑匣子中产生的，人们似乎很难清楚地看到预测背后的算法和公式，但黑匣子并不是忽视潜在歧视的借口。找出并消除歧视是人工智能应用的必要条件。

2. 解决偏见的方案

针对人工智能歧视和算法偏差的问题，研究人员们正在不断探索有效的解决方案。近期，一些被称为"公平"的机器学习算法被开发出来，这些算法设计的主要目的是应对由有偏差的训练样本所引发的问题。其中，谷歌研究人员所提出的机会均等概念受到了广泛的关注。这个概念的核心思想是为不同的群体设定不同的阈值，以确保他们在面临决策时能够获得公平的机会。例如，为了确保黑人借款人在抵押贷款方面享有与白人借款人相同的通过率，金融科技公司可以为有色人种借款人设置相对较低的门槛。

然而，也有人对机会均等这一概念提出质疑。他们认为，尽管机会均等的方法可能在一定程度上减少了某些群体的歧视感受，但这种方法并不一定能够真正解决算法偏差的问题。在某些情况下，公平算法可能会降低算法预测的准确性，从而损害所有受众的利益。当模型中考虑决策者（即公司）的战略激励时，公平算法可能会降低算法预测的准确性，而不太准确的算法会损害所有受众的利益。

此外，使用"嘈杂"的数据进行训练可以减少机器学习的偏差，因为噪声数据引入了额外的变化，模拟了真实世界的多样性和不确定性，从而促使模型学习更加泛化的特征表示。这种方法类似于"对抗性训练"。在理论和实验分析中发现，如果人类训练决策的噪声足够大，历史训练数据中表现出的偏差将被消除。

对于有偏见的算法造成的歧视问题，可以采用一种修改词嵌入以消除性别刻板印象的方法解决。简而言之，通过删除性别中性词的性别关联来改变性别中性词的嵌入。例如，"护士"这个词现在与男性和女性的联系是平等的。实证结果表明，新方法显著减少了嵌入中的性别偏见。

对于标签选择偏差，最好的办法是选择更合适的标签进行预测。例如，一项研究改变了患者健康需求的标签，创建了一个将健康预测与成本预测相结合的指数变量，发现这种方法降低了84%的种族偏见。在面对人为操纵引起的预测偏差时，具有领域专业知识的用户在机器学习中可以起到补充作用，他们可以对结果进行检测并纠正人为操作策略性改变的输入，从而减少算法的偏差。

在考虑如何设计出更公平、更可接受的人工智能算法时，需要关注以下几个方面。首先，要确保算法的决策不受偏见或歧视的影响。这可以通过使用多样化的数据集、避免人为设定阈值以及采用透明和公正的评估标准来实现。其次，要提高算法的可解释性。这意味着要使算法的决策过程更加透明，以便人们能够理解并信任算法的决策过程。最后，还要考虑如何平衡算法决策与人类价值观之间的关系。例如，在某些情况下，可能需要优先考虑人类的生命、健康和安全等重要因素，而不是完全依赖于算法的决策。这些问题的解决需要跨学科的合作和深入的研究探讨。

四、人工智能在服务运营管理中的应用

传统的运营管理领域涵盖了一系列重要问题，包括库存控制、采购管理、收益管理、选址和定价等，这些问题的解决需要结合具体的环境和业务需求进行考虑。在前面的章节中，我们已经详细介绍了这些问题的具体内容。在这里，我们将探讨人工智能如何以其强大的预测、模式识别和自动化能力为这些问题提供优化方案。

采购活动在许多公司的日常运营中起着关键作用，它直接影响到公司的运营成本。由于重复性高，采购活动有可能被人工智能代替。现在，越来越多的公司正在使用人工智能聊天机器人来自动化报价请求流程，并利用人工智能算法推荐新的供应商。研究结果表明，与使用人工采购代理相比，仅使用自动化聊天机器人进行采购的公司可能会获得更高的报价，但在人工智能算法增强聊天机器人的智能化能力后公司可以获得最低的报价。此外，尽管人工智能的推荐可能会影响人工代理的决策，但它们通常不会显著降低报价。这种复杂性使得人工智能对采购活动的影响更加值得探讨。

另一个典型的运营管理问题是报童问题，即每次的最优采购数量是多少。由于人工智能在预测方面的优异性能和大数据的可用性，它有望解决该问题。机器学习算法和模型的应用可以根据不同的预期目标和权重优化来实现更好的预测并降低公司的库存成本。

人工智能在仓库管理方面也展现出了巨大的潜力。在人工智能技术的支持下，仓库中的各种工作流程都可以得到改善。例如，2018年，京东在上海创建了第一个由机器人操作的全自动仓库——亚洲一号仓库。此外，基于人工智能的推荐系统也得到了广泛的应用。在多个服务场景中，人工智能技术都被广泛应用以提高企业的运营效率。

定价问题也是企业运营中需要解决的一个重要课题。适当的定价策略可以帮助公司吸引更多客户并实现利润最大化。机器学习算法能够预测产品的未来需求，并将这些预测转化为定价策略，从而实现对产品的个性化动态定价。例如，Rue La La、Groupon 和 B2W Digital 等零售商都通过应用机器学习技术实现了价格优化。

近年来，一些研究关注如何利用人工智能技术辅助销售活动，甚至探讨是否可以完全取代销售人员。例如，有研究通过与一家 B2B 的金属零售商合作，利用销售交易数据为每位销售人员训练人工智能定价模型。现场实验结果表明，向销售人员提供定价推荐模型可以增加10%的利润。另外，将经过训练的人工智能系统与人类销售人员的定价表现进行比较发现，尽管销售人员在面对具有独特或复杂特征的客户定价时产生更高的利润，但人工智能系统的预期盈利能力在大多数情况下比销售人员高 5.2%。

此外，还有学者探讨了阿里巴巴的语音 AI 助手天猫精灵对消费者购买和搜索行为的影响。在与阿里巴巴合作进行的实地实验中，研究人员发现语音 AI 助手的使用增加了消费者的购买数量和花费时间，并且对于高收入、年轻和活跃的消费者来说，这种积极影响更加显著。

除了作为聊天机器人或营销活动辅助系统之外，利用人工智能来预测消费者行为的趋势正在兴起。由于大量的历史数据需要服务提供商了解客户的行为和偏好，以提高服务质量和客户满意度，一些学者提出了一种机器学习方法，可以根据消费者生成的文本内容（包括在线评论、社交媒体和博客等数据）来识别消费者需求。与传统方法相比，这种方法具有更高的识别范畴和效率。通过从社交媒体数据等用户生成的内容中识别需求，机器学习可帮助营销人员预测和理解消费者行为。人工智能能够基于以往难以分析的非结构化数据提取有价值的信息，进而实现更好的预测效果。

总的来说，人工智能为解决运营管理中的各种问题提供了强大的工具，无论是采购、库存管理还是营销、定价等问题都可以通过人工智能的自动化和预测能力得到有效解决。未来可能会出现更多创新的应用场景，如利用人工智能进行市场调研、预测产品需求、优化供应链等。这些应用不仅为企业带来更高的效率和更好的决策支持，同时也为消费者带来更加个性化的体验。人工智能对传统服务进行重塑，使之与现代化的服务体系和社会规则匹配。

迷你案例1：智慧酒店服务

机器学习和人工智能已经影响了各行各业的发展。酒店行业的人工智能和机器学习可以改善用户体验，提供个性化服务，了解消费者行为，预测未来趋势等。许多酒店都已推出"智慧酒店服务"，融合了最新的技术和工具，提升客户的服务体验。

（1）智能推荐系统。机器学习算法可以根据客户的个人喜好和行为模式提供个性化的推荐服务，如推荐适合客户口味的餐厅和菜品、规划旅游路线、推送优惠活动等。

（2）智能客服。酒店可借助社交媒体、物联网等建立客户关系，并利用人工智能技术提供高效和便捷的客户服务。如由语音助手来回答客户问题并提供相关信息，通过智能机器人指引接待客户，智能翻译则可以消除语言障碍。

（3）智能房间系统。客房基于智能感知技术识别客户的到达状态并进行相应调整，如在客户准备睡觉时自动调节灯光亮度，接收客户语音指令控制窗帘、空调等室内设备。

人工智能在酒店业的应用可以极大地提升酒店的运营效率和服务质量，各种智能服务为客户提供更加个性化、便捷和安全的服务，为酒店业的发展带来了新的机遇。

五、人工智能催生数智服务

数字技术使得企业发生了颠覆式变革，原有的商业模式、业务模型、组织结构等都进行了全面重塑，人工智能在赋能传统服务的同时催生了新的服务业态，以下介绍人工智能驱动的数智服务业务。

（1）智能财务。财务会计工作中的人工智能应用广泛，涉及审计助理、欺诈检测和报告分析等。欺诈检测是保护投资者利益并减少机会主义的关键。近年来，一些研究探索了人工智能技术在欺诈检测中的应用，特别是利用机器学习技术来检测财务报表欺诈。研究发现，基于机器学习的新方法相较于当前基准技术将欺诈预测性能提高了10%，这表明人工智能技术在欺诈检测中的有效性。还有学者使用机器学习方法开发了会计欺诈预测模型，利用美国上市公司财务报告中的原始会计数据作为训练数据，通过集成学习来预测欺诈行为并进行测试。结果表明，新的预测模型大幅优于两种最常用的基准模型，进一步证明了人工智能在会计欺诈检测中的潜力。

财务报告是外部投资者了解企业的重要窗口，因此需要进行准确、及时的报表分析。人工智能在会计中的另一个应用场景是报表分析。已经有研究利用机器学习技术分析了分析师报告的文本信息，发现与分析师报告中的盈利预测、个股推荐、目标价等相比，人工智能报告中的文字信息为投资者提供了更多的信息。此外，投资者对负面文字的反应比正面文字的反应更强烈，这表明人工智能技术可以有效地用于文本情感分析，为投资者提供更多有价值的信息。

（2）科技金融。在金融活动中，人工智能的应用非常广泛，包括个人投资市场、投资组合选择、经验资产定价等。其中，人工智能在点对点（P2P）投资市场上的应用备受关注。相较于人类投资者，人工智能机器的投资效率是否更好？为了回答这个问题，研究使用 Prosper.com 的数据作为输入来训练机器学习算法，并比较两者的投资表现。结果表明，人工智能系统在预测贷款违约概率方面比大众投资者更准确。此外，机器学习算法为投资者带来了更高的回报率，并为几乎没有其他融资选择的借款人带来了更多的融资机会。

除了在投资领域的应用，人工智能技术还被用来解决金融领域研究最广泛的问题之一——经验资产定价。已经有学者尝试利用机器学习方法来衡量股权风险溢价，将一系列机器学习方法与传统实证方法进行了比较，发现投资者利用机器学习预测能够获得巨大的经济收益，在某些情况下甚至可以使基准回归策略的性能提高一倍。

以机器学习为代表的数字技术给会计和金融领域带来了前所未有的变革。这些技术可以帮助企业提高效率、降低成本、作出更明智的决策，并为投资者提供更准确、及时的信息。随着技术的不断发展，人工智能在会计和金融领域的应用将越来越广泛，为行业带来更多的创新和价值。

（3）智能医疗。人工智能技术在医疗管理领域的应用已经成为提高医疗质量和效率的重要工具。这种技术的运用，不仅可以改善治疗结果和患者体验，还可以降低医疗成本和减少医疗差错，同时提高医院运营效率。

首先，人工智能技术可以用于预测和改善治疗结果。在医疗保健管理领域，有研究团队开发了一种基于机器学习的框架，可以使个体在不暴露于感染的情况下预测个体接种疫苗后的疫苗效果和抗体反应。这种预测能力的实现，得益于对大量数据的分析和学习，从而能够根据个体的特性预测其接种疫苗后的免疫反应强度。这种预测方法在疫苗接种领域有着广泛的应用前景，可以有效提高疫苗接种的效果，同时降低因个体差异带来的风险。

另外，基于机器学习的图像识别技术也被广泛应用于皮肤病变的诊断。在一项研究中，使用 129 450 张带有标签的临床图像来训练人工智能系统，并由 21 名医生参与测试。测试结果表明，人工智能系统对皮肤病变的诊断准确性达到了人类皮肤癌专家的水平，甚至在某些情况下表现得更好。这种技术的应用，对于皮肤癌的早期发现和治疗有着重要的意义，可以大大提高皮肤癌的治疗效果。

除了上述应用外，人工智能技术还在基因测序领域取得了重大突破。随着大数据技术的发展，基因测序的成本大大降低，同时提高了检测的效率和准确性。基于这种技术的精准医疗将人群细分，通过对个体行为和数据的精准解读，为每个患者提供个性化的治疗方案。这种治疗方案不仅提高了治疗效果，还降低了医疗成本，是未来医疗发展的重要方向。

人工智能技术在医疗管理领域的应用，对于改善治疗结果和提升患者体验、降低医疗成本和减少医疗差错、提高医院运营效率等方面都有着重要的意义。随着技术的不断进步和应用领域的不断拓展，相信人工智能技术将在未来的医疗领域发挥更大的作用。

迷你案例 2：人工智能在银行中的应用

对银行来说，数据对几乎所有业务线都至关重要，无论是传统的存款和贷款，还是投行和资产管理领域。因此，银行业不断加快人工智能的开发创新与应用速度。人工智能在银行业的应用包括在线实时识别和预防欺诈、在线服务和投资组合管理。

（1）在线实时识别和预防欺诈。信用卡诈骗已成为近年来最普遍的网络犯罪形式之一，而网上和移动支付的强劲增长又加剧了这种问题。为了识别欺诈行为，人工智能算法会实时检查客户信用卡交易的真实性，并将新交易与之前的金额和地点进行比较。一旦人工智能发现潜在风险，就会阻止交易。

（2）在线服务。银行通过聊天机器人为客户提供在线服务，解决客户的要求而无须银行员工的参与。聊天机器人是通过文本或语音的方式与客户进行互动。

（3）投资组合管理。人工智能可以基于个人和当前资产的风险级别，提供更全面、更准确的分析和风险评估，给出个性化的投资建议。

人工智能帮助银行和客户获得更全面的体验，同时推动创造了更多价值，银行业需要在数字化、智能化和生态化方面进行不断地创新实践与思考。

六、小结

人工智能正在迅速改变运营管理的传统流程和方法。随着技术的进步，如何利用人工智能更好地赋能管理决策，提升服务运营管理水平，已经成为企业发展必须面对的重要问题。在本章中，我们系统梳理有关人工智能驱动服务运营管理的相关研究，详细回顾人工智能在管理实践中的具体应用，并从多个角度探讨人类对人工智能的态度和感知，深入探讨人工智能中的算法偏差问题。

人工智能已经在越来越多的领域得到应用，并通过自动化的数据分析和智能化的决策支持为企业创造价值。随着人机交互场景的日益普遍，人们对于人工智能的感知和态度却表现出明显的异质性。这种异质性可能会影响人工智能在一些特定场景中的使用效果。此外，由于人为或其他原因导致的算法偏差，人工智能可能在商业应用中产生偏见，并导致负面效果。这种偏见可能会进一步影响人们对人工智能的看法。

在数据驱动的背景下，如何合理运用人工智能以提高服务运营管理水平，是企业必须认真思考的问题。企业需要了解并解决人工智能应用中可能出现的算法偏差问题，确保人工智能能够在提高运营效率、优化资源配置等方面发挥积极作用。同时，企业也需要关注员工和客户对人工智能的接受程度，以及可能出现的道德和法律问题。只有在全面考虑各种因素的基础上，企业才能充分利用人工智能技术提升服务运营管理水平。

拓展案例 1："互联网＋"时代下的医院运营管理

目前，大部分医院的运营管理主要围绕医院战略管理、资源配置、医疗流程和绩效管理等内容来展开。随着社会的变迁和时代的发展，医院不再是单一的福利型事业单位，而是一个多系统、多学科、知识密集、高风险、高竞争、运营相对独立的经济实体。

"互联网＋"技术的发展对医疗卫生领域产生了巨大的影响，让医院管理更加精益高效，让人民群众可以享受到更加便捷、高效的医疗服务。在"互联网＋"时代的背景下，人工智能、大数据、物联网等技术快速发展，催生出"智慧医疗"这一医疗服务新理念。智慧医疗可实现医疗服务的高度信息化和智能化，提升医院的服务质量和效率，进一步提升医院的经营管理水平。利用信息化建设，智慧医疗通过整合门诊系统、住院系统、护理管理系统等医疗管理系统，建立医院综合管理平台，实现各个系统间的信息实时共享和集中化管理，提高工作效率和质量，改进了医疗服务质量。

电子健康记录允许医疗保健提供者之间实时共享信息，降低医疗错误风险并改善患者结局，大大简化了管理患者数据的过程，并提升了医疗的整体质量。远程医疗使医疗保健提供者能够接触到更广泛的受众，扩大医疗保健机构的覆盖面和影响，特别是在农村和服务不足的地区扩大了获得保健服务的机会。远程患者监控技术的使用提高了医疗保健提供者远程监控患者的能力，减少了面对面就诊的需要，也可以在早期发现患者的健康问题，从而改善患者的预后。预测分析使医院能够更好地了解患者的需求，优化资源配置，从而提高效率，降低成本。智慧药房基于物联网技术，建立智能化的药品信息管理系统，通过对医院药品库房和药品流通这两个过程的管理，实现对药品全程化的追踪和管理。智慧财务系统实现医院业务和财务的充分融合，支持医院管理者实时查看和监控各个部门财务活动信息，能够更好地进行医院运营管理。

（案例来源：尹晓南，张波．"互联网＋"时代下的医院运营管理探讨[J]．继续医学教育，2023，37(9): 157-160）

思考与讨论：

1. 结合实际谈谈人工智能等技术给医疗运营管理带来了哪些改变？

2. 医院如何通过人工智能等技术进一步提升运营水平？

拓展案例2：人工智能在电信行业的运用

电信行业一直是在运营中使用人工智能的领先行业之一。BT 公司是英国最大的消费者固网语音和宽带服务提供商以及最大的移动网络运营商，到 2022 年已经发展为一家全球性组织，为大约 180 个国家/地区提供产品和服务。BT 公司是 20 世纪 90 年代第一家在劳动力调度中使用人工智能技术的欧洲电信公司，并将人工智能的应用扩展到不同业务领域，例如自动化网络设计、流程优化、网络安全威胁检测和"骚扰电话"检测等。Wang，Skeete 和 Owusu 三位教授通过对 BT 公司使用人工智能技术的案例研究分析了人工智能对现场服务运营的影响，并探讨了人工代理的部署如何影响运营效率组织，以及人工智能部署的关键成功因素。

BT 公司拥有超过 20 000 名现场工程师为地理位置分散的多元化客户提供服务。其人工智能调度系统是现场服务操作优化的支柱，使公司能够有效地将具有适当技能的适当工程师派遣到适当的地点，以提供适当的服务。如今，最新版本的人工智能调度程序已在 BT 公司部署，该系统目前每天调度约 3 000 名工程师完成大约 15 万个任务。人工智能模型应用于不同的业务线、不同的运营模式。某些业务线系统会优先考虑工程师分配的所有任务，而其他业务线则可能仅优先考虑当天的第一个任务，并在一天的剩余时间中提出建议，工程师可以从中"自我选择"。该算法的任务规则基于推荐系统，可以过滤掉某些低效率的内容，以保持一定水平的生产力。

BT 公司的运营部门负责维护将大部分家庭和企业连接到国家宽带和电话网络的电话电缆、管道、机柜和交换机。在英国大约有 2 500 万个场所，BT 公司在任何给定时间里都为其中的大部分场所提供服务。因此，对于其余少部分暂时未提供服务的场所，BT 公司仍然有网络连接到这些场所。当客户出于某种原因不再使用 BT 公司的服务时，网络设施将保留在原地，并成为所谓的"停止线路"。在过去的十年中，对这些停止线路定期进行测试，每周都会对所有铜线进行一到两次电气测试，这些测试将使公司了解其线路的健康状况。然而，这些信息从未被使用过，这些指标只是被存储起来，没有做任何进一步的分析或应用。因此，公司开发一种算法可以根据这些电气测量（以及其他一些因素）数据预测线路是否可以工作，是否会出现"早期故障"。运营部门实施的机器学习算法使用历史数据来预测固定电话是否足够健康，是否可以为新客户重新连接。如果确定生产线不健康，则会通知零售运营商必须在现场部署工程师来执行必要的维修工作。如果确定线路正常，系统则会建立自动重新连接。该人工智能算法的使用使得早期故障的比例减少了一半以上，之前约为 15%（每周数千次），而该算法将其降至 7%～8%。

此外，BT 公司的现场工程师每天早上都会前往仓库领取执行当天分配给他们的任务所需的备件。BT 在其运营的国家拥有 90 个固定仓库。对于一些工程师来说，这可能需要在他们的居住地和仓库之间以及仓库和服务站点之间进行长途跋涉。该公司决定将运营仓库数量增加到 700 多个，以尽量减少差旅时间并提高效率。这些额外的仓库是移动的，需要快速部署和重新部署。部署的仓库必须实现多个目标（例如，最大限度地减少所有工作组的累积旅行时间、最大限度地减少旅行距离和每个仓库服务的工程师数量差异）。由于手动查找 700 个站点过于耗时，因此 BT 公司采用一种基于人工智能的启发式搜索技术——遗传算法来优化仓库分配问题。在运营层面，BT 公司使用人工智能以管理其备件库存补给。为了达到与客户约定的客户服务水平，BT 公司使用元启发式的混合人工智能模拟方法来确定应在哪个仓库补充哪些产品和哪些备用设备。人工智能模型的输出是根据不同的资产补给政策和需求情况，制订在给定天数内仓库之间的备件转移计划。从物联网设备收集的资产跟踪数据将以动态闭环方式反馈给算法。

人工智能在英国电信中发挥的另外一个主要作用是帮助规划人员和工程师在战略、战术和运营层面作出更好的决策。随着现场服务运营开始从基于经验和领导者驱动的决策过渡转向数据驱动的决策模式，员工通过算法的建议增强判断力和直觉能够获得比单一的人类或机器更好的答案。人工智能提高了预测的准确性和生产率，并减少了出行时间和降低了运营支出。当决策分散时，人工智能会推动进一步的行为改变和员工授权。

BT 公司的人工智能应用对现场服务运营产生了重大影响，促进了更好的决策制定，在赋予当地工程师更多控制权和对其工作施加更大影响方面发挥了关键作用，实现了节省成本、减少工作时间和提高了生产力。此外，部署人工智能的过程是迭代的和持续的，组织需要监控和跟踪人工智能产生的价值，并定期审查人工智能模型的适用性。这最后的滞后活动反馈往往在实践中被忽视，却是至关重要的。在公司的运营过程中不应将人工智能视为技术推动者，而应将其视为战略数字化转型计划。对于个人人工智能的设计和实施，通过业务流程优化或再造有助于高管们制定明确的改进设想和路线图，从而确保人工智能计划产生预期的效益。在计算能力和存储能力不断增强的推动下，人工智能已经足够成熟，可以由运营管理专业人员部署。对于服务运营管理而言，数据科学的时代已经来临，收集正确类型的数据并投资于其分析和预测能力的组织将在未来十年中占据最有竞争力的位置。

（案例来源：Wang Y, Skeete J P, Owusu G. Understanding the implications of artificial intelligence on field service operations: a case study of BT[J]. *Production Planning & Control*, 2022, 33(16): 1591-1607）

思考与讨论：

1. 人工智能给通信领域带来了哪些影响，有哪些应用场景？

2. 结合案例谈谈我国的移动通信行业如何通过人工智能技术来提升现有的服务水平？

参考文献

[1] Srinivasan R, Sarial-Abi G. When algorithms fail: Consumers' responses to brand harm crises caused by algorithm errors[J]. *Journal of Marketing*, 2021, 85(5): 74-91.

[2] Liu H, Wang Y, Fan W, et al. Trustworthy ai: A computational perspective[J]. *ACM Transactions on Intelligent Systems and Technology*, 2022, 14(1): 1-59.

[3] Kyung N, Kwon H E. Rationally trust, but emotionally? The roles of cognitive and affective trust in laypeople's acceptance of AI for preventive care operations[J]. *Production and Operations Management*, 2022.

[4] Commerford B P, Dennis S A, Joe J R, et al. Man versus machine: Complex estimates and auditor reliance on artificial intelligence[J]. *Journal of Accounting Research*, 2022, 60(1): 171-201.

[5] Garvey A M, Kim T W, Duhachek A. Bad news? Send an AI. Good news? Send a human[J]. *Journal of Marketing*, 2023, 87(1): 10-25.

[6] Castelo N, Bos M W, Lehmann D R. Task-dependent algorithm aversion[J]. *Journal of Marketing Research*, 2019, 56(5): 809-825.

[7] Longoni C, Cian L. Artificial intelligence in utilitarian vs. hedonic contexts: The "word-of-machine" effect[J]. *Journal of Marketing*, 2022, 86(1): 91-108.

[8] Ge R, Zheng Z, Tian X, et al. Human–robot interaction: When investors adjust the usage of robo-advisors in peer-to-peer lending[J]. *Information Systems Research*, 2021, 32(3): 774-785.

[9] Lambrecht A, Tucker C. Algorithmic bias? An empirical study of apparent gender-based discrimination in the display of STEM career ads[J]. *Management science*, 2019, 65(7): 2966-2981.

[10] Fu R, Aseri M, Singh P V, et al. "Un" fair machine learning algorithms[J]. *Management Science*, 2022, 68(6): 4173-4195.

[11] Bolukbasi T, Chang K W, Zou J Y, et al. Man is to computer programmer as woman is to homemaker? debiasing word embeddings[J]. *Advances in neural information processing systems*, 2016, 29.

[12] Obermeyer Z, Powers B, Vogeli C, et al. Dissecting racial bias in an algorithm used to manage the health of populations[J]. *Science*, 2019, 366(6464): 447-453.

[13] Cui R, Li M, Zhang S. AI and Procurement[J]. *Manufacturing & Service Operations Management*, 2022, 24(2): 691-706.

[14] Bertsimas D, Kallus N. From predictive to prescriptive analytics[J]. *Management Science*, 2020, 66(3): 1025-1044.

[15] Simchi-Levi D, Wu M X. Powering retailers' digitization through analytics and automation[J]. *International Journal of Production Research*, 2018, 56(1-2): 809-816.

[16] Shichor Y K, Netzer O. Automating the b2b salesperson pricing decisions: Can machines replace humans and when?[R]. Working Paper, 2018.

[17] Sun C, Shi Z J, Liu X, et al. The effect of voice ai on consumer purchase and search behavior[J]. *NYU Stern School of Business*, 2019.

[18] Timoshenko A, Hauser J R. Identifying customer needs from user-generated content[J]. *Marketing Science*, 2019, 38(1): 1-20.

[19] Perols J L, Bowen R M, Zimmermann C, et al. Finding needles in a haystack: Using data analytics to improve fraud prediction[J]. *The Accounting Review*, 2017, 92(2): 221-245.

[20] Bao Y, Ke B, Li B, et al. Detecting accounting fraud in publicly traded US firms using a machine learning approach[J]. *Journal of Accounting Research*, 2020, 58(1): 199-235.

[21] Huang A H, Zang A Y, Zheng R. Evidence on the information content of text in analyst reports[J]. *The Accounting Review*, 2014, 89(6): 2151-2180.

[22] Fu R, Huang Y, Singh P V. Crowds, lending, machine, and bias[J]. *Information Systems Research*, 2021, 32(1): 72-92.

[23] Gu S, Kelly B, Xiu D. Empirical asset pricing via machine learning[J]. *The Review of Financial Studies*, 2020, 33(5): 2223-2273.

[24] Lee E K, Nakaya H I, Yuan F, et al. Machine learning for predicting vaccine immunogenicity[J]. *Interfaces*, 2016, 46(5): 368-390.

[25] Esteva A, Kuprel B, Novoa R A, et al. Dermatologist-level classification of skin cancer with deep neural networks[J]. *Nature*, 2017, 542(7639): 115-118.

教师服务

感谢您选用清华大学出版社的教材！为了更好地服务教学，我们为授课教师提供本书的教学辅助资源，以及本学科重点教材信息。请您扫码获取。

≫ 教辅获取

本书教辅资源，授课教师扫码获取

≫ 样书赠送

管理科学与工程类重点教材，教师扫码获取样书

 清华大学出版社

E-mail: tupfuwu@163.com
电话：010-83470332 / 83470142
地址：北京市海淀区双清路学研大厦 B 座 509

网址：https://www.tup.com.cn/
传真：8610-83470107
邮编：100084